JP Bouzac

RENDEZ-VOUS

MIT

POLSKĄ

Sabine, mon amour!

Gewidmet

JP Bouzac

RENDEZ-VOUS

MIT

POLSKĄ

Polnische Erfahrungen

eines Deutsch-Franzosen

(1984-2014)

Merci, danke & bardzo dziękuję:

Marcelle & Louis-Clément

Sabine

Helena & Marek

Piotr

Agata & Team des SprachCafé Polnisch e.V.

Henry Spietweh (mention spéciale du jury)

Helmut Bräutigam

Bibliografische Information der Deutschen Nationalbibliothek:
Die Deutsche Nationalbibliothek verzeichnet diese Publikation in der
Deutschen Nationalbibliografie; detaillierte bibliografische Daten sind
im Internet über http://dnb.dnb.de abrufbar.

Illustrationen: JP Bouzac ©

Herstellung und Verlag: BoD – Books on Demand, Norderstedt
ISBN: 978-3759750877

Vorwort zur dieser Auflage

Polen habe ich vor bald vierzig Jahren zum ersten Mal besucht: im Sommer 1984. Seitdem ist viel Wasser die Weichsel runtergeflossen.

Vor zehn Jahren fand die Erstveröffentlichung dieses Buch statt. Kurz danach und bis Dezember 2013 stellte die PIS die polnische Regierung. Antieuropäische und antideutsche Ressentiments waren nicht die beste Grundlage für das deutsch-polnische Verhältnis. Vielleicht hat diese schwierige Situation die im Ausland lebenden Polinnen und Polen motiviert, etwas Gutes zu tun.

In Berlin, sowie in vielen Regionen in Deutschland haben Polen, zusammen mit anderen Menschen mit und ohne polnische Wurzeln, zukunftsweisende Projekte ins Leben gerufen. Ich möchte hier nur zwei aus Berlin stellvertretend nennen: das SprachCafé Polnisch e. V. und die Bartoszewski-Initiative.

Unabhängig von der politischen Lage ist die Zahl der deutschen Poleninteressierten, der Polnischkurs-Besucher, sogar die der Reisenden nach Polen stetig gestiegen. Nicht zuletzt humorvolle Vermittler wie der Kabarettist Steffen Möller, haben es geschafft, Interesse für das Land jenseits von Polenmarkt und Pol...emik zu wecken!

In den letzten Jahren hatte ich beruflich weit weniger beim östlichen Nachbarn zu tun als zuvor. Auch als Tourist war ich früher schon öfter da. Mit Ausnahmen: die Ostseeküste in Westpommern, Szczecin und die Oder samt Wartemündung, seltener weiter südlich an der Neiße bis zur tschechischen Grenze. Von Berlin aus sind diese Ziele für ein Wochenende oder sogar eine Tagestour allein oder mit Freunden und Verwandten bestens geeignet.

Für diese Wiederauflage habe ich den Text der ersten Auflage gekürzt, ihn korrigiert und ihn, abgesehen von wenigen Ausnahmefällen, nicht aktualisiert. Der Zeitraum, um den es geht, betrifft deshalb hauptsächlich die Jahre 1984 bis 2014.

Der Sammlung habe ich als Anhang zwei Erzählungen aus dem Jahr 2007 hinzugefügt, die ich nach einem Sprachkurs in Lublin im gleichen Jahr verfasst hatte. Eine davon blieb bisher unveröffentlicht.

Neu sind die vielen Bilder und vor allem Fotografien. Von nicht wenigen meiner Besuche in Polen existiert keine einzige Aufnahme. Wenn doch, war oft die Qualität so schlecht, dass neueres Material ausgewählt werden musste. So werden nun die Fotos mal im Kontext, mal irgendwo - wo Platz war - gezeigt.

Und jetzt tue ich etwas, das kein Pilzliebhaber, erst recht kein polnischer, tun würde: Ich verrate Ihnen den Ort meines letzten großen Pilzfundes! Es war auf einen undichten Dachboden in der Nähe der französischen Stadt Cognac. Nährboden waren Diakästen aus dem Jahr 1984, nach langer Zeit wiederentdeckt. Pilzbefall und rustikale Digitalisierung sorgen für einen Vintage-Effekt der besonderen Art. Dabei wäre der gar nicht nötig gewesen.

Denn damals, in der Volksrepublik Polen, war der Himmel oft kobaltblau. Blumen gab es viele zu bewundern und sogar zu kaufen. Straßen und Plätze waren angenehm leer: wenige Autos, nur wenig Werbung. Jede Epoche hat ihre guten Seiten…

Jetzt aber wünsche ich allen viel Spaß beim Lesen und – noch mehr Lust, Polen besser kennenzulernen. Es lohnt sich!

Tatras, Sommer 1984 (Das ist sie, die berühmte Pferdekarre!)

Krakau, Sommer 2005

Mein persönliches Kaleidoskop

Das Buch, das Sie in den Händen halten, ist über Jahre entstanden. Am Anfang schrieb ich einzelne Texte auf Französisch später auch auf Deutsch ohne jede definierte Absicht. Allmählich entwickelte sich eine Sammlung von Berichten und Gedanken, die sich anschließend nicht so leicht einordnen ließen.

Es ist kein Reiseführer, jedenfalls nicht im klassischen Sinne. Als Einführung zu Polen ist es ganz passabel, wenn auch etwas eigenwillig, *subjektiv,* wie Polenexperte Steffen Möller mir dazu sagte und womit ich gut leben kann. Nun, was ist es denn?

Einen roten Faden sucht man hier vergeblich. Aufmerksame Leser werden jedoch einen dünnen weiß-roten Faden auf jeder Seite mühelos identifizieren können, mit einer bunten Mischung aus chronologischer Erzählung (*Mit Rückblenden und Nachträgen)*, autobiografischen Anekdoten, Reiseberichten aus privatem und beruflichem Anlass. Das Besondere dabei? Zuerst war ich als Franzose aus Frankreich, später als Franzose aus Berlin und zuletzt als Deutsch-Franzose unterwegs. Eine Entwicklung, die für die gegenseitige Wahrnehmung nicht ohne Folgen blieb.

Wer sich jetzt über den Inhalt dieses Buches genug informiert fühlt, kann gleich mit dem Prolog *Ein Tag an der Oder* anfangen. Wer hingegen mehr erfahren möchte über die Beweggründe, die mich motiviert haben, meine Erfahrungen mit Polen so ausführlich zu beschreiben, ist herzlich eingeladen, die Lektüre mit dem Text im Anhang *Waren Sie schon in Polen?* fortzuführen.

Allen kann ich schon eins verraten: *Alle Wege führen nach Polen!*

Neue Philharmonie, Szczecin, April 2016

PROLOG

Ein Tag an der Oder

Heute ist ein Wochenendtag wie jeder andere Wochenendtag auch, ein ganz normaler Tag. Wir fahren ins Nachbarland. Einfach so, weil uns danach ist. Die Grenze gibt es nicht mehr. Jedenfalls keine Kontrolle beim Überqueren der nur noch virtuellen Linie. Im kleinen silbergrauen Peugeot sitzen wir zu dritt: Sabine, meine Frau, Karl, ein alter Freund aus Aachen, am Dreiländereck im Westen, und ich.

Von unserem Zuhause im nordöstlichen Berliner Speckgürtel ist es nur ein Katzensprung nach Polen. Knapp sechzig Kilometer im Schatten schmaler, uralter Baumalleen. An vielen Stellen bröckelt die unebene Teeroberfläche der Fahrbahn. Ehrwürdige Bäume, die den Zweiten Weltkrieg und den Ansturm der Roten Armee auf die Hauptstadt des Dritten Reiches überlebt haben, können es kaum erwarten, ahnungslose Autofahrer in die Falle zu locken. Bei der Jagd auf motorisierte Menschen schmücken sich erfolgreiche Stämme mit kitschigen Kreuzen, verblassten Plasteblumen und Kerzen.

Schon erreichen wir die grünen Hügel hinter Bad Freienwalde, die bis zum Schluss die Sicht auf die majestätische Oder versperren. Auf einmal sind erstaunlich viele Autos unterwegs. Was suchen die hier an einem frühsommerlichen Sonntagvormittag? Dass sich so viele Bundesbürger für die Stimmung jenseits der Grenze am ersten Tag der polnischen Präsidentenwahl interessieren, scheint eher fraglich. Als wir im letzten August die gleiche Strecke gefahren sind, waren wir die ganze Zeit allein. Im Stau auf der Stahlfachwerkbrücke fragt sich Sabine halblaut: *„Es gab doch keinen Polenmarkt am Grenzübergang, oder?"*

Ich weiß es auch nicht. Es mag arrogant klingen, aber diese Allesbillig-Freiluftmärkte, wie sie fast überall direkt hinter dem Fluss zu bewundern sind, interessieren uns nicht im Geringsten.

Im Schritttempo überfahren wir die Oder. Aus östlicher Richtung kommt uns eine Kolonne von in Fußball-WM-Deutschland-Farben geschmückten Fahrzeugen auf der Brücke entgegen.

Kaum im Land angekommen, sehen wir ihn, den Polenmarkt, der um eine verlassene Fabrik herum eine Art Geschwür aus wackeligen Ständen bildet. Aus der graubunten Masse stechen große Schilder mit deutscher Aufschrift und Euro-Preisen hervor, die für so heiß geliebte Produkte und Dienstleistungen wie Benzin, Kunststoffblumen, Gartenzwerge und weitere Außendekoartikel aus bemalten Gips, Friseursalons, Zahnzieherpraxen und Designerbrillenläden hemmungslos werben.

Der riesige Parkplatz ist brechend voll. Das ist also das Ziel und gleichzeitig das Nest der vielen motorisierten Grenzgänger. Links und rechts der Straße warten noch einige Night Clubs auf Kundschaft. Offen 24 Stunden ist zu lesen, wie es sonst auch bei EU-Paletten-Verkaufsstellen auf dem Lande üblich ist. Es gibt Sachen, die einfach nicht warten können!

Und dann ist endlich Ruhe. Die Straße führt weiter durch den östlichen Teil des grünen Odertals. Weitgehend leer.

Nach einigen geruhsamen Kilometern sind plötzlich beide Seitenränder mit Autos zugeparkt. Noch ein Polenmarkt? Nein, dieses Mal zieren polnische Kennzeichen alle Pkw. Langsam quetschen wir uns durch die Scharen von Wagen und Fußgängern. Auf der rechten Seite ragt das Denkmal zur Erinnerung an die Schlacht von Zehden - damals die slawische Siedlung Cidin, heute Cedynia - in die Höhe.

Der Sieg des polnischen Piastenherzogs Mieszko I. über die Truppen des Lausitzer Markgrafen Hodo am Ende des zehnten Jahrhunderts ist jedoch nicht der Grund für diese beachtliche Menschenansammlung. Am Fuß des sowjetisch anmutenden Monuments gibt es einen breiten Platz, der heute mit Familien, Karussellen, Schießbuden, bunten Ständen voller chinesischem Plüschzeug, Eisdielen und dazwischen einigen freilaufenden, scheinbar unbeteiligten grauen Pferden, überfüllt ist. Jetzt sind wir in Polen.

In der Stadt Cedynia parken wir auf dem zentralen Platz vor dem Rathaus und laufen zu Fuß den Hügel hoch zum Bankomat. In den kleinen Höfen entlang der Straße streunen braune, geschwätzige Hühner auf der Suche nach Essbarem herum. Die vielen Gemüsegärten sind gut gepflegt. Der Salat ist bald so weit. Alles andere braucht nach dem langen Winter noch etwas Zeit.

Mit der EC-Karte holen wir uns frisch gedrucktes Gold aus der Maschine in der Wand. Währenddessen kommen aus der nächsten Tür zwei Blau-Uniformierte heraus. Wie praktisch: Die Bank teilt sich das Gebäude mit der Polizeistation.

Immer nach Höherem strebend überqueren wir die Straße und spazieren aufwärts Richtung Friedhof. Zwischen den Ästen erscheint in einigen Hundert Metern Entfernung ein roter Backsteinturm. Dort angekommen stellt sich heraus, dass diese Konstruktion aus dem neunzehnten Jahrhundert offensteht, jedenfalls für diejenigen, die keine Furcht vor alten, wurmstichigen? Holzstufen und Uringestank haben.

Bald stehen wir ganz oben auf der Aussichtsplattform und beobachten den Oderbruch. Direkt hinter den letzten Scheunen am Dorfrand fangen die Felder an. Noch sind Teile davon überflutet oder mit einem hellgrünen Schleim bedeckt. Hier gibt es keinen Damm. Nur die älteren Gebäude sind vor den Fluten geschützt. Sie wurden auf der Anhöhe gebaut. War der Mensch früher schlauer?

Nun begeben wir uns zum kulinarischen Höhepunkt des Tages. Im stillen Park des liebevoll renovierten ehemaligen Zisterzienserinnenklosters Cedynia genießen wir Klassiker der polnischen Gastronomie in allerbester Ausführung und das mit weitem Blick ins grüne Tal.

Im geräumigen Kaminsaal sitzen mehrere kleine Gruppen von Gästen, Deutsche und Polen in ungefähr gleicher Zahl. Damals wurde die religiöse Einrichtung durch die neuen Landesherrscher zur Germanisierung der Region gestiftet. Warum nur deutsch oder polnisch, wenn man beides haben kann?

Wie geplant ziehen wir dann in den Naturpark an der Oder. In Bielinek steht das Wasser noch sehr hoch. Die Hinterlassenschaften des letzten Fluthöhepunktes verbreiten einen beißenden Geruch, der sowohl an Fäulnis als auch an Stockfisch erinnert.

Hotel und Restaurant Kloster Cedynia, Juli 2015

Beim Trocknen im Schilf hat die angeschwemmte Schicht kunstvolle Figuren geschaffen. Vom Piratendreimaster bis zum Beduinenzelt ist alles dabei. Alle paar Meter liegen darin leere Flaschen auf dem vermoderten Boden.

16

An der Stelle, wo wir im letzten Sommer Enten, Gänse, Kormorane und weitere Wildvögel beobachtet haben, fließt heute schaumiges, blubberndes Wasser. Einige der Sanddünenwege, die wir mit Mühe auf, meist auch neben, unseren Fahrrädern erklommen hatten, sind schlicht weg, und zwar zusammen mit den Dünen.

Nach mehreren gescheiterten Versuchen, mangels begehbarer Zugänge ans Wasser zu kommen, treffen wir bald in Piasek ein.

Dort steigen wir aus, promenieren auf dem Feldweg, der normalerweise an einem von krummen Weiden gesäumten romantisch verlassenen Arm der Alten oder entlangführt. Auch hier sind die Spuren der Verwüstung gut sichtbar. Die Feldzäune wurden durch die Wassermassen eingedrückt. Überall liegt Unrat. Der Sandweg ist mit langen, spitzen oder flachen, bräunlichen Süßwasserschnecken übersät. Soweit das Auge reicht, steht Wasser um uns herum. Die Alte Oder ist jetzt Teil der Jungen.

Ein Angler schimpft über die verschwundenen Fische. Als wir näherkommen, fügt er in fast akzentfreiem Deutsch für uns hinzu: *„Bei mir zu Hause stand das Wasser einen halben Meter hoch, zwei Wochen lang. Jetzt ist es besser. Aber der Fisch ist weg. Zuviel Wasser!"*

Darauf packt er seine Sachen zusammen und geht heim, hundert Meter landeinwärts. Vor der Tür wartet seine Frau auf ihn, die Hände auf den Hüften.

Im kleinen Laden an der Dorfstraße, Namens *Iwona*, kaufen wir noch schnell Milch, einen Topf Salzgurken fürs Abendessen und das morgige Frühstück ein. Alles ist so einfach.

Wir sind in Polen und zu Hause in Europa. Wie hat das nun angefangen?

An der alten Oder bei Piasek, Juli 2015

In Lubuskie unterwegs, Juli 2010

Irgendwo in Polen, irgendwann

FRANZOSE AUS FRANKREICH
Polen-sur-Charente

Wie kommt bloß ein Charentais auf die Idee, Polen zu lieben? Vielleicht wissen Sie gar nicht, was ein Charentais ist? Im fruchtigsten Fall ist es eine kugelartige Melone, eine von der Sorte, die meist aus der Provence oder neuerdings aus Marokko und damit kaum aus dem Département *Charente* kommt *(Sowie laut Kurt Tucholsky „der richtige Berliner meist aus Posen oder Breslau" stammte).* Ihre hellgrüne Schale zieren seltsame Streifen, die ein wenig an ein Netz, auch an ein Spinnennetz, erinnern. Das indirekt sonnengereifte Fleisch ist orange, zart und süß wie die Sünde…

Rein theoretisch kann natürlich ein Charentais ein männlicher Einwohner aus der Charente sein, und damit ein gemütlicher Filzpantoffel *(auch charentaise genannt).* Irgendwo an der Atlantikküste liegt dieses Paradies auf Erden und mittendrin Cognac.

Cognac, das ist eben nicht nur ein leckeres Getränk, sondern eine am Ufer der Charente gelegenen Kleinstadt voller Stolz, Geschichte, schwarzem Schimmelpilz an den Hauswänden und sehr viel Knete. Wie für die meisten Départements, welche im Revolutionsrausch erfunden wurden, fungierte der lokale Fluss als Namensgeber. Dabei ist die Charente, das weiß doch jedes Kind, *„der schönste Fluss in meinem Königreich".* So sagte jedenfalls Henri IV., ein schlauer Mensch und Lebensgenießer, der wegen seiner religiösen Toleranz ermordet wurde.

Also Polen. In Cognac, Südwest-Frankreich. Das war keine Selbstverständlichkeit. Was wussten wir, was wusste ich schon von Polen? Zwar war ein vielfältiger Minister und Politiker der République französischer Staatsbürger und nebenbei polnischer Prinz *(Michel Poniatowski)*. Und der bekannteste Gewerkschaftsboss der Zeit, ein gewisser Camarade Krasucki als Jude in einer Warschauer Vorstadt zur falschen Zeit geboren, war in Frankreich als lautstarker kommunistischer Tribun gleichermaßen beliebt und verspottet.

Und dann wäre da noch Napoléon Bonaparte gewesen. Korse ja, nicht Pole. Das war mir schon klar. Bis heute wird der Südländer als der französische Galanthomme par excellence in ganz Masowien und damit weltweit verehrt. Im Nachhinein muss eingestanden werden: Als nachhaltiger Befreier war er wohl eine Niete. Was er als Liebhaber taugte, wollen wir erst gar nicht wissen. Mit dieser Leberkrankheit und so. Napoléon. Seine aus dem verlorenen Krieg zurückkehrenden Soldaten haben bis ins letzte Dorf der Charente neben Polka und Mazurka einen gesungenen Tanz aus Polen mitgebracht.

Die *Circassienne* auch *Varsovienne* genannt, hat einen Text, den sich jeder gut merken kann:

> *T'es saoul bonhomme (ter) t'as bu*
>
> *T'as bu bonhomme (ter) t'es saoul…*

Oder, in der Sprache von Marcel Reich-Ranicki und Fatih Akin:

Du bist betrunken Mann (3-mal) hast getrunken

Hast getrunken Mann (3-mal) – bist betrunken…

Das ganze Missverständnis um die angebliche Trinkgewohnheit der Polen hat auch mit Napo zu tun. Die Schlacht am Pass von Somosierra, vor den Toren Madrids, dauerte dem selbsternannten Kaiser zu lange. Er befahl deshalb der polnischen leichten Kavallerie *(Einhundertfünfzig Mann)* die übermächtige spanische Artillerie *(Zweitausend Mann, zwanzig gut versteckte Kanonen auf dem Pass)* außer Gefecht zu setzen.

Darauf starb in diesem hoffnungslosen Kampf ein Pole nach dem anderen, bis die Spanier unerwartet aufgaben. Einer der französischen Feldmarschälle, leicht eifersüchtig wie es scheint, behauptete gleich, dass *„die Polen einfach besoffen gewesen waren!".* Dazu Napoléon, der es wirklich gut meinte: *„Wenn es so ist, dann sollten alle meine Soldaten wie die Polen betrunken sein!"*

So entstehen Vorurteile. Haben Sie schon betrunkene Polen gesehen? Ich ja. Das ist aber eine ganz andere Geschichte. Sie kommt später, versprochen.

Das alles ist nicht sehr neu, werden Sie mir sagen. Wir haben noch etliches auf Lager: Chopin zum Beispiel, der beste französische Komponist aller Zeiten, der warum auch immer in Polen, oder auf dem Gebiet, das davon übriggeblieben war, dem Herzogtum Warschau, geboren wurde. Schon damals war die Globalisierung auf dem Vormarsch. Womöglich hatte sein Vater ein Erasmus-Stipendium für ihn beantragt und durch Vitamin-B erhalten.

Chopin hat meine Kindheit um Welten schöner gemacht als sie ohnehin schon war: Aufnahmen der Walzer und Polonaisen, von Artur Rubinstein gespielt. Gibt es stärkere Drogen? Das glaube ich bis heute nicht.

Da wäre noch die freche Madame Maria. Zwei Nobelpreise hat sie geerntet! Zu einer Zeit als die meisten Frauen dieser Welt ihre Küche nicht verlassen durften. Und damit hat die elegante Dame, die nun als typisch französisch geltende Vorliebe für die Atomphysik gleich initiiert. Ein starkes Stück Geschichte. Und eine unglaublich starke Frau.

Ich erspare Ihnen den skurrilen Komiker Popeck und seinen Markenspruch *„Wir sind doch keine Wilden!“*, ebenfalls die aparte Schauspielerin und Sängerin Anna Prucnal und so kommen wir gleich zum weniger bekannten, dafür sehr lieben Herrn *Stupa*.

Der junge Mann war unser neuer Sportlehrer. Ein Riesenhaufen Muskeln mit blauen Augen à la Henry Fonda. Seinen Namen hat er bei der Einbürgerung freiwillig kräftig gekürzt. *„Das hätte sich sowieso kein Franzose gemerkt...“*, hat er dabei wohl zu Recht gedacht.

Herr Stupa ist unheimlich nett. Er versteht seinen Job, anders als viele seiner Kollegen, nicht als Sprungbrett zur Eroberung von Mädchenherzen. Er macht voller Leidenschaft Sportunterricht. Ich, der größte Sportunterrichtmuffel dieses Jahrhunderts bin begeistert. Es lebe Herr Stupa! Hundertzwanzig Jahre soll er werden! Woher kommt Herr Stupa? Mann, du hast getrunken!

Aus dem gleichen undefinierten Zeitalter – jung ist jung und basta! – stammt eine weitere durchaus positive Erinnerung. In der Avenue Victor Hugo, der größten Straße in Cognac, in der Avenue, von wegen Straße!, die auf dem François I.-Platz triumphal endet. Dort sitzt François, der französische König aus Cognac, davon gibt es nur ganz wenige, wie ein römischer Kaiser auf seinem bronzenen Pferd und schaut in die Ferne wie Helden es so tun. Das kräftige Ross, das Mistvieh, nutzt die Situation aus und macht irgendwelche auf dem Boden liegenden Untergebenen mit wilden Hufschlägen zur Schnecke.

Da, in der Avenue Victor Hugo, ist eine Konditorei. Mit einer besonders gemeinen Spezialität: die *Polonaise*, die mit Tanz und damit mit Bach nichts zu tun hat. Dafür ist sie unendlich süß und schmeckt doch himmlisch gut. Bei dieser einmaligen Köstlichkeit handelt es sich um eine kegelartige Kreation aus Teig, getrockneten Früchten und Nüssen sowie aus Schokolade, und damit eindeutig um eine Vertreterin der Gattung *Mazurek*.

Ein paar Mal schlemmte ich dort unbeschwert. Plötzlich verschwand die Konditorei sang- und klanglos. Und das dreitausendste modische Schuhgeschäft von Cognac, Sous-préfecture der Charente, setzte am Unglücksort eine Unschuldsmiene auf. Es gibt solche schweren Momente im Leben, da muss man durch.

Der wirkliche Knaller kam Mitte der siebziger Jahre: Jede Woche wartete ich wie viele Gleichaltrige ungeduldig auf die nächste zweiseitige Folge aus dem neuen Astérix-Heft. Diese wurden in der Zeitschrift, Kultzeitschrift würden wir es heute nennen, *Pilote* veröffentlicht.

Nach sagenhaften Abenteuern in Gallien, Spanien, Griechenland, Ägypten und sogar in Amerika wagte sich das gallische Kriegerpaar nun in den Osten! *Astérix in Polonia* hieß die neue Geschichte.

Es war auch Zeit, zumal René Goscinny, der geniale Schöpfer dieser und vieler weiterer Bande-Dessinée-Figuren, darunter dem kleinen Nick, polnische Vorfahren hatte.

Astérix, Obélix und selbstverständlich Idéfix erlebten spannende, ja skurrile Begegnungen, etwa mit dem Drachen aus Krakau, dem sie auf Flossen auf der Weichsel *(knapp)* entkamen... Wie, Sie können sich dieses Heftes nicht entsinnen?

Mir ist noch eine unvergessliche Begegnung aus dieser Zeit wieder eingefallen. Die ich doch vergessen hatte… P. studiert zusammen mit meiner damaligen Freundin in Poitiers. P. ist ausfällig hübsch. Strohblond mit Mandelaugen. Das Gesicht einer Madonna…

Einer traurigen Madonna. Die arme leidet an einer seltsamen Krankheit. Sie verträgt ihren Vornamen nicht. Viele glauben, dass sie Paulette heisst. Das wäre schon schlimm genug, da es furchtbar altmodisch klingt und nur durch ein sehr albernes Lied noch bekannt ist. *Paulette, la reine des paupiettes!* Das ist nicht schön. Aber weit gefehlt. Paulette heißt gar nicht so, sondern *Polette*, ein von ihren polnischen Eltern erfundener Vorname, der an das Ursprungsland erinnern soll. *Polchen* oder so ungefähr heißt die hübsche. Da kann einem das Lachen vergehen. Heimatliebe ist eine komplizierte Sache. Spätestens wenn man zwei Heimaten hat!

Für die Bestätigung der historischen franko-polnischen Freundschaft hätte das bisher aufgelistete schon längst gereicht. Aber es kam noch mehr.

Zuerst machte ich die Bekanntschaft eines echten Polen im Ladakh-Himalaja, Indien, im Sommer '83. Von den Einheimischen, in der damals noch verträumten Grenzstadt Khargil wurden wir beide *(er, Wojciech, blond und über ein Meter neunzig groß und ich, als Baby ebenfalls blond und blauäugig gewesen)* kurzerhand zu Japanern erklärt, da wir, wie wir später erfuhren, je eine Kamera am Hals trug.

Ich fragte Wojciech: *„Wie bist du überhaupt hierhergekommen?"*

„Ich wollte schon immer nach Indien." war seine Antwort. Logisch, aber nicht selbsterklärend. *„Herrschte nicht in Polen seit 1981 der Ausnahmezustand?"* bohrte ich weiter.

„Ja doch." fügte er schlicht hinzu.

Damit war die Diskussion erst mal beendet. Auch ich wollte schon immer nach Indien. Und da waren wir.

Die unerwartete Wahl eines polnischen Kardinals zum Papst, seine systemkritischen Auftritte vor Millionen von Landsleuten, die gewagte Geburt von *Solidarność*, ihr schnelles Verbot nach Verhängung des bereits erwähnten Kriegsrechts hatten wir zu Hause in den Medien fieberhaft verfolgt. Unsere Familie war alles andere als streng katholisch. Auch wir lachten gut über den Papst-Witz des Komikers Coluche:

« Il n'a rien compris au préservatif, il l'a mis à l'index ! », sprich ungefähr: *„Er versteht nichts vom Kondom. Er hat es auf die schwarze Liste gesetzt / am Mittelfinger angelegt!"*

Jedoch war uns die politische Brisanz dieses Papstes damals bewusster als es bei vielen Deutschen um die Zeit der Fall gewesen sein mag. Diese Vermutung wurde im fast letzten *Polenbuch*, das ich bis zum Redaktionsschluss noch gelesen habe, unerwartet bestätigt. Es handelt sich um das persönliche und zugleich sehr unterhaltsame *Polski Tango* [1] vom deutschen Journalisten polnischer Herkunft Adam Soboczynski.

Und schließlich hatten meine Eltern eine recht komische Idee: Sie wollten den nächsten Sommerurlaub in Polen verbringen, dorthin mit dem Auto fahren und, da es nicht gleich um die Ecke war, mich als Ersatzfahrer mitnehmen.

„O.k." sagte ich zur Anfrage, dabei so cool bleibend wie Alain Delon und Zbigniew Cybulski zusammen.

---

[1] *Polski Tango - Eine Reise durch Deutschland und Polen, Adam Soboczynski , Gustav Kiepenheuer Verlag , 2006*

Tour de Polska

Seit eh und je bin ich furchtbar gern gereist. Jetzt wo mein Bart ergraut ist, steht endgültig fest, dass bestimmte Reisen mich nachhaltig geprägt haben. Zu diesen bildenden Reisen gehören zweifellos meine Tour durch die Sowjetunion mit siebzehn Frühlingen und genau so vielen Hochsommern. Dann kam 1981 die Entdeckung von Afrika, zumindest von Nordafrika, in Marokko. Indien war als Nächstes an der Reihe, das hatten wir ja schon.

Im Sommer 1984 stand nun Polen auf der Tagesordnung. So nah und doch genauso exotisch wie alle bisher besuchten fernen Länder, einschließlich der Schweizerischen Eidgenossenschaft.

Ganz ohne Vorbereitung sind wir nicht in die Fremde gefahren. Mindestens zwei gute Bücher hatten wir zu Hause: den exklusiven Taschenreiseführer *Petite Planète Pologne* aus dem Jahr 1978 von Eva Fournier und das großformatige Bilderpamphlet *Pologne* vom Magnum-Fotografen Bruno Barbey und dem Journalisten Bernard Guetta.

Das erste Buch hatte mein Papa zur intellektuellen Einstellung auf die Fahrt erworben. Das zweite schenkte meine damals reisebegeisterte Schwester Mimi unseren Eltern, nachdem diese die geplante Abenteuerreise dem Rest der Familie mitgeteilt hatten.

Das Werk von Frau Fournier ist bis heute so einzigartig, dass wir uns damit erst mal etwas beschäftigen müssen. Auf knapp zweihundert Seiten bot sie einen sehr lebhaften, wenig schonenden

Überblick der Geschichte Polens der letzten tausend Jahre mit dem Schwerpunkt Katastrophen im zwanzigsten Jahrhundert am Beispiel Warschaus. Frau Fournier war bestens informiert und bereicherte ihren Bericht mit spannenden Beispielen aus der Praxis. Ihre absurden Erläuterungen von Grundbegriffen wie *momencik*, *chwileczka*, *sekundeczka*... könnten von Sławomir Mrożek höchstpersönlich stammen.

Dreißig Jahre nach Kriegsende hatte sie eine klare Einstellung zur geographischen Lage des Landes: Es ist, wie es ist, zurück zum Stand von vor tausend Jahren, und es ist auch gut so. Damit hatte sie eindeutig für Polen *(gut)* und gegen Deutschland *(böse)* Partei ergriffen, was durchaus ihr gutes Recht war. Heute wirkt diese einseitige Haltung deutlich veraltet.

Ganz im Geiste der damaligen Zeit verurteilte die Autorin den Drang nach Osten der Germanen immer wieder auf Schärfste. Schade nur, dass sie die polnische Expansion, ebenfalls nach Osten, einzig als glorreiche Goldene Zeit darstellte. Hat Frau Fournier je mit Litauern, Ukrainern, Russen oder Belarussen darüber geredet? Ich ja. Und sie hatten in der Regel eine eigene, etwas abweichende Meinung dazu.

Die gleiche Sichtweise übertrug unsere Polska-Passionaria auf die für die moderne Geschichte des Landes so wichtigen Flüsse Oder und Neiße. Für sie waren diese ruhigen kleinen Flüsschen mit niedlichen polnischen Namen, während die breite *(urpolnische)* Weichsel die Hauptstadt majestätisch durchquerte... Wer diese

Flüsschen sagen wir mal im Mai 2010 erlebt hat, weiß wie wenig sich die Geografie um die Geschichte schert. Weichsel und Warthe, Oder und Neiße, in welcher Sprache auch immer, stellten wiederholt die ungeheure Kraft der Natur zur Schau, und zwar alle in der gleichen Liga.

In einem weiteren Punkt überraschte Frau Fournier sehr: als es um die Küche in Zeiten des Kommunismus ging. Den von ihr gelobten *„sehr cremigen Bartsch voller Langustinen"* wie den *„immer exzellenten geräucherten, gegrillten Lachs"* dürften Ende der Siebziger recht wenige polnische Genossinnen und Genossen auf ihrem alltäglichen Speiseplan entdeckt haben. Genossen kommt nicht zwangsläufig von Genuss.

Insgesamt blieb das sonst so anspruchsvolle Buch gegenüber den kommunistischen Machthabern erstaunlich wenig kritisch. Im Veröffentlichungsjahr 1978 waren erst zwei Jahre seitdem vorläufig letzten Aufstand der Bevölkerung vergangen. Dieser neue Befreiungsversuch wurde von der Partei brutal niedergeschlagen, wenn auch nicht so extrem wie die Früheren.

1978, das war vor allem zwei Jahre vor der Gründung von *Solidarność*, vor dem Anfang des Endes... Schluss mit meckern! Eins hat das Buch von Eva Fournier bei mir geschafft: das Interesse für das besondere Land im Osten zu festigen. Allein dafür bin ihr zu großem Dank verpflichtet.

Als ob es nicht genug wäre, hat Frau Fournier für die beste Auswahl aller Zeiten beim Kapitel *„Einige Sätze für die Reise"* eine

Sonderauszeichnung redlich verdient. Hier in eigener Übersetzung aus dem Französischen:

Ich möchte	*Proszę*
Bitte	*Proszę*
Ich möchte einen Kaffee.	*Poproszę kawę.*
Mein Telefon funktioniert nicht.	*Mój telefon nie działa.*
Ich verstehe nicht.	*Nie rozumiem.*
Ich habe vor einer halben Stunde einen Kaffee bestellt.	*Ja zamowiłam kawę pół godziny temu.*
Wenn ich in fünf Minuten meinen Kaffee nicht erhalten habe, zünde ich das Hotel an.	*Jeśli w ciagu pieciu minut nie dostanę kawy, podpalę ten hotel.*
Wo ist das Geburtshaus von Chopin?	*Gdzie jest dom Chopina?*
Wieviel kostet die Wodkaflasche?	*Ile kosztuje butelka wódki?*
Es lebe Polen!	*Niech żyje Polska!*
Es gibt kein warmes Wasser.	*Nie ma ciepłej wody.*

Das andere Polen-Buch bietet heute noch eine ideale Ergänzung zum Ersten. Die Autoren Barbey und Guetta lieferten ein umfassendes, ungeschminktes Porträt des Landes im geschichtsträchtigen Zeitraum 1980-1982. Für ihre großartige Dokumentation hat der erste den Overseas Press Club, der zweite den Albert-Londres-Preis erhalten. Und in der Tat ist das Buch ein zeitloses Meisterwerk. Es ist jetzt nun Geschichte, dafür eine sehr lebendige, voller Details und Emotionen.

Poznań, April 2011

Der Mittagsschlaf des Freiheitsfanatikers

Im Sommer '84 waren wir von Cognac aus mit einem schwach motorisierten Auto, einem kleinen Wohnwagen, einem winzigen Zelt und einem - am Anfang ziemlich properen - Hund einen ganzen Monat in Polen unterwegs. Das erste Reiseziel war Łeba, das Tor zum Słowiński Nationalpark an der Ostsee. Dort sollten wir eine Woche im für uns vom polnischen Staat herzauberten künstlichen Wohlstandsghetto verbringen. Am Grenzübergang vor Szczecin kamen wir kurz vor 18.30 Uhr am 23. Juli an.

Die Ablösung ließ auf sich warten. Die Diensthabenden konnten gewisse motorische Schwierigkeiten schwer verbergen. In Wirklichkeit waren sie zu jeder Art der Verheimlichung von Tatsachen nicht mehr fähig. Hatten sie die Gründung der Volksrepublik am Tag davor gebührend begossen? Höchst wahrscheinlich. Wir fragten nicht nach und warteten geduldig. Genau drei Stunden. Nach ausführlicher Kontrolle unserer Kolonne *(wir hatten uns einer Gruppe von lebenslustigen Elsässern und aberwitzigen Belgiern mit demselben Ziel angeschlossen)* durch die frisch eingetroffene Grenztruppe durften wir ins Land unserer Träume. Danach schliefen wir in einem Vorort der westpommerschen Hauptstadt Szczecin, da wir die geplante Etappe nicht mehr erreichen konnten.

Am Tag darauf waren wir, wie so viele vor uns, Richtung Osten über Koszalin und Sławno vorgedrungen. Am Straßenrand verkauften geduldige Omas im Wald selbst gepflückte Blaubeeren und Pfifferlinge in Holzkörbchen.

Heutzutage säumen die Naturproduktverkäufer immer noch die Straßen Polens. Nur sind die Körbe aus durchsichtigem Kunststoff, die Pfifferlinge in Marmeladengläsern gestopft. Und das Angebot wurde um leicht bekleidete junge Frauen ergänzt.

Lkw fuhren inkognito in dichten schwarzen Abgaswolken. Es hatte stark geregnet, die Kühe standen auf den Feldern bis zum Knie im Schlamm. In den Dörfern begrüßten uns die Gänse lauthals. Weil der Campingplatz in Łeba noch nicht offen war, mussten wir anhalten. Zwei Nächte verbrachten wir deshalb auf einem eigenartigen Zeltplatz im Torfmoor in der Nähe der kaschubischen Kleinstadt Bytów.

Der Boden bewegte sich von allein und gab dabei komische Geräusche von sich, als ob er über das eigene Schicksal seufzte. Um uns herum standen Nadelbaumwälder in Fülle. Zur Ausstattung gehörten noch ein See mit Tretbooten ohne Sitz und lauter Holzbungalows. Abends wurde am Lagerfeuer fröhlich gesungen.

Beim Besuch von Bytów fiel uns das vernachlässigte Stadtzentrum auf. Wir kauften Brot, Kohl und Gurken ein. Besuchten das Museum in der ehemaligen Ordensburg aus roten Backsteinen. Erwarben auf dem Rückweg zum Campingplatz noch Blaubeeren und Pilze. Am Frühabend gingen meine Eltern schlafen.

Ich begab mich in das *Zelt der Jugend* oder so ähnlich. Es war nicht mal zehn Uhr abends als eine attraktive dunkelhaarige helläugige junge Frau, Barbara, aus *Katowice*, bis jetzt dadurch aufgefallen, dass sie die ganze französische Hitparade vor sich hin laut trällerte, mir lakonisch mitteilte: *„Du bist doch ein Mann, wieso bist du noch nicht betrunken?"*

Da waren wir ohne jede Vorwarnung wieder bei Napoléon. Ich schaute mich um. Recht hatte sie. Laut schnarchend lagen die jungen Polen auf dem Boden. Ich hatte gar nicht darauf geachtet. Ich bin ja sehr tolerant. Und mir sind die Jungs wurscht. Sollen sie doch bis zum Abwinken trinken, wenn es ihnen Spaß macht!

Ein Tag später erblickten wir Łeba. Der weiße Sandstrand war riesig und frei von jedem Müll. Damals wurden in der sozialistischen Welt Sekundärrohstoffe fleißig und effektiv – heißt gegen Moneten – gesammelt. Das kristallklare Wasser ließ unzählige hübsche Quallen in der Sonne flimmern.

Zum Schutz vor der Meeresbrise waren viele Strandkörbe aufgestellt. Für uns Südfranzosen war diese nordische Einrichtung eine wahre Neuigkeit. Warum hat dieses elegante und vor allem nützliche Strandaccessoire noch keine Verwendung an der oft genug windigen Atlantikküste gefunden? Die potthässlichen und nutzlosen Bunkerruinen aus der Nazizeit zieren dagegen bis heute die Küste von Dunkerque bis Biarritz.

Der Rallye-Alltag war von Ausflügen in die Umgebung, ausgedehnten Spaziergängen im Nationalen Naturpark und am Strand sowie von allerlei sportlichen und kulturellen Aktivitäten bestimmt. Folklore, Kunsthandwerk, Theater, vom Neptun-Ballett bis zu Don Quijote als *Commedia dell' arte…* für alle war etwas dabei. Später wurde mir die hiesige Liebe zum bekanntesten Helden von Miguel Cervantes klar. Auch wenn *El ingenioso hidalgo* in aller Welt zu Recht beliebt ist, war und bleibt Polen für seinen Kult prädestiniert. Wo gab es in den letzten tausend Jahren mehr Freiheitsfanatiker? Keine Angst, es kommt jetzt keine Abhandlung zur Vorliebe für anarchische Zustände und deren Folgen für die Unregierbarkeit des Landes. Nur eine kleine Anekdote aus dem wahren Leben.

Wir sind im Auto auf dem Land unterwegs. Die Straße, eine mittelwichtige Verkehrsachse, führt durch das hügelige westpommersche Hinterland. Vor uns fährt ein kleiner Lastwagen, mitten auf der Fahrbahn, ziemlich langsam, ab und zu pustet er eine schwarze Wolke hinter sich, bremst, beschleunigt, bremst wieder und bleibt plötzlich stehen.

Die Straße ist so schmal, dass wir nicht aneinander vorbeifahren können. Wir haben alle Zeit der Welt und warten geduldig.

Nach zwei Minuten *(was ist schon Geduld?)* fangen wir an, mögliche Erklärungen für die Situation zu suchen. Eine Panne? Warum ist denn niemand ausgestiegen? Ein Stau? Eher unwahrscheinlich an der Stelle. Eine Freiluftmesse? Das ist alles andere als abwegig. In den letzten Tagen haben wir mehrmals deshalb plötzlich dafür lange gestanden. Hier sind aber keine Kirchengesänge zu hören, nichts. Am besten gehe ich mal nachschauen!

Ich steige aus und gehe zum Laster. Er ist sehr niedrig, sodass ich mühelos in die Fahrerkabine hinsehen kann. Das tue ich und erblicke den Hinterkopf des Fahrers, eine fast totale Glatze, gegen die Scheibe gelehnt und dahinter den Fahrer selbst, liegend. Ich rufe. Keine Reaktion. Ich warte noch ein Momentchik. Nichts passiert. Nun klopfe ich gegen die Scheibe.

Langsam dreht sich der Kopf des Fahrers zu mir. Ich habe ihn geweckt. Der Gute hat gerade Siesta gemacht. Noch im Tiefschlaf braucht er einige Minuten, um die Lage zu erfassen. Bedächtig und wortlos nimmt er Platz auf seinem Sitz, lässt den Motor an, fährt etwa einen Meter zur Seite. Bald liegt er wieder genauso wie vorher. Wir fahren vorbei und wünschen ihm einen guten Mittagsschlaf.

An einem herrlichen Nachmittag genossen wir zusammen mit polnischen Familien eine Seefahrt. Vom Fischerhafen in Łeba aus stachen wir senkrecht zur Küste auf der *Salomea* für eine Stunde in die Ostsee.

Die Rückfahrt nahm exakt genauso so viel Zeit in Anspruch. Erbarmungslos brannte die Sonne. Die vielen Kinder an Bord, darunter ein süßes kleines Mädchen mit Knoten in den blonden Haaren, strahlten vor Freude.

Solidarność Denkmal, Gdańsk, 1984

Einmal zurück an Land gab es *Lody*, cremiges Milcheis direkt aus der Kupferwanne vom Holzwagen und dann frittierte Fische, in genau dieser Reihenfolge. Außerhalb unseres Reservats war es ratsam, gleich das zu nehmen, was man bekam.

Beim ersten Besuch in Gdańsk wollten wir zum Solidarność Denkmal. Leider konnte uns niemand sagen, wo sich dieses befand. Dafür zeigten uns alle gerne, wie man zum Haupteingang der Leninwerft gelangt. Und tatsächlich, da war es!

Drei vierzig Meter hohe Kreuze aus Stahl, mit Ankern versehen, eingeweiht am 16. Dezember 1980 zur Erinnerung an die Opfer der blutigen Streiks und Arbeiteraufstände von 1956 und 1970. Es war der erste große, wenn auch recht symbolische Erfolg von Solidarność in seiner ersten recht kurzen Existenzphase.

Am Fuß der Kreuze herrschte eine tiefreligiöse Andachtsstimmung, als ob dieser Ort nicht mitten in der Stadt, vor laut quietschend vorbeifahrenden Straßenbahnen gelegen hätte. Der Boden und die Seitenmauer waren mit unzähligen Blumensträußen, Bildern, Kerzen, Opfer- und Votivgaben übersät.

Vom Exilautor Czesław Miłosz, Literaturnobelpreisträger im besagten Jahr 1980, wurde folgendes Zitat auf dem Denkmal eingraviert:

> *"Der du dem einfachen Menschen Unrecht /*
>
> *Getan hast und darüber noch lachst /*
>
> *Sei nicht so sicher. Der Dichter merkt es. /*
>
> *Du kannst ihn töten - es kommt ein neuer."*

Für uns folgte nun eine lange Tour durch Pommern, dann über Malbork, Toruń, Warschau, Częstochowa, Krakau, Wieliczka, Zakopane, und schließlich zurück in den goldenen Westen über Wrocław.

Diese Reise war so reich an Erlebnissen, dass es mir schwerfällt, eine Auswahl zu treffen. Fahren wir doch zunächst nach

Warschau und dann zurück nach Gdańsk! Es ist natürlich falsch, aber was ist auf dieser Welt und das auch noch in Polen schon richtig?

Słupsk, Sommer 1984

Chopin clopant[2]

Die Musik von Chopin hat mich schon immer zutiefst bewegt. Gut gespielt, ohne Larmoyanz, ist sie mal klassisch, mal romantisch, oft wahnsinnig heroisch, meist erstaunlich innig. Umwerfend, wie ich eines Tages in Warschau am eigenen Leib erfuhr.

Ich begleitete meine Eltern und unseren Hund. Erstere hatten entschieden, an der Internationalen Camping Caravaning Rallye teilzunehmen, die in diesem Jahr zum ersten Mal hinter dem Eisernen Vorhang stattfand, im baltischen Badeort Łeba *(wird ungefähr way-ba ausgesprochen, way wie in Englisch, ba wie in Babuschka).*

Der Hund hatte mitgemacht, wie immer. Er sollte es sehr bald bereuen, sich nicht früher für die Belange der internationalen Politik interessiert zu haben.

Meine Eltern konnten das außergewöhnliche Angebot der polnischen Behörden an die Teilnehmer aus dem nicht-sozialistischen Ausland nicht ausschlagen: ein voller Monat Bewegungsfreiheit im ganzen Land ohne vorherige oder sonstige Anmeldung bei der lokalen Polizei.

---

[2] *„Chopin clopant" ist die erste von vier „Alten Geschichten". Es sind Texte mit Polenbezug, die ich vor einigen Jahren auf Französisch verfasst habe. In diesem Fall: 2004 geschrieben, Urfassung 2007 in „20 Jahre in Preußen" veröffentlicht, clopin-clopant heißt ungefähr humpelnd. So heißt ein Lied von Pierre Dudan und Bruno Coquatrix aus dem Jahr 1946.*

Und so machten wir eine ziemlich ausführliche Polenreise. Nicht besucht haben wir nur das östliche Viertel des Landes mit seinen ungezählten Seen und *wisenthaltigen* Wäldern sowie, wahrscheinlich da sie zu nah an Warschau liegt, die Stadt Łódź (wird wutsch, auch hier wie mit dem englischen w ausgesprochen), die polnische Hauptstadt der Mode und der Filmkunst.

Wenn Sie unbedingt darauf bestehen, werde ich Ihnen all unsere Abenteuer im Detail erzählen und insbesondere die mittlerweile als *Zwischenfall von Gdańsk*[3] *(spricht sich ungefähr wie G'Dang'tz(i)g aus…)* historisch gewordene Story. Aber lassen Sie uns erst nach Warschau zurückkehren *(vakhava)*. Wie die Polen fangen die Franzosen immer mit der Hauptstadt an!

An den Ufern der Weichsel *(fehlt Ihnen etwas?)* war das Wetter sonnig, wenn auch nicht so herrlich wie an der Küste mit ihren scheinbar unendlichen Wanderdünen.

Es wäre aber kein Sonnenschein in der Lage gewesen, das schreckliche Grau der Vorstadt, in der wir erst nach langer Suche einen Campingplatz gefunden hatten, zu übertönen.

Nach dem ersten Tag, dem Besuch der so wunderbar wieder aufgebauten Altstadt - alle Stände auf dem Marktplatz bieten Äpfel und nichts anders als Äpfel an - sowie einer viel empfindlicheren Sache, nämlich dem Kauf frischen Gemüses gewidmet (Beute: eine Hand voll grüner Bohnen, immerhin besser als in den Drei-

---

[3] *Vgl. Kapitel "„Sind die Herrschaften die Elf-Personen-Gruppe?"*

42

Artikel-Provinz-Supermärkten Gurken- und Weißkohlgläser, mit Glück auch Wodka) besuchten wir den berühmten Łazienki-Park.

Warschau, Sommer 1984

Wie oft zu dieser Zeit wirkten die falschen antiken Ruinen sehr überzeugend, sodass deren Anblick jeden Römer auf der Stelle neidisch gemacht hätte. Meine laufmüden Eltern ließ ich bei der Orangerie, um das beliebte Denkmal, dem größten aller polnischen Komponisten gewidmet, allein zu entdecken: Szopen, Fryderyk.

Die Polen sind zugleich auf ihre Berühmtheiten sehr stolz *(ganz zu schweigen von ihrer Sprache, die tatsächlich mehr Ausnahmefälle ausweist*

als die französische) und hochempfindlich, wenn dieser National-
schatz von anderen beansprucht wird.

Neben Chopin, dem Frankopolen, ist dies selbstverständlich auch
der Fall bei Marie Curie, doppelnobelisierter Polo-Französin und
noch mehr bei Copernicus, lateinisch schreibender europäischer
Wissenschaftler, je nach Zeit der Betrachtung mal 100% Deutscher, mal 150% Pole.

Die entscheidend zu schüchterne Polonisierung von Chopins Namen in Szopen hatte es nicht geschafft, aus ihm einen Paderewski,
einen Lutosławski oder gar einen Penderecki, Wieniawski oder
Moniuszko zu zaubern. Warum denn nicht Szopenowski? Das ist
auch egal. All diese kindischen Querelen sind nicht den ersten
Takt einer Mazurka, eines Walzers oder der Barcarolle in Fis-Dur
op. 60 Wert.

Seltsam, gegenüber der Verehrung bedeutender Menschen aus
der Vergangenheit bin ich mit Ausnahme der Künstler praktisch
immun. Das Johann-Sebastian-Bach-Haus in Eisenach, die Villa
Penaten von Repin, mitten im Birken- und Kiefernwald vor den
Toren Sankt Petersburgs, das Weltdomizil Pierre Lotis, in einer
alten Straße von Rochefort… sind lauter magische Orte.

Das Denkmal für Chopin, einer meiner Lieblingskomponisten,
wenn nicht mein Lieblingskomponist überhaupt, musste ich unbedingt sehen. Da ich den Weg nicht gleich fand, traute ich meinem Feldsinn eines frisch diplomierten Bauerngeologen und fing
mit der Besteigung eines mit Büschen bedeckten und von

Bäumen gesäumten Hanges an. Ich stieg leichtfüßig und griff dabei nach den Ästen, ohne nur einen Gedanken an meine fernen Vorfahren aus Afrika zu verschwenden, die dies jedoch sicherlich mit unendlich viel mehr Grazie taten als ich.

Fast am oberen Rand angekommen, erblickte ich einen grell leuchtenden Teich roter Rosen, einen quadratischen Teppich zu Füßen des bronzenen Musikers. Auf den Bänken rund um die riesige Statue saß eine Horde alter Frauen, strickend, tratschend oder strickend tratschend.

Die Skulptur war bestimmt nicht jedermanns Geschmack. Zu kitschig würden die einen sagen, zu schwer die anderen. Und doch, dieser zerzauste Haarwuchs, diese durch den Sturm gebogenen Äste, kein Zweifel, das war er!

Mein neugieriger Blick hatte nur einen Sekundenbruchteil gedauert. Immer noch durch meine rechte Hand an einem Zweig hängend, hatte ich auf einmal Schwierigkeiten, die letzten fünfzig Zentimeter bis zu den blutroten Blumenbeeten zu überwinden, umso mehr da ich von den Tempelhüterinnen unentdeckt bleiben wollte.

Urplötzlich kippte alles. Ich fand mich wie ein tief im Dschungel von hungrigen, lachenden Pygmäen umgebenes, in der Falle gefangenes Tier wieder. Oder so ähnlich.

Mein rechter Fuß war im Geäst verklemmt, irgendwo in meinem Rücken. Der Rest meiner Person hing kläglich einige Dezimeter über dem Boden. Weder konnte ich mich umdrehen noch meinen gefangenen Fuß sehen. Durch reichlich schmerzvolles Gestikulieren fiel ich endlich wie reifes Obst auf den schiefen Rasen und schützte mich bei der Landung, soweit es ging mit den Armen.

Als ich mich am Fuß des Hanges wieder erhob, hatte ich zuerst den Eindruck, Glück gehabt zu haben. Niemand hatte zugesehen. Ich war gar nicht so schmutzig geworden und war um eine Lufttaufe nach Tarzans Art reicher geworden.

Gleich beim ersten Schritt befreite mich ein starker Schmerz im rechten Knöchel von diesem Wahrnehmungsfehler.

Ich humpelte zu meinen Eltern zurück so gut ich konnte und wir genossen zu dritt und schweigsam das Tagesmenü im Schlossrestaurant: eine Schale Naturjoghurt und ein Glas Früchtetee.

*Łazienki-
Park,
Warschau,
Sommer 1984*

Quito, unser Boxer, der über unseren Kapitalistenappetit bestens Bescheid wusste, amüsierte sich prächtig auf unsere Kosten. Zurück auf dem Campingplatz lachte er angesichts seiner bescheidenen täglichen Portion Bückling nicht mehr. Mit meiner musikalischen Verstauchung, die mich noch lange nach der Rückfahrt verfolgen würde, war auch mir das Lachen vergangen.

Wenn ich viele Jahre später auf einer Eisplatte, einer Bananenschale oder Bürgersteignutella ausrutsche, was oft genug passiert, während ich laut *„Sch…!"* schreie, denke ich immer und zwangsläufig an… Chopin.

Hiermit möchte ich den Kapellmeister für alle vergangenen und zukünftigen Rutschpartien würdevoll um Verzeihung bitten.

Die Musik von Chopin…

Quelle: RCA Victor

„Sind die Herrschaften die Elf-Personen-Gruppe?"[4]

Wir hatten den Campingplatz in Łeba früh morgens hinter uns gelassen. Es war seit Tagen sehr heiß. Viel heißer als irgendeiner von uns je beim Verlassen Frankreichs für die polnische Ebene zu hoffen gewagt hätte. Nicht nur dass die Temperatur im Schatten ab Mittag dreißig Grad überstieg, sondern der Himmel war intensiv blau wie bei uns im Südwesten nur im Frühling. Ohne die geringste Spur von Gewitter, wie es Zuhause in so einem Fall zu erwarten gewesen wäre.

Im Zentrum von Gdańsk gegen zehn Uhr angekommen, ließen wir uns fürs Flanieren durch die Altstadt reichlich Zeit. Viele der alten hanseatischen Häuser, ob aus roten Backsteinen oder mit verzierten Giebeln gebaut, trugen zwei Daten über der Eingangstür: das Baudatum und das viel neuere Datum des Wiederaufbaus nach dem Zweiten Weltkrieg. Die Polen haben sich wirklich viel Mühe gegeben, um die Spuren menschlichen, allzu menschlichen Wahnsinns wegzuwischen.

Nach einer schwindelerregenden Kletterei auf klapprigen Holzstufen in Wendeltreppen schossen mein Vater und ich zahlreiche Fotos vom Glockenturm der Marienkirche aus. Wieder unten stellte mein Vater fest, dass in seiner Kamera kein Film war. Er

---

[4] *Zweite alte Geschichte: unter dem Titel „Le Coup de Gdańsk" 2004 geschrieben, OF Französisch. Wortwörtliche Übersetzung: "Der Zwischenfall von Gdańsk".*

versprach sich, beim nächsten Polenbesuch die Bilder noch mal zu schießen.

Von Zeit zu Zeit trafen wir kleinere Gruppen von Rallyeteilnehmern. Wir grüßten Elsässer, die von ihrem abendlichen Picon-Bier träumten, Charentais und allerlei östlich der Oder-Neiße-Linie verirrte Gallier. Alle hatten Köstlichkeiten aus ihrer Region auf die Reise mitgebracht. Als Geschenk und um die lokalen Unzulänglichkeiten aufzuwiegen.

In Wahrheit vermissten wir in Łeba nichts, im Gegenteil. Das kleine Seebad oder zumindest der gigantische Campingplatz und seine Umgebung waren für die Rallyezeit in eine Freizone nach Ali-Baba-Art verwandelt worden. Im Duty-Free Shop der Baltona Co. fand man einfach alles und fast zu jedem Preis. Von Bananen und Orangen stückweise gegen Gold verkauft bis hin zu billigen japanischen Hi-Fi-Anlagen. Der Trick dabei war: kein Pole - Eintritt verboten! bissiger Hund! - und vor allem im Besitz ausländischer Devisen, Valuta genannt, zu sein.

Apropos Hund, der vierbeinige Kompagnon unserer Campingplatz-Nachbarn aus Paris, eine riesige schwarze Dogge, erfüllte all diese Bedingungen. Deshalb genoss er alltäglich dänischen Schinken Marke Tulip aus einer dicken, ovalen, steuerfrei gekauften Dose.

Was uns betrifft, war unsere Cognac-Reserve so phänomenal, dass ein Teil der Flaschen, zu unserer großen Schande, ihre

Heimaterde, die Charente, am Ende der Reise wiedersahen. Dagegen war die Kategorie Essbares schon längst erschöpft.

In unserer Familie haben wir wenige Prinzipien, wovon eines heilig ist: Im Urlaub wird gegessen, was die Einheimischen selbst essen! Und wir hatten schon eine Menge Länder gesehen *(und dabei tropische Wälder und Südchina vorsorglich vermieden)*. Nur besuchten wir zum ersten Mal ein hungriges Land...

Am ersten Tag hatte ich in der Schlange vor einer Fleischerei in Słupsk eine gute Viertelstunde gewartet. Als ich dran war, fragte mich die Verkäuferin nach etwas, dass ungefähr wie *Coupon?* und damit recht französisch klang. Ich war unverrichteter Dinge weggegangen. Sie hatte lächelnd mit den Achseln gezuckt und mein erstes „*nie ma!*" ausgesprochen. „*Nie ma!*" bedeutet „*Gibt's nicht!*".

Die Gründe für diese negative Antwort ohne Widerrede waren unendlich vielfältig, das Ergebnis dagegen immer das Gleiche. Übrigens konnten wir die Details der Erklärungen in vollem Umfang nicht wirklich würdigen. Nach zwei Jahren *Russische Sprache und Kultur* als Begleitstudium an der Uni in Poitiers, mit einem vor Ort gekauften Taschenwörterbuch und Konversationsführer *(nur Polnisch - Französisch, inklusiv der enorm praktischen polnischen Aussprache französischer Worte…)* gewappnet, kam ich einigermaßen klar.

Am Anfang hatte ich mir einen unverzeihlichen diplomatischen Fehler geleistet: Ich hatte für mein erbärmliches Russisch um Verständnis gebeten. Damit war das Gespräch auch meist stehenden Fußes beendet. Als ich auf die glorreiche Idee kam, mich für mein noch viel elendigeres Polnisch zu entschuldigen, wurde ich mit offenen Armen empfangen und hatte unsägliche Mühe die dankbare Bevölkerung davon abzuhalten, meine Füße durch meine Sportschuhe zu küssen.

Diese Erfahrungen interkultureller Kommunikation wie sie im Buche steht, hatte mir auf der Stelle den Titel Offizieller Reiseführer eingebracht, zuerst bei meinen Eltern *(und dem Hund, der den Klang der polnischen Sprache, der Himmel weiß warum überhaupt nicht goutierte)* und dann quasi automatisch, mangels Konkurrenz und wegen dringendes Bedarfs, für alle Franzosen, sobald diese die Ali Łeba-Höhle in unserer Gesellschaft verließen.

Glauben Sie mir, das Erlernen fremder Idiome ist eine äußerst ernsthafte Sache. Es ist sogar der einzige Fall, bei dem die polnische Sprache keine Ausnahme darstellt.

Um zu der nicht weniger ernsten Frage unserer Ernährung zurückzukommen, hatten wir durchgehalten und außer unserer mitgebrachten Buttergaletten, etliche Kartoffeln, Bücklinge und Gurken vertilgt, was angesichts der allgemeinen Versorgungslage im Lande gar nicht so übel war.

Während einer Besichtigung hatten wir im Stehen vor einem Kiosk *Bigos (Laut meinem vor Ort gekauften Taschenwörterbuch: 1. Sauerkraut- und Fleischragout, 2. Schlamassel)* in grauen Schälchen aus recycelter Pappe gegessen. Sofort fühlte ich mich in die Mensa zurückversetzt. Was meine Eltern betrifft, dieser mit Krümeln eines zu fetten Fleisches gewürzte, zerkochte, versalzene Kohl – ein echtes Schlamassel! - schien sie an Erfahrungen zu erinnern, die viel älter als meine waren.

Wer weiß, was das sichtbarste Kennzeichen unseres Reichtums, unser wohlgenährter Boxer darüber dachte, dessen Kurzhaare sogar nach einer Woche baltischer Diät noch hartnäckig darauf bestanden unverschämt zu glänzen.

In Gdańsk hatten wir inzwischen die anlässlich des Bernstein-Festivals vollen Straßen des Stadtzentrums abgeklappert. Mama hatte sich eine prachtvolle Halskette aus diesem Natur-Kunststoff, der sich so sanft anfühlt, geleistet. Mancher Mensch ist so gestrickt, dass er sich wie ein Kind freut, wenn das betreffende Material Unreinheiten und am liebsten Insektenreste enthält. Komischer Edelstein! Können Sie sich einen Diamanten voller Fliegenbeine vorstellen?

An jeder Straßenecke tönte Musik. Jazz, Folklore, Lieder die anscheinend sehr schnell zum Kabarett übergingen. Wahrhaftig waren die Polen weder fett noch traurig. Zwischen zwei *„Nie ma!"* konnte man sich mit allem arrangieren.

Auf die Bitte des Verkäufers hatten wir die Halskette meiner Mutter für eine, mit dem ursprünglich angegebenen Preis in *Złoty* verglichen, lächerliche Summe in französischen Francs bezahlt. Devisen öffneten so viele Türen…

Einige Tage später ohne eindeutigen Grund von der Straßenpolizei angehalten, würden wir selbst vorschlagen, unsere Opfergabe in Francs zu entrichten. Als sie merkten, dass wir Profis waren, fragten die Polizisten nicht weiter und kassierten dankend das, was für sie eine willkommene Subvention war und für uns eine preiswerte Art, unsere gemeinsamen christlichen Wurzeln zu würdigen.

Beim Bummeln auf dem zum Bersten vollen Langen Markt bewunderten wir die alten bunten Häuser, mit halbem Ohr einem betagten Zitherspieler zuhörend. Gelockt durch die Speisekarte einer Gaststätte im Rathauskeller ging ich hinein. Meine Eltern blieben draußen vor der Glastür stehen.

Gdańsk, Sommer 1984

Eine kräftig gebaute Dame kam mir mit schwerem Schritt entgegen. Obwohl leicht unwirsch servierte sie mich nicht mit dem üblichen „*Nie ma!*" ab, nachdem ich sie nach dem Mittagessen gefragt hatte. Sie brummte nur leise, es sei noch zu früh. Wir sollten um zwölf Uhr zurückkommen. Einverstanden.

Dann fragte sie wie viele Personen wir seien. Ich wollte schon drei sagen, als ich mich zur Tür drehend, eine Handvoll durch den Duft geköderte, mehr oder weniger bekannte Franzosen entdeckte, die mit meinen Eltern im Gespräch vertieft waren. Eine kurze Erklärung folgte. Alle waren mit von der Partie. Und so waren wir drei, fünf, acht... elf. Jeder brach auf eigene Faust in die Stadt auf. Treffpunkt vor dem Restauranteingang.

Für die Hafenrundfahrt mit dem Boot reichte eine Stunde nicht aus. Egal, wir würden am Nachmittag hingehen. Nach einem schönen Essen. Wie wir diese Stunde verbracht haben, weiß ich nicht mehr so recht. Aber, wie sicherlich Ihnen nicht verborgen geblieben ist, war das Wetter prächtig, die Stadt ebenfalls und wenn möglich sogar noch ein Tick sympathischer als vorher. Was meine Laufbahn als freiwilliger Dolmetscher betraf, hatte sie einen Gipfel auf dem verschlungenen Weg des Ruhmes erklommen.

Es stand der gute Ruf Frankreichs auf dem Spiel. Deshalb waren vor der Glastür der Gaststätte um Punkt zwölf Uhr alle da. Eine junge, lächelnde Frau begrüßte uns und fragte: „*Sind die Herrschaften die Elf-Personen-Gruppe?*".

Vorsichtshalber zählte ich die glücklichen Auserwählten nach. Ja, wir waren wirklich elf. Wir liefen runter in den großen, ziemlich nüchternen, gewölbten Saal des Restaurants. Unsere Jacken gaben wir bei der obligatorischen Garderobe ab, und wurden anschließend zu einem großen Tisch begleitet.

Einzelne Personen aßen in bedrückender Stille. Kleine Gruppen schluckten ihre Salzkartoffeln, Bücklinge und Mineralwasser mit Kohlensäure - jeden überflüssigen Kommentar vermeidend.

Unser Tisch war gedeckt. Zwischen den Tellern standen - ein Wunder! - volle Halbliterbierflaschen. Zum allerersten Mal sahen wir außerhalb unseres Indianerreservats Bier in einem Restaurant. Kaum neugierig, wie ich bin, schaute ich diskret auf die Nachbartische und konnte erwartungsgemäß weit und breit keinen weiteren Gerstensaft entdecken… Bestimmt wurde angenommen, dass unsere Touristengruppe die Taschen voller Valuten hatte. Was nicht ganz falsch war.

Schon erstaunt, keine Speisekarte erhalten zu haben, wurden wir richtig überrascht als eine *Kelnerka* uns die Vorspeise brachte. Die Diskussion an unserem Tisch war recht belebt. Bald servierte man uns die Hauptspeise, Schweinebraten mit Soße und Gemüse. Ungefähr von da an begannen unsere nächsten Nachbarn damit, uns halb interessierte, halb irritierte Seitenblicke zuzuwerfen.

Während wir unsere erste altpolnische Mahlzeit beendeten, kam eine sonntäglich gekleidete Gruppe in das Restaurant herein. Eine

Gruppe aus elf Personen oder genauer gesagt, „*die*" Elfpersonengruppe.

„*Eine*", das waren wir. Das jedenfalls versuchte uns die nun sehr befangene Kellnerin deutlich zu machen. Wir wurden schnell für unschuldig erklärt. Die Bedienung schaffte sogar wieder zu lächeln, wenn auch nicht ganz mühelos.

Und an diesem Tag im August 1984, zur größten Freude der anderen Gäste (wir waren ausnahmsweise enorm diskret verschwunden) feierte das lokale Komitee der Kommunistischen Partei im Gdańsker Rathauskeller *Palowa* irgendein revolutionäres Datum, in dem es sich wie das gemeine Volk an Salzkartoffeln, Bücklingen und Mineralwasser mit Kohlensäure gütlich tat.

Gdańsk, Sommer 1984

Von Bern- & Backstein, Benzin & Cognac...

So waren also meine ersten Eindrücke beim Kennenlernen von Angesicht zu Angesicht mit der Volksrepublik Polen… Natürlich könnte ich noch von meinen vielfältigen sportlichen und kulturellen Erfolgen in Łeba erzählen.

Wer aber möchte wirklich wissen, wie gut ich beim allmorgendlichen Aerobic-Kurs, beim Volley-Ball-Turnier nachmittags oder in der Zeltdisco auf der Düne beim Sonnenuntergang die Trikolore vertrat? Ich nicht. Außerdem habe ich den Kontakt zu der hübschen Cellistin aus der Bretagne, die oft dabei war, längst verloren. *„C'est la vie!"* wie die Teutonen in solchen Fällen mit melancholischem Blick zu sagen pflegen.

Soweit die von uns besuchten Orte später nicht oder kaum wiederauftauchen, werden sie jetzt so ungefähr wie bei Google Maps kurz herangezoomt.

... Dünen liebe ich seit meiner frühesten Jugend: Bei Arcachon südlich von Bordeaux liegt oder eher thront die Dune du Pyla, mit über hundert Metern Höhe die größte Wanderdüne Europas. Da konnte die immerhin zweiundvierzig Meter hohe Łącka Góra nicht mithalten.

Die landschaftliche Vielfalt bei den Dünen und Nehrungen ließ mich dafür nicht kalt. Die Strecke in westlicher Richtung erkundete ich während ausgedehnten Wanderungen mit Quito. Nach langem Marsch durch Koniferenwälder erreichte man die ersten

Dünen. Dahinter kam ein großer See mit sumpfigen Ufern. Aus einigen Dünenflanken stachen tote sonnengebleichte Baumstämme gen Himmel. Uns wurde erzählt, dass im Laufe der Jahrhunderte ganze Dörfer von den Sandmassen verschlungen worden waren. Eines Tages kamen die zerdrückten Reste wieder ans Licht.

Diese Naturkatastrophe erschien mir wie eine sinnfreie Variation zur Vineta-Sage. Im Gegensatz zur Flutwelle hatte der Sand für seine Untaten alle Zeit der Welt. Die mit feinen Quarzkörnern überfluteten Dörfer waren alles andere als reich. Ihre Bewohner wurden nicht für ihren Hochmut und ihre Verschwendung bestraft. Bis auf das Leben verloren sie jedoch alles.

Heute läuft man vom Parkplatz am Eingang des Nationalparks, fährt auf gemietetem Rad oder im Elektrofahrzeug zur größten Düne. Die Wege sind gut ausgeschildert und die meisten Sandflächen sind gesperrt, und zwar wegen der vielen Giftschlangen!

… Die Halbinsel Hel ist nur ein karger Strich in der Landschaft. Links die Ostsee, rechts die Gdańsker Bucht mit den drei Schwesterstädten. Anhalten darf man nur in Parkhäfen und gegen Bezahlung. Einen Parkplatzschein erwarben wir gleich, und zwar für den Platz Nr. 4 in Kuznica. Der war jedoch besetzt. Große Teile der ohnehin sehr begrenzten Fläche der Putziger Nehrung wie dieser natürliche Damm früher hieß, war nun militärisches Sperrgebiet.

Warum waren wir überhaupt hierhergekommen? Ich hatte unser Kollektiv darum gebeten, da ich in meinem jugendlichen Optimismus stark gehofft und beinahe geglaubt hatte, dass auch ein kurzer Spaziergang an jenem Strand reichen würde, um meine Sammlung aus Mineralien, Gesteinen und sonstigen Naturalien um ein wichtiges lokales Exemplar - Bernstein - zu ergänzen. Gemessen an den Mengen von Schmuck in allen Geschäften musste das Ostseegold überall herumliegen. So war es aber nicht. Später habe ich gelernt, dass Bernstein vielmehr ein willkommenes Nebenprodukt des industriellen Braunkohleabbaus ist, als das romantische Strandsouvenir nach dem Sturm wie die Legende gerne weiter kolportiert. Zur Entschädigung hatten wir auf dem Rückweg in Lębork Glück, dort gab es nicht nur *Lody*, sondern auch leckeren Apfelkuchen!

… Malbork: das Bernstein-Museum und die großartige, erschreckende, wieder aufgebaute Anlage aus rotem Backstein am Fluss, eine Art Stein gewordenes Flaggschiff der Inquisition nach Art des Deutschen Ritterordens *(Marienburg)*.

Heute ist die Restaurierung weiter fortschritten. Zur Besichtigung gibt es Audioguides mit ausführlichem, versöhnlichem Kommentar. Schade, dass Gruppen aus aller Welt keinen Gebrauch von dieser hervorragenden Technologie machen, sondern es bevorzugen die Akustik der Säle und die Hörnerven empfindlicher Besucher zu strapazieren.

… In Częstochowa warteten wir lange auf der Anhöhe Jasna Góra in der prallen Sonne, um das befestigte Paulinerkloster zu betreten. Dort wird in einer Kapelle die Ikone der Schwarzen Madonna seit dem vierzehnten Jahrhundert aufbewahrt. Während der schwedischen Invasion im Winter 1655 blieb das Kloster trotz monatelanger Belagerung als letzter Ort des Landes frei. Seitdem ist Częstochowa Polens bedeutendstes Wallfahrtsziel. Bis heute wird die heilige Maria als Königin von Polen verehrt. Kurz bevor ich das berühmte Bild mit eigenen Augen bewundern durfte, wurde mir der Zutritt entschieden verweigert. Wegen der Hitze trug ich knielange Hosen...

… auf dem Campingplatz bei Krakau waren wir als Wessis ganz allein. Dazu Franzosen. Im *roten* Renault unterwegs. Helden! Bald fingen unsere Nachbarn uns zur Ehre an, laut zu singen. Kurz darauf war die verbotene *Solidarność*-Hymne dran. Auf dem von Apfelbäumen gesäumten Weg näherten sich langsam zwei gesetzte Polizisten unserer Gruppe.

Unter uns Charentais breitete sich eine gewisse Unruhe aus. Ganz umsonst. Bald hatten die Polizisten unsere fröhliche, wenn auch konspirative Versammlung erreicht. Jetzt sangen die Ordnungshüter mit, und zwar am lautesten.

Malbork, Sommer 1984

… Wrocław erreichten wir an einem heißen Spätnachmittag. Schon wieder suchten wir einen Campingplatz und Benzin. Trotz Coupons und Valuten hatten wir uns bereits wegen Benzinmangel für eine Übernachtung ganz spontan entscheiden müssen. Fragen war nicht einfach. Nicht nur wegen der Sprache. Ich war ja dabei! Sondern, weil das Benzin eben so rar und teuer war, dass es zur allgemeinen Beschränkung der Mobilität führte. Im Klartext: Wir konnten es kaum erwarten, von irgendjemand ans Ziel gelotst zu werden. Ausgerechnet das geschah aber immer wieder.

Zum x-ten Mal verloren fragten wir einen jungen Mann nach dem Weg. Er deutete an, wir sollten ihm folgen. In seinem Fiat *Polski* fuhr er viele Kilometer bis zur Einfahrt des Campingplatzes. Da wollten wir ihm etwas Cognac schenken. Unser Retter reagierte sauer darüber und verschwand in der Dämmerung über die Touristen vor sich hin schimpfend... Sollte sich jemand beim Lesen dieser Zeilen wiedererkennen: Bitte melden! Eine Flasche Cognac habe ich garantiert noch im Keller.

In den Tatras, Sommer 1984

Abends fuhren wir ganz allein ins Stadtzentrum von *Wrocław*. Mir gefiel die Altstadt auf Anhieb außerordentlich gut. Am Vormittag danach führten wir den Besuch fort. Es leuchtete mir ein, wie sinnvoll es ist, Städte im Dunkeln kennenzulernen. Die Innenstadt war in einem erbärmlichen Zustand. Kein Gebäude war richtig in Ordnung. Ja, die meisten Häuser kamen uns wie graue Ruinen, wie eine nie fertig gewordene Filmkulisse vor. Wir hatten bei dieser Reise an kaputten Gebäuden schon einiges gesehen und waren doch geschockt.

… kurz darauf erlebten wir wahren gastronomischen Segen. Wir hielten in einer kleinen Gaststätte auf dem Lande ohne die geringste Erwartung. Da servierte uns der Kellner einfach so je einen vollen Teller mit gebratener Gans und Kraut. Das war vielleicht ein Festmahl! Essen schmeckt immer am besten, wenn man es vermisst hat.

… auf dem Weg zurück in die DDR verfuhren wir uns im Dauerregen. Wir verließen die Autobahn, ohne es zu merken, was bei dieser Autobahn wiederum keine große Kunst war. Auf einmal standen wir in einer unbekannten Stadt und fuhren im Schritttempo durch, von etlichen neugierigen Blicken verfolgt. Wenn ich mich nicht täusche, muss das der Grenzübergang Zgorzelec / Görlitz gewesen sein. Egal wo es war, diese Stadt, diese Städte waren so heruntergekommen, dass man glauben musste, der Krieg wäre - wenn überhaupt - gerade vorüber. Dagegen wirkte im Nachhinein Wrocław recht schmuck…

Diplomatischer Zwischenfall im Pergamon-Museum[5]

Vorwort: Ich war schon mal Kaltkrieger, also Soldat in Berlin. Kaum zu glauben und doch authentisch. Im folgenden Kapitel wird über eine unbekannte und jedoch hochdramatische Episode dieser verrückten Zeit (1986-1987) berichtet. In den Hauptrollen: ich als Soldat der alliierten Westmächte im geteilten Berlin und ... weiteres werden Sie gleich erfahren. Nach der Grundausbildung wurde ich dem Alliierten Stab Berlin (ASB) zugeteilt, mit Sitz in den schönen Gebäuden des Britischen Stabes im Herzen des Olympiakomplexes von 1936.

Wie fast jeden Mittwochnachmittag habe ich heute mein Büro verlassen, um mich auf eine Mission nach Ost-Berlin zu begeben, mit dem Ziel, meine Kenntnis über den Feind zu vertiefen und gleichzeitig die Teilnahme an der wöchentlichen Schießübung auf elegante Art und Weise zu umgehen.

Während meiner Grundausbildung hatte ich die Erfahrung gemacht, dass die Gefahr dieser Übungen nicht primär im Umgang mit Waffen und Munition lag. Vielmehr ängstigte mich der Gedanke, dass unverantwortliche Wehrpflichtige mit einer geladenen FAMAS[6] auf Menschen losgelassen werden, die sich dabei so

---

5 *Dritte alte Geschichte (2003): Aus „Mein Kalter Krieg" (2021)*
6 *Maschinengewehr*

unwohl fühlen, als ob sie im Restaurant CHANG am Kurtschu[7]
eine sauer-scharfe Suppe mit Stäbchen auslöffeln müssten.

Während einer dieser unvergesslichen Trainingseinheiten im militärischen, also im wirklichen, im einzigen Leben, war ich, während ich mich auf das Zielen konzentrierte, vom grünen Gesicht unseres Aspiranten überrascht worden, der direkt aus der Vendée kam und normalerweise stolzer Vertreter einer Familie war, die seit den Galliern gewissenhaft der Kirche und der Armee diente. Unser Offiziersanwärter sah wie betäubt zu, wie ein kleiner Vorstadt-Ganove seine geladene, *im Moment* verklemmte Waffe auf seinen Unterleib richtete, da dem jungen Schwachkopf nichts anderes eingefallen war, um auf sein Problem hinzuweisen.

Merkwürdigerweise machte mir dieser Vorfall klar, dass die Zielscheibe, auf die ich mit unterschiedlichem Erfolg schoss, eindeutig einen Menschen darstellte. Ich kannte damals weder Kurt Tucholsky noch seine berechtigte Anschuldigung *Soldaten sind Mörder!* Und doch beschloss ich spontan, diese zweifelhafte Aktivität in Zukunft zu vermeiden, was einem Möchtegern-Pazifisten wie mir ja zustand. Vor allem aber machte ich es wegen Gaston, meinen Großvater väterlicherseits.

Gaston, der sich im Ersten Weltkrieg geweigert hatte zu kämpfen, wurde vor die Wahl gestellt, entweder erschossen zu werden, wie Tausende anderer Pazifisten, oder als Sanitäter zu dienen. Er

---

7 *Wie wir Bidasses den Kurt-Schumacher-Platz nennen. Echte Berliner sagen - falscherweise - Kurtschi oder Kutschi.*

wurde Sanitäter, sonst wäre ich nicht hier, um Ihnen diese Geschichte zu erzählen. Er reiste von einem Schlachtfeld zum anderen durch ganz Europa, bis in die Türkei. Er ging zwischen die Fronten, um die Verwundeten zu bergen. Mehr als einmal wurde er für seinen Mut gelobt und oft genug dafür getadelt, dass er sich um feindliche Opfer gekümmert hatte. Gaston machte da keinen Unterschied. Ich bin stolz auf diesen Opa, den ich leider nicht persönlich kennengelernt habe.

Zu seinem Glück hatte er die Schrecken der Gräben physisch überlebt. Aber vom Trauma des Krieges und von der Erfahrung, den Wahnsinn so hautnah erleben zu müssen, hat er sich nie erholt. Vor dem Krieg hatte er als renommierter Koch an Banketten für den Präsidenten der Republik oder für den englischen König mitgewirkt. Er gab diese Arbeit auf, da er auf keinen Fall den Verantwortlichen für das große Gemetzel dienen wollte. Er starb jung. Den Geschmack am Leben hatte er verloren.

Im Rückblick kann ich mich rühmen, dass ich meine selbstauferlegte Verpflichtung zur Schieß-Abstinenz voll und ganz eingehalten habe. Nach achtzehn Monaten Dienst und mit Ausnahme der bereits erwähnten Grundausbildung, die zum großen Teil in den Wäldern und auf zugefrorenen Seen verbracht wurde, in einer sibirischen Kälte, die selbst meine elsässischen Kameraden, allesamt wettererprobte Holzfäller, zu beeindrucken vermochte, nahm ich kein einziges Mal am Schießtraining teil.

Als ich am Vorabend meiner Freilassung aufgefordert wurde, meine emsige Anwesenheit bei den Schießereien nachzuweisen, also das genaue Gegenteil meiner Drückeberger-Bilanz, nahm es der verantwortliche Offizier, nachdem er zunächst glaubte, dass ich ihn schamlos belüge *(wie schlecht er mich kannte!)*, auf sich, in meine Akte zu schreiben, dass ich an zehn Schießübungen teilgenommen hatte, das obligatorische Minimum, um, so sagte er in seinem Operetten-Schnurrbart, jedes Problem für mich *und unsere* Vorgesetzten zu vermeiden.

Es gab genau zwei Möglichkeiten, um die Schießübungen, die immer mittwochs stattfanden, nicht besuchen zu müssen: an den Sport-Aktivitäten des ASB teilzunehmen oder sich freiwillig für Missionen nach Ost-Berlin zu melden. Beides fand eben auch am Mittwochnachmittag statt.

Ich muss zugeben, dass ich diese interkulturellen Sportnachmittage, an denen die Unterschiede zwischen Soldaten und Offizieren, Jung und Alt, Alliierten und Beschützten fast verschwanden, eher genoss. Mit großem Abstand bevorzugte ich jedoch die konspirativen Fahrten gen Osten. Ich hatte Glück: Die Mehrheit der Bidasses präferierte tatsächlich Sport inklusive dem Schießsport.

Nachdem mehrere Angehörige der Berliner Französischen Streitkräfte unter mehr als verdächtigen Umständen in der DDR im Dienst umgekommen waren - meist waren das fingierte Verkehrsunfälle mit Todesfolge -, verlangte die Vorschrift eine Mindestzahl von zwei Soldaten bei Fahrten in den Osten.

So begleitete ich in der Regel hohe Offiziere für die Standardtour durch Ost-Berlin: flüchtige Besichtigungen der Hauptmonumente, viel längere, manchmal erstaunlich ausgedehnte Shopping-Touren *(stolze Napoléon-Soldaten aus Meißener Porzellan, elektrische Miniaturzüge, thüringische Weihnachtspyramiden aus Holz und für die Neugierigsten gab es alte Bücher in Französisch aus improvisierten Antiquariaten in den hinteren Innenhöfen...).* Der obligatorische Abschluss fand in einem der schicken Restaurants wie dem *Ermeler Haus* oder dem *Moskau* statt, das für den auf Eiswürfeln in Salatschüsseln servierten Kaviar genau so berühmt war, wie für die unzähligen, ohne jede Fantasie unter den Tischen versteckten Mikrofone.

Meine erste Mission wäre beinahe zum Fiasko geworden. Ich fuhr abends - es war schon dunkel - einen hohen Offizier und seine Frau sowie den französischen ASB-Chef ins Restaurant. Kaum eingestiegen, sagte mir der Besucher: *„Du Junge, pass schön aufs Auto auf! Ich bin der Verantwortliche für alle Fahrzeuge bei den französischen Streitkräften in Deutschland.“*

„A vos ordres, mon Général!“ entgegnete ich automatisch. Ich schaltete den Rückwärtsgang ein und wollte losfahren, als das Getriebe laut knirschte. Ich hatte den fünften Gang eingelegt.

Schon damals war das meistbesuchte Museum Berlins das Pergamonmuseum. Die meisten alliierten Besucher, jedenfalls von denen, die ich begleitete, unabhängig vom Rang und vom Bildungsstand, sahen in diesem Besuch nichts anderes als Zeitvergeudung in einem vollgepackten Programm, das - wie wir bereits wissen - viele bei weitem interessantere Punkte beinhaltete.

Aber niemand durfte sein Gesicht verlieren, keiner wollte beim Schummeln in flagranti erwischt werden. Das Museum musste besucht werden, auch wenn sich der Besuch darin erschöpfte, den weltberühmten Altar fünf Minuten anzuglotzen, um anschließend im Laufschritt die Flucht in Richtung neuer Abenteuer zu ergreifen. Später konnte man ohne rot zu werden behaupten: *„Ich hab' das Pergamon besucht."*

Alles in allem wurde der gewaltige Museumsbau für und um den Pergamonaltar errichtet, der den ersten Saal völlig ausfüllt und damit zum Synonym für das Museum wurde.

Im Laufe meines Wehrdienstes habe ich das Pergamon-Museum etliche Male im Sprinttempo, aber leider nur selten in Ruhe und mit Muße besucht. Die Besichtigung an diesem Mittwoch im Frühling war aus mehreren Gründen außerordentlich. Ich begleitete einen amerikanischen Kollegen und Freund, Joe. Obwohl er mein Vorgesetzter war, behandelte mich der notorische Frankophone und Frankophile quasi auf Augenhöhe. Er schlug mir vor, drüben das große Museum gemeinsam zu besuchen, da er von meiner Begeisterung und guter Ortskenntnis wusste. Er war noch nie da gewesen, da er wie die meisten Amis den legendenumwobenen Eisernen Vorhang bisher nur im fahrenden Militärzug durchquert hatte.

Mit der fetten US-Limousine von Joe passieren wir trotz Gefahr um *our lifes* den Check Point Charlie. Er liegt dort, wo Kreuzberg, der multikulturelle Bezirk im Süden und damals in West-Berlin auf das einst elegante Viertel Mitte, nun zur Hauptstadt der Deutschen Demokratischen Republik gehörend, trifft.

Als wir in die Nähe des Roten Rathauses kommen, sehen wir an der Kreuzung eine Menschenmenge, die einen Zusammenstoß beobachtet. Der unaufmerksame Fahrer eines Ford-Scorpio mit westdeutschem Kennzeichen ist gerade gegen die Heckklappe eines Trabant gefahren, der sehr vorsichtig an einer noch nicht ganz roten Ampel angehalten hat. Die Stoßstange des Ford ist kaum angekratzt, der Trabant ist reif für den Schrottplatz. Wenn Sie meine Meinung hören wollen: Wenn die Qualität der Autos etwas über die Gesundheit der Wirtschaft des Landes aussagt, dann wird es die DDR nicht mehr lange geben!

Wir beide tragen die Sommeruniform mit dem ASB-Abzeichen: drei Flaggen, die französische, die amerikanische und die britische eng verschlungen, eine naive Zeichnung, mit faden Farben und als diskreter Ausdruck des Triumphs der Sieger und Beschützer der Freien Welt. Der bloße Anblick dieses äußerst seltenen Abzeichens - auch Jungfrau genannt - verwandelt viele Offiziere zu Besuch in Berlin, insbesondere die ranghöchsten Offiziere, die in der Regel die ältesten sind, augenblicklich in eigensinnige kleine Kinder, die bereit sind, alles zu tun, um dieses kostbare Spielzeug zu erwerben, das in ihrer Sammlung fehlt.

Aber dieses Abzeichen darf nur von den etwa dreißig Personen, die im Dienst des ASB stehen, getragen werden. Der Verkauf ist strengstens verboten - zumindest offiziell. Ich kenne einen skrupellosen Bidasse, der auf dem Rücken dieser leidenschaftlichen Sammler schnell reich wurde. Das Geheimnis seines Erfolges ist ein zweifaches: Neben seiner kolossalen Nervenstärke verfügt er über eine weitere Gabe, die ihn schon viele Male vor Strafen bewahrt und ihm sogar erlaubt hat, die militärischen Ränge mit einer Geschwindigkeit zu erklimmen, die umgekehrt proportional zu seinen Verdiensten ist.

Der abscheuliche B., um ihn nicht zu nennen, ist in der Lage, jede Person, unschuldig oder nicht, ohne mit der Wimper zu zucken zu denunzieren. Es gelingt ihm jedes Mal, das Verschwinden seiner Jungfrau *(ich wollte schon sagen, seiner brandneuen Jungfrau... aber um Jeannes d'Arc willen...)* plausibel zu erklären. Dabei gibt es noch Menschen, die glauben, dass beim Militär Fantasie und Vorstellungskraft verpönt sind!

Im Museum angekommen, bewundern wir lange den wirklich großartigen Pergamon-Altar, das Markttor aus Milet und zahllose andere Werke aus mythischen Orten wie Ur, Ninive, Assur und Babylon. Nach dem Besuch des rechten Museumsflügels, der die antiken Sammlungen aus Vorderasien beherbergt, kehren wir zurück und durchqueren noch einmal den Pergamonsaal, um uns in den linken Flügel zu begeben. Zu diesem Zweck muss man zuerst durch einen Raum mittlerer Größe, mit hohen griechischen

Säulen und weiteren Tempel-Bausatz-Elementen gefüllt, um dann nach links in einen schmalen Flur abzubiegen, der zu den Skulpturensammlungen führt.

Genau dort entzündet der kommunistische Feind, quasi die Dunkelheit ausnutzend, wegen einer Lappalie beinahe den dritten Weltkrieg. Aber, reicht etwa keine Lappalie, um einen Krieg zu entzünden?

Wenn Sie nichts dagegen haben, kehren wir zurück zu unserem schlecht beleuchteten Flur. Auf einen Schlag wurde ich abrupt gestoppt, als ich mich mit einer fremden Person verhakte. Meine rechte Schulter steckt fest. Beim näheren Hinschauen verflog noch der letzte Zweifel. Mein stolzes Abzeichen der Berliner Französischen Streitkräfte ist wohl oder übel vom nicht weniger stolzen Abzeichen des unbekannten Regimentes einer aus der anderen Richtung kommenden uniformierten Polin, welche auch nicht wusste, wie sie auf diesen unerwarteten Zusammenstoß zwischen dem NATO-Querkopf und dem Enfant terrible des Warschauer Pakts reagieren sollte, angehalten worden.

Mit ernster Miene versucht anfangs jeder von uns beiden, die Unbekannte und ich, sich durch Zurückweichen, Schultern zucken und verschiedensten Verrenkungen zu befreien, mit dem Ziel, den Knoten zu lösen und dabei möglichst gefasst zu bleiben. Es ist nichts zu machen, die historischen Verbindungen zwischen Frankreich und Polen sind stärker als wir! Lächelnd, aber etwas verschämt, geben wir irgendwann widerstrebend die Idee auf, das

Problem allein lösen zu können, während die Menge in unserem Rücken - oder besser gesagt in unserer beider Rücken - allmählich die Geduld verliert.

Joe und die Begleiterin meiner neuen Bekanntschaft bemühten sich, die im Kalten Krieg nicht recht erwünschte blockübergreifende Völkerverbindung aufzuheben. Wie konnte es so weit kommen? Von der oft beschworenen Magie der Uniform garantiert nicht fasziniert, bin ich bestimmt wieder einmal Opfer des unwiderstehlichen Charmes der Polinnen geworden.

Da sie leider nicht in der Lage sind, die dramatisch-historische Größe des Augenblicks zu goutieren, murren die um uns herum auf der Stelle tretenden Besucher immer lauter.

Trotz Blockade dieses hoch strategischen Winkels im berühmten Museum ging diese von den Historikern verkannte Episode des Kalten Krieges *(sogenannte aufgewärmte Endphase)* nach gut zehn Minuten gemeinsamer Bemühungen in einer herzlichen, obwohl etwas verspannten Stimmung - da wir eine externe Intervention befürchteten: Militärpolizei(en), Stasi und sonstige nette Animateure - schließlich friedlich zu Ende.

Am Abend zurück in der Kaserne nähte ich eine der Ecken des Abzeichens auf meiner Jacke wieder an, da diese als Folge ihres heldenhaften Einsatzes hinter den feindlichen Linien erbärmlich schief hing.

Collage erstellt für den Wettbewerb "Berlin - meine Reise in Europa: Polnische Orte in der deutschen Hauptstadt", Polnischer Sozialrat, 2015 (Sonderpreis der Jury).

Kostrzyn nad Odrą, Juli 2020

Lublin, Sommer 2007

FRANZOSE AUS BERLIN
Versuch – gescheitert

Am Ende meines Wehrdienstes blieb ich in Berlin. Die deutsche Hauptstadt ist heute noch eine große Dorfansammlung, in der es sich ziemlich bequem leben lässt. Na gut, um die Zeit war es womöglich etwas gemütlicher auf der Westseite. Oder auch nicht.

Ich brauchte dringend einen Job und war entsprechend in allen schwarz-weißen Schattierungen tätig: als Nachhilfelehrer für die französische Sprache, Dozent für Verschiedenes und Sonstiges, Sklave im Weinfachhandel, ausliefernder Fahrer im Metall verarbeitenden Gewerbe mit der Lizenz zum Frühstückseinkauf für die gesamte Belegschaft… Da ich nebenbei noch promovierte und ab und zu mit meiner Westberliner Freundin-und-bald-Ehefrau Sabine nach Frankreich, Schwaben oder sonst wo auf Reisen war, musste die oben so gepriesene Polenliebe wohl oder übel etwas ruhen. Polen war etwas wie die DDR zum Quadrat. Wir fuhren nicht in die DDR, was sollten wir also in Polen?

Dann kam die Wende. Wir wohnten in Schönholz im von der Mauer geteilten Dreieck Wedding, Reinickendorf, Pankow, gegenüber von dem uns bis dato völlig unbekannten sowjetischen Denkmal in der Schönholzer Heide.

Unser Balkon ging nach Osten. So kam eines Tages ein Birkensamen angeflogen. Ohne auch nur nachzufragen, machte er es sich in einem verlassenen Topf aus Terrakotta bequem. Als wir einige

Jahre später ins Berliner Umland umzogen, nahmen wir den jungen Baum mit und pflanzten ihn gleich am Tor. Inzwischen ist er so groß, dass wir seinetwegen mit dem Ordnungsamt oder wie dieser Verband selbsterklärter Weltretter heißt, reichlich Ärger kriegen.

Auch wir wollten, als die Mauer endlich weg war, die Welt jenseits der Grenze, ja sogar der Landesgrenze, erkunden und mieteten deshalb einen Kleinwagen fürs Wochenende. Bei der Bestellung am Telefon hatten wir es gleich dreimal erzählt, um böse Überraschungen von vornherein auszuschließen: *„Wir möchten nach Polen!"*

Am besagten Samstagvormittag fuhren wir in aller Frühe mit der U-Bahn zum Autovermieter ins Stadtzentrum. Beim Ausfüllen der Unterlagen wurde uns lapidar mitgeteilt, dass jede Reise über die Grenze strengstens untersagt war. Sollten wir jedoch ein solches Abenteuer trotz dieser Warnung wagen, wäre dieses selbstverständlich durch keine Versicherung gedeckt.

Diskutieren war sinnlos. Die Autovermietung, zu einer der größten Firmen der Branche gehörend, fand sich cool. Statt dem gemieteten Opel Corsa gaben sie uns großzügig einen dicken nagelneuen, staatsmännisch schwarzlackierten BMW als Entschädigung. Als Stadteinwohner besaßen wir freiwillig längst kein Fahrzeug mehr und waren über diese geniale Lösung des Problems nur mittelmäßig begeistert.

Wir entschieden spontan, das Umland diesseits der Grenze näher kennenzulernen. Letztendlich war das für uns genauso exotisch wie der geplante Ausflug. Nun bin ich etwas dickköpfig und fürchterlich nachtragend noch dazu. Schon deshalb fuhren wir meist auf nicht geteerten, schlammigen Wegen, die kurz darauf für den motorisierten Verkehr mit Ausnahme der Forst- und Landwirtschaftsfahrzeuge, wie es sich gehört, endgültig gesperrt wurden.

Die Landschaften des Barnims, Zeugen der letzten Eiszeit, waren so lange wild romantisch, bis man eine Menschensiedlung erreichte. Kaputte Straßen, insbesondere schmale, gewölbte Alleen mit uraltem Kopfsteinpflaster aus rotem Granit, mögen nett, ja richtig ländlich, wenn auch leicht unbequem wirken. Auf solchen Strecken hoppelnd witzelten wir darüber, ob Goethe, Kleist oder die schöne Müllerin dort zuletzt lang gelatscht waren. Völlig trostlose Dörfer, Bauernhöfe, Plattenbauten in der Mitte von nirgendwo, ehemalige Schlösser und Dorfkirchen allesamt in desolatem Zustand und Einheitsgrau wirkten auf uns hingegen deprimierend.

Immerhin haben wir an diesem Wochenende viele wilde Tiere beobachtet, meist vom Auto aus, da wir unsere teure Limousine jede Sekunde genießen wollten, wie selten zuvor. Füchse, Groß und Klein, Rehe, Fasane und Störche hatten wir einzig bei unserer Hochzeitsreise, in der ungarischen Puszta in dieser Fülle ungeniert beobachtet.

Wir übernachteten direkt an der Grenze, im mitleiderregenden Städtchen Oderberg in einer lausigen Unterkunft, die auch noch recht teuer war. Diese ernüchternde Erfahrung, durch einen überaus trockenen Empfang und ein total mieses Frühstück vollendet, sollte sich in vielen Teilen der Neuen Bundesländer in den folgenden Jahren leider wiederholen. Hauptsache D-Mark lautete die Devise, alles andere würde sich finden.

Unsere Hoffnung, das edle Gefährt möge über Nacht von den östlichen Verbrecherbanden entwendet werden, ging nicht in Erfüllung.

Wir fuhren am Sonntag weiter nach Prenzlau und wurden mit den von Gott verlassenen Seen, der sanften Dynamik der Hügel, Wälder und Sandwege, reichlich für die schlechte Nacht entschädigt. Kahlköpfe erblickten wir an diesem Tag keine.

Fasziniert von der rauen Schönheit der Region zogen wir bald ins Umland. Anfangs träumten wir von einer Wochenendidylle bis wir in einer Nacht-und-Nebel-Aktion ein altes Haus direkt hinter der Stadtgrenze erwarben.

An die Erlebnisse dieser zwei Tage in Brandenburg habe ich später oft gedacht, entweder wenn lapidar behauptet wurde, der *„Osten sei eine einzige ökologische Katastrophe gewesen“*, viele Wessis glauben es bis heute und das gleich für den ganzen Ostblock, heißt bis Wladiwostok; oder, und das ist hier entscheidend, bei Touren durch Polen...

Gaude Mater Polonia

Im Sommer '93, fast zehn Jahren nach meiner bisher einzigen Reise nach Polen, bot sich endlich wieder eine Gelegenheit, das Nachbarland zu besuchen. Sabine und ich sangen im deutsch-französischen Chor. Dort hatten wir uns auch kennengelernt. So steht es jedenfalls in den meisten Geschichtsbüchern. Unsere Chorleitung hatte mit einem polnischen Chor den Kontakt aufgenommen und eine kleine Tournee östlich der Oder organisiert.

Wie zu erwarten, spürte Sabine nicht das geringste Bedürfnis, ihre knappe Freizeit im Bus auf schlechten Straßen in der Vorkammer Sibiriens zu verbringen. Dem Konkurrenzangebot, einem Wellnesswochenende mit ihren ehemaligen Schulfreundinnen, den sogenannten Mädels, sagte sie erleichtert zu. Ich fuhr allein. Ich meine ohne sie.

Der Bus war voller Deutsche und Franzosen, die entweder in Berlin oder in Paris Mitglieder im dortigen deutsch-französischen Chor waren. Beim Thema Polen bekam die bilaterale Freundschaft tiefe Risse. Kaum ein Deutscher - nicht mal unter den Berlinern! - war je im Nachbarland gewesen. Dagegen hatte die Mehrheit der Franzosen – auch der Pariser – schon mal Polen besucht. Es entstand eine meist lächerliche, oft lachhafte und manchmal recht peinliche Konkurrenz zwischen den Galliern und den Germanen um die Gunst der Polanen.

Das erste Etappenziel war nicht weniger als das großartige Krakau. Dort angekommen parkte unser Bus in der Nähe der Jugendherberge im Plattenbaustil unweit vom Marktplatz. Wir hatten die Information erhalten, dass es in der Marienkirche weder zum Üben noch fürs Umkleiden einen geeigneten Raum gab. Damit war indirekt gemeint, dass ein gemischter, jedoch anständiger Chorverein sich getrennt umzuziehen hatte. Wie so oft war das Ergebnis dieser hohen Anforderung an die Moral nicht ganz perfekt. Bei hochsommerlichen Temperaturen in wenige Doppelzimmer gepfercht, zogen wir uns alle durcheinander schnellstens um. Und hatten damit bestimmt unseren Fahrschein für die ewige, brennende Hölle bereits verdient.

Anschließend liefen wir rüber zur Kirche. Irgendetwas war schiefgelaufen, sodass wir ganz unter uns waren. Im großen, menschenleeren Gebäude liefen wir herum, auf der Suche nach einer Seele oder zumindest nach einem Podest.

Nach einiger Zeit erschien ein Priester, der uns in Französisch, ja nur in Französisch herzlich willkommen hieß. Nachdem wir den besten Platz hinsichtlich der Akustik in der Kirche ausgemacht hatten, sangen wir etwas lustlos und von der Reise ermüdet, allein wie Moses in der Wüste unser Programm durch.

Immer noch so vornehm wie beim ersten Besuch war das Innere des Gotteshauses. Die besternte Decke erinnerte mich an weitere Kirchen, Moscheen und Synagogen aus aller Welt. Ist der Himmel doch für alle gleich?

Danach trennten wir uns. Die Franzosen begaben sich zum Empfang ins französische Kulturinstitut, die Deutschen ins deutsche Konsulat.

Ich hatte etwas anderes vor und fuhr mit der Straßenbahn in eine Vorstadt, wo ich bei der Familie des Himalaja-Wojciechs eingeladen war. Inzwischen hatten wir ihn in England besucht. Dort fristete Wojciech das verbitterte Leben eines nicht richtig angekommenen Emigranten. In seiner Familie wurde ich wie ein alter Freund behandelt und so gemästet, dass ich alle bei der ersten Polenreise verlorenen Pfunde auf einmal wieder auf den Rippen hatte! Ich rollte in der Nacht in die Jugendherberge zurück und legte mich so leise es ging in mein schmales Bett im Zweibettzimmer.

Nach einem superleichten Frühstück fuhren wir ab Richtung Norden nach Warschau. An die Reise zwischen den zwei bekanntesten Städten des Landes kann ich mich gar nicht erinnern. Wahrscheinlich haben wir mal gesungen, mal gedöst, mal über die anderen gelästert.

Die Trennung vom Vorabend war eine Premiere im Chor. Und kein besonders glorreicher Meilenstein auf dem harten Weg der Versöhnung. Dabei gab es schon Optimisten, die das deutschfranzösische Modell für exportfähig hielten. Nach Polen und Zentraleuropa *(gegenüber Deutschland)* sowieso in den Balkan oder gar den Nahen Osten. Träumen ist so süß.

Am Nachmittag trafen wir in der Hauptstadt ein. Davor hatten wir unser Gepäck in unserer Unterkunft, einem Kloster im Umland, abgeladen. Fröhlich liefen wir nun durch die Altstadt zur Johanneskathedrale.

Zu meinem großen Schreck erfuhr ich kurz vor dem Konzert, dass die provinzielle Ruhe endgültig vorbei war. Schließlich war unser Auftritt das Eröffnungskonzert des noch jungen Internationalen Festspiels für sakrale Musik.

Die Kathedrale ist die älteste Kirche der Stadt. Sie beherbergt die Überreste von großen polnischen Persönlichkeiten. So haben hier der Nobelpreisträger Henryk Sienkiewicz und der Pianisten-Politiker Ignacy Jan Paderewski ihre letzte Ruhe gefunden. Im Zweiten Weltkrieg wurde das Gebäude sehr stark beschädigt, das neue Gotteshaus im neugotischen Stil wurde in den Fünfzigern eröffnet.

Vor dem Konzert sang der Chor auf der Straße ein Ständchen für seinen langjährigen Präsidenten Jean-Jacques, der gerade vierzig Jahre alt wurde. Die Fußgänger blieben stehen, hörten zu, klatschten oder liefen weiter. Als Jean-Jacques die vierzig Kerzen auf seinem Geburtstagskuchen auspustete, drehte sich unerwartet der Wind, sodass uns jetzt der Konzertanzug unseres Oberchefs mit vierzig kleinen Augen aus Wachs etwas verdutzt betrachtete.

Die Kirche war bis auf den letzten Platz besetzt. Pünktlich fing das Konzert an. Wir sangen unsicher mehrere Stücke, die wir auf die Schnelle gelernt hatten und die ich allesamt furchtbar langweilig fand. Diese Meisterwerke hatte der Pariser Chorleiter, der nicht dafür bekannt war, einen originellen Geschmack zu haben, ganz allein ausgesucht.

Dominique, unser neuer junger Chorleiter war ein hochbegabter, leicht explodierender Engländer, der seinen Ärger über unsere augenblickliche Mittelmäßigkeit dadurch herunterschluckte, dass er die Hammondorgel wie ein durchgeknallter Pastor aus Memphis, Tennessee, mit Händen und Füßen malträtierte und uns dabei mit irrem Blick zum Teufel wünschte.

Kurz nach Konzertbeginn wurden einige Choristen unruhig. Vorne links im Publikum, stand eine junge Frau, blond und gar nicht hässlich, wie man in der Charente und auch in Berlin für *„ziemlich hübsch!"* sagt, eine lange rote Rose in der Hand, und guckte dezidiert… mich an. Das war sie: Małgorzata!

Und dann kamen wir ganz ungewollt zum unvergesslichen Höhepunkt des Abends. Vielleicht nach zwanzig Minuten Gesang fingen wir an *Gaude Mater Polonia* anzustimmen. Das ganze Publikum, Jung und Alt, Familien mit Kindern, alle uns und vor allem Gott und der Musik zu Ehre festlich gekleidet, erhob sich wie ein Mann und sang aus vollem Halse mit! Und wie sie singen konnten! Es war so tief beeindruckend, ja beinah erschreckend, dass ich keinen Ton mehr über die Lippen brachte. Dabei war es mein aller Lieblingsstück im sonst so öden Programm. Neben der fehlenden Konkurrenz gab es auch handfeste Gründe für meine Vorliebe. Das Stück sangen wir in Berlin schon länger und das gar nicht so schlecht. Ich liebe diese einfache, rührende Musik. Der alte Lobgesang in Lateinisch soll im Mittelalter die polnische Nationalhymne gewesen sein.

Nur eins wussten wir nicht: von dieser Tradition, die am Ende eines jeden sakralen Konzerts mit eben diesem Stück und allen Anwesenden durch gemeinsames Singen gefeiert wird! Von der Überraschung erholten wir uns langsam, nachdem die Pause vorverlegt wurde.

Ich ging zu Małgorzata und begrüßte sie. Unter vielen neugierigen Blicken aus dem Berliner Chor schenkte sie mir die Rose und ein breites Lächeln dazu. Nach der Beteiligung an der Camping-Rallye in Łeba 1984 hatte ich mich im Sommer darauf weiter verpflichtet und war nach Ericeira, Portugal mit meinen Eltern zur nächsten internationalen Rallye gefahren.

Dort hatte ich die junge Polin Małgorzata kennengelernt. Abends trafen wir uns mit anderen Jugendlichen irgendwo auf dem Riesencampingplatz, der bis heute für seine aus Milliarden hungriger Ameisen bestehenden Kolonien weit über die Landesgrenzen hinaus berühmt wurde.

Einmal waren wir in einer kleinen Gruppe zum Meer gelaufen und hatten über Polen geredet. Małgorzata war Feuer und Flamme und duldete wenig Kritik an Ihrem Land. Inzwischen befanden wir uns am Felsenrand inmitten eines spärlich beleuchteten flachen Areals, auf dem gerade ein kleines Zirkuszelt abgebaut wurde, das mich vage an eine verlassene Krippe in Lebensgröße erinnerte.

Später hatten wir uns einige Briefe geschrieben. Da ich inzwischen beim Wehrdienst in Berlin gelandet war, wurde ich nach dem Erhalt eines Briefes aus Polen sehr eindeutig darauf hingewiesen, zukünftig jede Art von Kommunikation mit dem Feind zu unterlassen, es sei denn ich wünschte mir eine kostenlose Verlängerung meines Dienstes im Übungslager der französischen Armee im Baden-Württembergischen Münsingen.

Einige meiner Biografen glauben zu wissen, ich hätte meinen Aufenthalt in Berlin damals deshalb ausgewählt, um näher an Polen zu sein. Wie dem auch immer sei, wäre das kein großer Erfolg gewesen. In dieser Zeit ohne Emails und Handy *(die Zeit gab es wirklich!)* brach die Verbindung bald ab.

Jahre später erhielt ich einen Brief aus Warschau in dem stand, dass Małgorzata beim Aufräumen der Wohnung ihrer Eltern meine Adresse in Berlin wiedergefunden hatte. Das war kurz vor der Chorreise und ich hatte ihr gleich meinen Besuch angekündigt.

In der Konzertpause verabredeten wir uns in einem Jazzklub. Zuerst nahm ich mit beiden Chören an einem gemeinsamen Empfang im Kulturpalast teil. Die Gastgeber redeten uns dusselig mit dem Projekt eines deutsch-französischen Kulturzentrums in der polnischen Hauptstadt. Prima Idee! Soweit ich weiß, kam es nie dazu...

Nach Beendigung des offiziellen Teils des Abends überquerte ich die Straße mit Helga, einer Freundin vom Chor, die völlig neutral gefragt hatte, ob sie aus purer Neugier am Warschauer Nachtleben teilhaben könnte.

Małgorzata hatte mir in der Kirche erzählt, dass sie am Tag darauf heiraten würde. Ihr Zukünftiger feierte gerade mit Freunden seinen Junggesellenabschied. Deshalb hatte sie Zeit für ein flüchtiges Wiedersehen. Wir trafen uns im renommierten Jazz Club des Metropol Hotels, gleich gegenüber vom Kulturpalast. Bei dem Lärmpegel verstanden wir uns schwer, dennoch unterhielten wir uns. Małgorzata und ich in Englisch, Małgorzata und Helga in Italienisch. Ich habe Małgorzata nie wiedergesehen und wünsche ihr nur das Allerbeste.

Den Weg zurück ins Kloster zu finden, war gar nicht so einfach. Zuerst fuhren wir mit dem Bus. Im Nirgendwo angekommen, haben wir einen Wagen angehalten. Es waren junge, stark angeheiterte Soldaten, die uns wie durch ein Wunder unversehrt zum Kloster heimbrachten. Wir bedankten uns ausgiebig.

Bald wurden wir von den wenigen Choristen umstellt, die zu dieser späten Stunde noch nicht schliefen. Es waren Manu, Patty und Christoph. Sie erzählten uns, dass die Nummernschilder unseres Busses auf dem Gelände geklaut wurden. Und dass etliche nicht dazu gehörende Personen immer wieder versuchten ins Kloster einzudringen, was natürlich strengstens verboten war.

Christoph war das einzige Chormitglied, das aus familiären Gründen die polnische Sprache beherrschte und war als Vermittler sehr
beschäftigt. Diese Geschichten fand ich nicht sonderlich span-
nend und ging schnurstracks in den Schlafsaal.

Der dunkle Raum war von internationalen Schnarchgeräuschen
und Fußausdünstungen zum Platzen gefüllt. Ich muss ziemlich
müde gewesen sein. Bald schlief ich den Schlaf der Gerechten.

Früh morgens wachte ich auf, verließ diskret das noch verschla-
fene Zimmer, ging duschen und spazierte dann ziellos durch das
Kloster. Ich landete zufällig im Frühstücksraum *(wer mich ein wenig
kennt, wird wahrscheinlich nicht an Zufall glauben)*.

Dort waren die Oberschwester, Christiane, eine Berlinerin und
Tarohito, japanischer Chorist aus dem Pariser Chor. Sie deckten
die langen Tische und sprachen dabei alle leise miteinander. In
Französisch.

Bei Tageslicht sah das Kloster sehr mitgenommen aus. Es war
eine einzige Baustelle. Beim Renovieren wurde großzügig Beton
gegossen. Jetzt sah das Gebäude ein wenig wie ein unvollendetes
Werk Le Corbusiers nach einem Bombenanschlag aus.

Der Berliner Chor vertiefte die Beziehung nach Polen und freun-
dete sich mit dem Warschauer Chor an. Es gab dann gemeinsame
Konzerte. Darunter auch ein trilaterales Konzert in Dresden im
Jahr 1998.

Für Sabine und für mich war es der letzte Auftritt. Wir hatten die Strapazen der Jugendherbergen langsam satt. Unser Schlafplatz lag zwar im schönsten Viertel der Stadt, dafür direkt über einer Disco, zu deren schrecklich lauter Musik die Jugend von Dresden und Umgebung bis in die Puppen tanzte.

Außerdem hatte ich diesmal ganz schön dämlich geguckt, als beim Auftritt der Chor um mich herum plötzlich etwas anstimmte, das ich zum ersten Mal hörte. Bis jetzt war es als Folge meiner vielen Dienstreisen oft dazu gekommen, dass ich Stücke auswendig lernte, die ich nie in Konzerten mitsingen konnte. Nun wusste ich. Der umgekehrte Fall war kein bisschen besser!

Von den vier anwesenden Chören, die deutsch-französischen Chöre aus Dresden, Paris und Berlin sowie der St.-Anna-Chor aus Warschau, bleibt der großartige Auftritt des polnischen Chores in meinem Gedächtnis. Ihr Programm bestand aus ergreifenden Klassikern der russischen liturgischen Musik in altkirchenslawischer Sprache.

Dieses Detail wirkt etwas skurril, wurde doch das Konzert im Rahmen des Weimarer Dreiecks als Beispiel für die trilaterale polnisch-deutsch-französische Zusammenarbeit initiiert. Das Weimarer Dreieck beschäftigte mich schon beruflich. Und da das bis heute nicht *(ganz)* aufgehört hat, werden wir uns diesem spannenden Thema jetzt widmen *(müssen)*.

Das Weimarer Dreieck

Das Weimarer Dreieck ist ein Vertrag zwischen drei Staaten. Genauer gesagt haben die Außenminister Frankreichs, Deutschlands und Polens eine gemeinsame Vereinbarung zur Vertiefung der Zusammenarbeit kurz nach der Wende, im Jahr 1991, verkündet. An und für sich ist das die typische Angelegenheit, die den Normalsterblichen kaum berühren sollte, auch wenn dieser gegen die Grundidee nichts einzuwenden hat. Doch es kam anders.

Damals arbeitete ich seit einem knappen halben Jahr im Deutsch-Französischen Büro in Berlin-Adlershof, als mein Kollege H. eine Einladung zu einem deutsch-polnischen Treffen in Frankfurt an der Oder im September 1994 erhielt.

Noch jung und dynamisch, wie wir waren, fuhren wir hin. Dort trafen wir Akteure der bilateralen Zusammenarbeit in Forschung und Innovation, die so tief in den Kinderschuhen steckte, dass sie ohne Lupe recht schwer zu erkennen war.

Mir wurde zum ersten Mal klar, wie wenig zwischen den jeweiligen zwei deutschen Staaten und dem kommunistischen Polen nach dem Krieg geschehen war. Die BRD hatte sich auf die westliche Welt konzentriert, die DDR war auf Moskau fixiert. Für den unbeliebten Nachbarn gab es einfach keinen Platz.

Międzyzdroje, Januar 2014

Bei der anschließenden Diskussion teilte H. dem Auditorium mit, dass in Berlin-Adlershof, dem ehemaligen größten Zentrum der Akademie der Wissenschaften der DDR, seit dem Mauerfall im dynamischen Wandel begriffen, demnächst ein Deutsch-Russisches Büro eröffnen würde. Daraufhin meldete sich ein feiner Herr aus der Polnischen Botschaft in Berlin mit folgender, eindringlicher Frage und leicht aufgeregter, hoher Stimme: *„Was ist denn mit Polen?“*.

Da wir keine Antwort darauf parat hatten, wurde ein Termin vereinbart. Alles ging zuerst furchtbar langsam und schließlich doch recht schnell.

Die Deutschen hatten inzwischen Polen für sich wiederentdeckt. Das Land war plötzlich salonfähig und begehrt. Im Frühjahr organisierte eine Berliner Landeseinrichtung einen Stand auf der großen Messe in Poznań. Da uns mitgeteilt worden war, dass unsere deutsch-französische Präsenz weiß der Teufel warum unerwünscht war, machten wir uns auf die Socken und fuhren noch vor dem ersten Hahnenschrei mit der Bahn in die Hauptstadt Großpolens. Beim offiziellen Empfang auf dem Berliner Stand tranken wir einen Schluck Sekt und gingen anschließend auf Erkundungstour durch die gut besuchten Hallen des weitläufigen Messegeländes.

Vor der Rückfahrt nach Berlin hatten wir etwas Zeit für eine Stippvisite der Altstadt. Auf dem Marktplatz blitzte und donnerte es ohne jede Vorwarnung. Kurz bevor der Himmel sich von überflüssigem Wasser über unseren Köpfen befreite, fanden wir Unterschlupf in der hübschen Gaststätte *Przy Bamberci*, direkt am Bambergerbrunnen, wie der Name auch sagt. Wir fragten den Kellner nach den lokalen kulinarischen Spezialitäten aus. Und so kamen wir zum besten Eisbein aller Zeiten. Wir genossen das leckere Essen und verschwiegen lieber unser Gefühl, urberlinerisch gespeist zu haben.

Ein Jahr nach dem Treffen an der polnischen Westgrenze kam Helena, Wissenschaftlerin aus Warschau, für sechs Monate ins Deutsch-Französische Büro. Sie hatte den Auftrag, nach ihrer Rückkehr eine Struktur für Innovationstransfer an der Technischen Universität Warschau zu gründen.

Noch hatten wir kein Dreieck. Höchstens eine Gerade mit einem Knick. Die polnische Ecke, die polnische Teilnahme an Projekten und Veranstaltungen, war anfangs immer eine Flickstelle auf dem deutsch-französischen Gespann. Dank Helenas Unternehmungslust änderte sich das aber rasch. Es entstanden einige bilaterale Projekte, zuerst franko-polnische, später deutsch-polnische und trilaterale, bald europäische Projekte mit allerlei Partnern aus Ost und West, Nord und Süd.

Paris – Warszawa

Meine ersten beruflichen Projekte mit polnischer Beteiligung waren franko-polnisch. Das erste Vorhaben verband die steinreiche, selbstbewusste, und auch mal hochnäsige Industrie- und Handelskammer der Stadt Paris mit einem nagelneuen Netzwerk von ebenfalls frisch eingerichteten Technologietransferstellen in ganz Polen. Dieses denkbar ungleiche Konstrukt hatte ich auf Nachfrage von Pariser Kollegen im Rahmen eines europäischen Programms zur Vorbereitung des EU-Beitritts Polens in kurzer Zeit auf die Beine gestellt. Lange hielt die Liaison nicht. Zu groß waren die Unterschiede in der Arbeits- und Denkweise. Wahrscheinlich war die Bereitschaft aufeinander zugehen dafür entsprechend miserabel ausgeprägt.

Mehr Erfolg hatten wir einige Jahre später in der französischen Hauptstadt bei der Durchführung eines Workshops zum Thema *Die französischen Öko-Unternehmen treffen die Märkte Mittel- und Osteuropas*. Als Begleitveranstaltung zur Umwelttechnologiemesse Pollutec gedacht, mündete das Treffen in zahlreiche Kooperationen.

Von Berlin aus war die Unterstützung der Zusammenarbeit zwischen den zwei Nachbarländern recht mühselig. Zumal es um die vermeintlich historische franko-polnische Freundschaft nicht zum Besten bestellt war. Unverschämte Bemerkungen wie die vom damaligen Staatspräsidenten Chirac schafften es spielend, die letzten Krümel des alten Mythos wegzupusten. Von da an waren sich beide Länder wieder mal *(Nach der Flucht von Henri de Valois 1574, Napoléons Versagen, den Pleiten von 1939, 1981, dem polnischen Klempner von 2004...)* so fremd wie enttäuschte Liebhaber. Soweit ich es beurteilen kann, hat sich daran seitdem nicht viel geändert.

In Frankreich wird weder die unterschwellige Angst vor Russland noch die bedingungslose Liebe für Amerika verstanden, als das, was sie sind: tief geankerte Empfindungen bei einer großen Mehrheit der Polen. Viel anders ist es in Deutschland auch nicht.

Zu Gast in Warschau

Im Oktober 1997 lud Helena H. und mich nach Warschau ein, um Referate über Existenzgründung zu halten. Völlig unerwartet wurde unsere Dozententätigkeit mit Kost, Logis, und sogar Tagegeld von der Hochschule belohnt. Unser Hotel lag am westlichen Stadtrand unweit von Helenas grünem Wohnviertel. Am Tag darauf freute ich mich über die aufmerksame Bedienung und über das üppige, traditionelle Frühstück mit geräuchertem Fisch und frischem Kraut-, Karotten- und Gurkensalat. H. dagegen schimpfte ständig. Um sein Zimmer würde das Personal einen großen Bogen machen, weil er Deutscher war, wiederholte er von der Sache so entsetzt wie überzeugt. Darüber konnte ich nur schmunzeln. Ich war damals ja *nur* Franzose.

Zur Universität fuhren wir mit der Straßenbahn, was kein leichtes Unterfangen war. Die sehr betagte Bahn war randvoll, sie kreischte wie ein tödlich verletztes Tier und blieb auch bald mitten auf einer Kreuzung stehen. Alle Passagiere mussten aussteigen. Als nächstes durften wir neue Fahrkarten besorgen, da unsere beim Verlassen des Wagens ungültig wurden und es an Bord keinen Fahrkartenverkauf gab.

Die Sonne wollte das Ende des Sommers nicht wahrhaben. Es war ein goldener Oktober wie aus dem Bilderbuch. Beim Seminar waren die meisten entsprechend leger gekleidet. In unseren Anzügen und engen Krawattenknoten fühlten wir uns etwas unwohl.

Abends fuhr uns Helena ins Hotel zurück und kündigte an, sie würde uns eine Stunde später für das gemeinsame Abendessen mit ihrem Vorgesetzten Prof. B. abholen.

Wir zogen uns um, statt Anzug und Hemd, Jeans und Sweatshirts. Im edlen Restaurant Fukier auf dem Marktplatz in der Altstadt waren unsere Gastgeber jetzt natürlich piekfein gekleidet und wir wussten nicht, wo wir uns verstecken sollten. Essen und Service waren vorzüglich.

H. machte ein großes Kompliment, das nicht so richtig ankam. Er hatte nur gesagt: *„Es schmeckt wie bei meiner Oma!"* Bei diesem sehr französisch klingenden Lob schwieg ich ausnahmsweise. Schließlich hatten meine Omas ganz anders gekocht. Die besagte Oma war aus Schlesien, höchstwahrscheinlich Deutsche, wobei der Unterschied für viele in Polen bis heute kaum existiert, und war damit auch für den best gemeintesten Vergleich ungeeignet. H. hatte es nicht einfach. Dabei gab er sich Mühe. Nicht wie der Dummkopf vom Bonner Ministerium, der uns mal begleitete und am Ende einer Altstadtbesichtigung als Dankeschön an die polnischen Kollegen ohne rot zu werden über die Lippen brachte: *„Das hier ist* fast *so schön wie in Prag!"*

Zu diesem Zeitpunkt hatte ich Polanskis Film *Der Pianist* mit guten Gründen noch nicht gesehen *(den gab es noch nicht!)*. Der Deutschlandpremiere im größten Saal am Potsdamer Platz wohnte ich bei. So eine minutenlange, bedrückte Stille am Ende einer Filmvorführung habe ich nur dieses eine Mal erlebt. Ich hoffe sehr, es bleibt dabei.

Bei meinem ersten Polenaufenthalt hatte ich das Historische Museum der Stadt Warschau besucht. Die Schwarz-Weiß-Fotos vom Kriegsende erinnerten eher an Hiroshima als an irgendeinen Kriegsschauplatz in Europa. In der Ausstellung stand, dass Bilder von Canaletto aus dem 18. Jahrhundert und ein ebenso alter Stadtplan, auch von Italienern angefertigt, als Modell für den Wiederaufbau der bis zur Unkenntlichkeit zerstörten Altstadt verwendet werden mussten. Jeder Witz über diese so echt wirkende und doch völlig falsche Altstadt war damit für mich und für immer fehl am Platz.

Die gleiche Prozedur wiederholte sich genau ein Jahr später. Dieses Mal waren wir zentral untergebracht und Sabine war mitgekommen. Wir bezogen altmodische, dafür riesige Suiten in einem Gästehaus, das sich mitten auf dem großen, weitgehend verlassenen Kasernengelände *Fort Bema* befand. Dieses Erbe aus der Zeit der russischen Besatzung ist mit viel Grün versehen und von großflächigen Friedhöfen umgeben.

Zu den Friedhöfen von Warschau las ich vor kurzem folgenden wertvollen Hinweis. Es sind besonders interessante Standorte, da sie zu den wenigen Orten im Stadtgebiet gehören, die im Krieg nicht vollständig zerstört wurden.

Im ersten Jahr waren wir nur im neuen Zentrum für Innovationstransfer (OTI) gewesen. Jetzt durften wir zur *Politechnica*, ins

Forschungsinstitut, dem Helena nach wie vor angehörte. Der große Gebäudekomplex hätte etwas Farbe gut vertragen können, wirkte als Tempel der Wissenschaft jedoch sehr überzeugend. Wir liefen durch den langen Eingangsflur, in dem beidseitig Ergebnisse der Forschung in Glasvitrinen stolz präsentiert wurden. Zu unserer großen Überraschung, da uns Helena allein als gelehrte Mathematikerin und Innovationsbegeisterte bekannt war, stellten wir fest, dass alle Vitrinen ausnahmslos mit Waffenteilen vollgestopft waren. Prof. B. sagte uns dazu mit einem *entwaffnenden* Lächeln und blitzenden Augen: *„Die Russen haben nur die schlechtesten Waffen bekommen. Die guten waren für unsere Armee reserviert!"*

Helenas Büro schmückten große Ölbilder. Sie nannte uns ganz nebenbei die Namen der Künstler. Alle hatten gemeinsam, dass sie im alten Regime bei der Staatsführung nicht gerade beliebt waren. Dass die Werke nicht erst seit gestern dort hingen, war auch klar. So etwas gab es nur in Polen: Waffen entwickeln in einem mit Bildern verbotener Maler geschmückten Labor.

Helena zeigte uns mit gewissem Stolz die hochmodernen Rechner des Instituts. Allesamt von amerikanischen Autokonzernen frisch gesponsert. Waffen gehörten zur Vergangenheit, jetzt waren Pkw dran. Wie wir erfuhren, ist das Grundwissen für beide Produktlinien verblüffend ähnlich. Als Fußgänger hatte ich schon oft vermutet, und das nicht nur in Polen, Autos seien Waffen für Friedenszeiten. Endlich wusste ich warum.

Nachdem die Arbeit getan war, blieben Sabine und ich über das Wochenende in Warschau. Für sie war es die erste Reise ins Nachbarland. Helena lud uns zu sich nach Hause ein. Wir hatten ein Geschenk mitgebracht und waren nicht wenig verdutzt, als unsere Gastgeberin uns auch ein Geschenk überreichte und dabei allen Ernstes mitteilte: *„Ihr seid doch meine Gäste und deshalb bin ich daran mit schenken!"*

Eine Erinnerung an die Geschenke, darunter der leckere Honigwein, den sie vorher nach Berlin mitgebracht hatte, nutzte nichts. So entstand im Laufe der Jahre eine ansehnliche Sammlung von Büchern, CDs und sonstigen Andenken an Polen. Ein weiteres schönes Beispiel für die Geschenkwut Helenas ist der Warschauer Rosenbaum am Fuß unserer Terrasse, der ungeachtet der Härte des vergangenen Winters es immer wieder schafft, fröhlich zu blühen.

Am häufigsten hat mir unsere Freundin jedoch vielfältiges Material für den polnischen Sprachunterricht geschenkt. Ich fürchte, ich bin dieser ungebrochenen Aufmerksamkeit nicht gerecht geworden. Etwas habe ich immerhin dazu gelernt. Charentais sind von Natur aus nicht die geborenen Schenker. Diesbezüglich habe ich mich gerne weiterentwickelt und würde nie mit leeren Händen die Oder überqueren.

„Schenken macht mehr Spaß als besitzen" soll ein Erwachter am Fuß des Himalajas mal behauptet haben. Vielleicht war er ein Ur-Pole?

Wir diskutierten und aßen bis spät in der Nacht draußen, ungeachtet der Dunkelheit und der plötzlich auf uns einstürzenden Kälte.

Dieses Kultur- und Naturerlebnis sollte sich wiederholen. Inzwischen wissen wir, dass es bei diesen sehr netten Zusammenkünften ratsam ist, sich warm anzuziehen. Denn Warschauer Rosen macht die Kälte nichts aus.

Am Morgen darauf ging es geradewegs ins Nationalmuseum, wo wir bald vor dem Monumentalwerk *Die Schlacht bei Grunwald*, (in Deutschland als *Schlacht von Tannenberg* bekannt), des Historienmalers Jan Matejkos, innehielten. Helena stand fasziniert da, wie angewurzelt. Ich war neugierig, wenn auch nicht ganz überzeugt. Sabine leicht irritiert und doch diplomatisch. Da hatten wir es, unser Weimarer Dreieck!

Nach einem Besuch des Planetariums im Palast der Wissenschaft und der Kultur, in dem der im Dunkeln monoton vorgetragene, unverständliche Kommentar beinah zum Fauxpas führte, nämlich zum Einschlafen beider Besucher, verabschiedeten wir uns im neuen McDonald's im Hauptbahnhof, zur großen Freude von Anja, Tochter unserer sehr fürsorglichen Stadtführerin.

Pack die Badehose ein!

Im Sommer '98 fuhr die ganze Bande aus dem Deutsch-Französisches Büro auf Einladung von Helenas Freund Marek fürs Wochenende zur Ostseeküste nach Mrzeżyno. Das Städtchen, Badeort und Fischerdorf in einem, liegt südwestlich von Kołobrzeg an der mit Seerosen geschmückter Mündung der Rega. Wir wohnten in einem großen Holzhaus auf einem geräumigen Grundstück, das sonst völlig leer stand.

Die kleine Stadt bot ein einzigartig gemischtes Bild. Mit seinen Fischkuttern, Netzen, Büdnerhäusern und Fischerhütten sah der Fischerhafen wie vor hundert Jahren aus, als der Ort Treptower Deep hieß und bei Künstlern wie Lyonel Feininger beliebt war.

Das Ortszentrum bestand aus kleinen Ständen, einem wahren orientalischen Basar, bei dem vieles angeboten wurde, laute Schlagermusik aus verschiedenen Radios inklusive. Dazwischen stand ein großes Holzpodium auf einer Wiese.

Auf der überdachten Bühne wackelte von früh bis spät eine Handvoll geklonter, kahl rasierter, in orangefarbenen Tüchern gekleideter, junger, schlanker Menschen, laut und voller Überzeugung Hare Krishna singend, begleitet von Schellentrommeln und mit einem zur Maske erstarrten lächelndem Gesicht.

Auf der Piste aus Betonplatten durch das bewaldete ehemalige Militärsperrgebiet an der Küste gelangten wir nach Kołobrzeg, besuchten den Strand, die Stadt und die regionale Sammlung zeitgenössischer Kunst.

Langsam merkte ich, wie wichtig es Helena war - stellvertretend für viele Polen - dass Besucher aus dem Ausland bloß nicht auf die Idee kommen, das Land sei kulturell rückständig. Anscheinend hat die Liebe für verrückte Happenings und dergleichen das Ende der sozialistischen Ära unversehrt überlebt. So gibt es bis heute weltweit keinen anderen Ort, an dem ich mehr zeitgenössische Kunst genießen durfte.

Am Strand von Mrzeżyno verbrachten wir einen heißen und faulen Nachmittag. Spannung kam immerhin durch die ungewöhnlich hohen Wellen auf, die schwimmende Körper zu den halb morschen und jedoch gefährlichen Holzpfählen gnadenlos zurückspülten.

Auf dem Rückweg zu unserer Unterkunft kauften wir eine große Scholle direkt vom Fischerboot. Wir hatten keinen Ofen, dafür ein kleines Barbecue, ein Gläschen fertige Gewürzmischung und reichlich Alufolie. Das exquisite Hauptgericht auf dem abendlichen Menü hieß *Steinbutt in Papilloten*.

Fünfzehn Jahre später fanden wir Mrzeżyno vom allgegenwärtigen Bauboom an der Ostseeküste weitgehend verschont. Außer in der Hochsaison bestimmt die Fischerei weiterhin das Leben im Dorf. Die benachbarte Kleinstadt Trzebiatów hat sich in der Zwischenzeit ganz schön herausgeputzt. Der Marktplatz ist viel bunter geworden. Eins hat sich aber gar nicht geändert. Ob der

Besucher von der Küste kommt oder vorm Rathaus steht, die Marienkirche scheint mit ihrem sehr hohen Turm wie ein Ufo über dem Ort zu schweben. Sollte sie plötzlich abheben und rückwärts in den Himmel mit doppelter Lichtgeschwindigkeit verschwinden, würde sich niemand wundern.

Bergbaufolgelandschaften

Im schönen Monat Mai 1999 fuhr ich auf Dienstreise nach Bełchatów, polnisches Zentrum des Braunkohleabbaus, südlich von Łódź gelegen. Eine Woche lang trafen sich ExpertInnen aus Deutschland und Polen für einen Erfahrungsaustausch zum Thema Bergbaufolgelandschaften. Unter diesem Unwort versteht man Folgendes: Was tun, damit Natur und Menschen zurechtkommen, wenn im Revier das letzte Bergwerk schließt?

Die deutsche Gruppe fuhr frühmorgens vom Berlin-Ostbahnhof über Poznań nach Łódź. Der erste Zug war der von den Reisen in die Hauptstadt schon bekannte Express Berlin-Warschau. Danach wurde es leicht provinziell. Im Abteil wurden gegen Mittag gekochte Eier, fette Knoblauchwurst mit Brötchen und Gurken in großen Mengen ausgepackt und gleich restlos vernichtet.

Am Ziel holte uns ein Kleinbus ab. Die Fahrt war sehr bukolisch. Frühlingsblumen säumten die saftig grünen Felder. In jedem Dorf an jeder Kreuzung standen mit bunten Bändern österlich geschmückte Holzkruzifixe.

Wir waren in einer weitläufigen Anlage am See untergebracht. Unser Reiseleiter, ein Berliner Pole, hatte sich versprochen, die ganze Gruppe für die polnische Küche zu begeistern. Ein paar Mal war er froh, einen Franzosen dabei zu haben. Ich kostete alles und war nicht nur bei der Kuttelsuppe der Einzige. Für mich war es wahrlich *das gefundene Fressen*. So viele Landesspezialitäten auf einmal hatte ich nie probiert.

Leider hatte ich mich noch nicht von meinen aus dem Süden mitgebrachten Gewohnheiten befreien können. So versuchte ich immer wieder Espresso zu trinken. Dabei mag ich auch Tee, das polnische Nationalgetränk. Inzwischen schätze ich sogar die östlich der Oder hoch beliebte Varianten Kräuter-, Blumen- und Sonstigen-Kram-Tee.

Die Krönung der Kaffeepleiten ereignete sich in der Café-Ecke unserer Herberge. Nachdem ich mein Lieblingsgetränk bestellt hatte, wurde ich bald vom Geruch, der bei der Zubereitung entstanden war, überrascht, ja alarmiert wäre ehrlicher. Die Maschine, eine echte italienische Espressomaschine aus Edelstahl, dampfte wie Julian Tuwims Gedicht *Lokomotywa* und schäumte mehr als ein Rennpferd kurz vor der Ziellinie. Der Schaum war dunkel gefärbt und zugleich die Ursache für den undefinierbaren Brodem im Raum. Die Kellnerin hatte es mit mir besonders gut gemeint und nur die besten Zutaten verwendet. Sie hatte versucht, was mutig und recht innovativ war, mit Instantkaffee von Jacobs eine Tasse Espresso zu zaubern. Glauben Sie mir, es geht nicht.

Voller Anerkennung für die Anstrengung bezahlte ich, ohne zu diskutieren, verzichtete jedoch darauf, die klebrige Masse zu probieren, die ähnlich wie ein Teerklumpen den Tassenboden zierte.

Die meisten Deutschen hatten mit dem Seminar Großes vor. Sie wollten den Nachbarn von ihren unbegrenzten, gesamtdeutschen Erfahrungen partout profitieren lassen. Nach vielen Besichtigungen und Gesprächen mit Fachleuten sowie Vertretern der zivilen Gesellschaft wurde allmählich klar, dass nicht nur die Deutschen von den hiesigen Ausführungen etwas hätten lernen können.

Neben lebhaften Diskussionen gab es ein gemütliches Birkenholzlagerfeuer am Seeufer und zum Schluss eine geführte Stadtbesichtigung von Łódź, seinen Textil-Baron-Palästen, mannigfaltigen Friedhöfen und Gotteshäusern. Die Stadt war keine Schönheit und doch hatte sie ihren besonderen Reiz.

Ich hatte weder den sozialkritischen Roman *Das gelobte Land* [8] vom Nobelpreisträger Reymont gelesen noch die gleichnamige Verfilmung von Wajda gesehen. Als es dazu kam, überraschte mich die Lebendigkeit meiner Erinnerungen an diese einmalige, multikulturelle Industriestadt.

Voller Inbrunst kaufte ich mir in der Fußgängerzone einen Sammelband mit Gedichten von Julian Tuwim, neben Artur Rubinstein und Oskar Schindler, einem der berühmtesten Söhne der Stadt, der nun rund um die Uhr als bronzene Statue auf einer Bank

---

8 *Das gelobte Land, Wladyslaw St. Reymont, Dieterich, 1984*

in der Straße *Piotrkowska* sitzt, mit Schlapphut, Mantel und breiter Hose für den Winter ausgerüstet, ein Buch in der rechten Hand, wehmütig in die Ferne schauend.

Auch heute und sicherlich noch für lange Zeit, kann ich diese Texte nur mit unendlich viel Mühe im Original entziffern. Gelungene Übersetzungen haben mir den unwiderstehlichen Charme dieser Poesie bestätigt. Gerne betonen die Übersetzer, dass nur Auszüge des Werkes Tuwims den Sprachwechsel verkraften. So spielen viele Kindergedichte mit dem Klang der Sprache und mit Lautmalerei so frei herum, dass sie nur in der Originalsprache oder in weit entfernten Anpassungen bestehen können.

Julian Tuwim, Ulica Piotrkowska, Łódź, Mai 1999

Łódź habe ich 2013 mit meiner Frau nochmal besucht. Unsere Unterkunft war ein nagelneues, sehr geschmackvoll eingerichtetes Hotel in der ehemaligen Fabrik, im dem Wajda seinen Film gedreht hat. Der Besuch der Internationalen Tapisserie Triennale hat uns dauerhaft beeindruckt: historische Gebäude, bunte Exponate und Sonne satt waren die Zutaten eines großen Kunstgenusses.

Internationale Tapisserie Triennale, Łódź, Mai 1999

Anschließend besuchten wir den Neuen Jüdischen Friedhof. Als wir diesen verlassen wollten, wurden wir auf Mulden im Rasen entlang der roten Backsteinmauer aufmerksam. Dort stand auf

einem Schild, dass die Mörder, die jüdische Gefangene zum Ausheben der eigenen Gräber gezwungen hatten, vor der Roten Armee geflohen waren, bevor sie diesen letzten Morde begehen
konnten.

Neuer Jüdischer Friedhof, Łódź (2020)

Weimarer Routine

Im Laufe der Zeit hatte sich unser anfangs plattes Dreieck zu einem Prachtexemplar und bald zur Routine entwickelt. Kaum ein Treffen in Deutschland oder Frankreich, kaum ein Projekt ohne polnische Unternehmer, Forscher und Innovationspolitiker.

Jahrelang hatte ich deutsche Delegationen auf Frankreichreisen *(und umgekehrt)* begleitet und dabei Manches erlebt, etwa mangelnden Enthusiasmus, wenn nicht gar blinde Ablehnung der gesamten deutschen Delegation als eine Verkostung von Innereien-Spezialitäten aus der Lyoner Gegend drohte. Auch der Hinweis auf Bocuse und die unumstrittene Rolle Lyons als ehemalige Bundeshauptstadt Galliens und kulinarische Hauptstadt Frankreichs konnte nicht helfen. Jetzt waren immer einige Polen und manchmal auch Russen dabei. Als erste Folge wurde Englisch unsere gemeinsame Arbeitssprache...

Bei Konferenzen, Messen und Besichtigungen in Berlin, Potsdam, Lyon, Paris, Toulouse oder Sophia Antipolis lernte ich allmählich weitere Aspekte der polnischen Kultur *en passant* kennen. Auch wenn meine Bemerkungen zu Ähnlichkeiten zwischen Polen und Ostdeutschen, Polen und Russen, Polen und Franzosen oft nicht gut ankamen, obgleich ich sie aus purem wissenschaftlichen Interesse in die Runde warf, bereitete mir die Beobachtung meiner Mitmenschen einen großen Spaß.

Sie waren doch da, die Gemeinsamkeiten wie die Unterschiede. Zentralistisch und hierarchisch denken, das konnten beispielsweise alle mit links bis auf die Westdeutschen mit ihrem Traum von Eigeninitiative und Selbstverantwortung. Beim Thema Zeitgefühl, Planung und Organisation prallten ständig Welten aufeinander, wobei ich beim besten Willen nicht sagen könnte, wer letztendlich in seiner Art effizienter war.

Für mich äußerst positiv war das große Bedürfnis der östlichen Besucher, bei Auslandsdienstreisen möglichst viel vom Land zu erleben. Kulturprogramm war und ist nach wie vor ein fester Punkt bei Begegnungen in Mittel- und Osteuropa. Unterwegs im Westen suchen selbstverständlich die Reisenden etwas Ähnliches oder mindestens einen Ersatz dafür in Form selbstorganisierter Entdeckung. So gesehen bin ich ein Musterossi. Keine Reise ohne Kultureinlage! Diesem Motto versuche ich treu zu bleiben. Wer darauf achtet, gut vorbereitet ist und einige Kompromisse in Kauf nimmt, merkt bald, dass auch in einer einzigen Stunde einiges erkundet werden kann.

Vielen Mitreisenden westlicher Prägung ist die Vermischung beruflicher und privater Interessen enorm suspekt. Schließlich sind Dienstreisen zum Arbeiten da und sonst nichts. In der Tat sind Extremfälle bekannt (nicht nur bei Kollegen aus östlichen Ländern), bei denen Dienstreisen zu reinen Einkaufsbummeln degradiert wurden. Zwischen nur schuften und nichts tun gibt es zum

Glück reichlich Alternativen. Und so selten sind die westlichen Fans kultureller Erlebnisse auf Businesstrips auch nicht.

Frankfurt-Oder-Main

Ende 2001 machte ich eine Bekanntschaft, die Polen für mehrere Jahre ins Zentrum meiner Arbeit katapultieren sollte. Regina war Lektorin für die deutsche Sprache und Kultur an der Adam-Mickiewicz-Universität in Poznań und mit viel Ehrgeiz ausgerüstet. So war sie von der Idee besessen, eine neuartige Veranstaltung an der deutsch-polnischen Grenze durchzuführen. Eine französische Komponente sollte her, wobei nicht klar war, wie. Ich half Regina, soweit ich konnte. Gemeinsam fuhren wir nach Frankfurt (Oder), um das Konzept der Veranstaltung der Präsidentin der Viadrina Universität vorzustellen, Frau Prof. Gesine Schwan. Die engagierte, streitbare und dennoch stets freundliche Politikwissenschaftlerin war mir schon von deutsch-französischen Begegnungen wohl bekannt. Frau Schwan sagte schnell ihre Unterstützung zu. Anfangs sehr beeindruckt und leicht gehemmt durch die Umgebung und die Persönlichkeit der Präsidentin plauderten wir bald in familiärem Ton miteinander. Sie war für jede vielversprechende Initiative zur Internationalisierung des Standorts dankbar. Im Ausland war es nicht leicht, für die Kleinstadt an der Oder zu werben, schließlich gab es schon die weltbekannte Schwestercity am Main. Die Randlage führte zu absurden Situationen wie etwa dieser Brief eines verunsicherten Absenders an die Viadrina, der auf Nummer sichergehen wollte und daher folgende Anschrift wählte: *Frankfurt-Oder-Main.*

Anschließend überquerten wir die Oder und liefen ins Collegium Polonicum auf der polnischen Seite. Diese Bildungseinrichtung im weißen Neubau wird von den Hochschulen in Poznań und Frankfurt (Oder) seit 1992 gemeinsam betrieben. Es war nicht so einfach, den Verwaltungsdirektor Herrn Dr. Krzysztof Wojciechowski für die Sache zu begeistern. Der Leiter des CP zweifelte an der Machbarkeit des Events. Wer sollte freiwillig nach Słubice kommen? Schließlich gab auch er grünes Licht. Wir durften das Konferenzzentrum kostenlos nutzen. Für die Nutzung der Mensa und des Studentenwohnheims mussten wir zwar logischerweise bezahlen, aber darüber machten wir uns - oder besser gesagt ich mir - noch keine Gedanken.

Zur Vorbereitung des Treffens besuchten wir auch weitere Partner: das Deutsch-Polnische Büro in Poznań und das deutsche Generalkonsulat in Wrocław. In der Hauptstadt der Woiwodschaft Niederschlesien hatten wir erst eine Arbeitssitzung im Konsulat, gefolgt von einer Einladung in den Wohnsitz unseres Gastgebers, Herrn Dr. Peter Ohr. Der Generalkonsul hatte kurz davor in Frankreich gedient und feierte das Weimarer Dreieck auf seine Art. In seiner hübschen Dienstvilla wurde auf seine Anweisung an dem Abend ausschließlich in der Muttersprache von Adelbert von Chamisso, der als Louis Charles Adélaïde de Chamissot de Boncourt auf Schloss Boncourt bei Ante, Châlons-en-

Champagne, in Frankreich geboren wurde, geredet. Bis auf einen Vertreter der französischen Botschaft und ich hatten sich alle Gäste diese leicht undankbare Sprache als Fremdgut erworben. Eine ältere, sehr freundliche Dame, die mir als liebe Nachbarin des Hauses vom Hausherrn vorgestellt wurde, erzählte mir viel Interessantes, ein Glas Sekt in der Hand auf dem Balkon, bis sie sich plötzlich zu mir drehte und mir völlig natürlich sagte: *"Giovane uomo, non si dispiace, quando si parla con l'altro in italiano, giusto? Io amo la lingua italiana!"*

"... Nes-sun problema... Io an-che." stotterte ich völlig verdutzt.

Die Veranstaltung mit dem selbstbewussten Titel „*1. Interdisziplinäres Deutsch-Französisch-Polnisches Europaforum Initiative - Inspiration - Innovation*" wurde ein großer Erfolg. An den vier Tagen nahmen über hundert Studierende, Forschende, Lehrende, Kommunikations-, Übersetzungs- und Innovationsprofis mit sichtlichem Spaß teil. Auf Übersetzungsdienste hatten wir aus existenziellen Gründen gänzlich verzichtet. Die ungewöhnliche Verständigungsregel lautete: Gesprochen wird in Deutsch, Französisch oder Polnisch. Englisch war tabu, da viel zu einfach, ja zu gewöhnlich. Nach jeder Mitteilung in den Workshops wurde in die Runde gefragt, ob alle alles verstanden hatten. Wenn nicht, gab eine weitere Person den Inhalt in einer weiteren der drei Sprachen in gekürzter Form wieder. In einigen Fällen spielten wir mit den drei Farben unserer Palette. Es ist wunderbar, wenn sich jeder in seiner Muttersprache frei äußern darf. Andere Idiome werden dann nur noch passiv wahrgenommen, was gewiss oft kompliziert genug ist. Die Veranstaltung lebte nicht allein von dieser Spielerei, sondern von der *ambiance bon enfant* und von der Persönlichkeit mehrerer anwesender Gelehrter. So moderierte Frau Schwan die Plenarsitzungen in allen Dreieckssprachen gleich souverän.

Beim Buffet am ersten Abend in der Mensa sprach mich ein ehrwürdiger Mann mit breitkrempigem schwarzen Hut und schneeweißem Schal an: *„Wissen Sie jungerr Mann, ich wohne in Bärrlin, aberr... ich lä-be in Vänädig. Verrstehen Sie mich?"* Sein slawischer Akzent, mit rollendem r und gedehnter Aussprache, war federleicht und doch nicht zu überhören. Daraufhin holte sich der emeritierte Theaterwissenschaftler Professor *Andrzej T. Wirth* eine gute Portion *Bigos* und verschwand um die Ecke.

Trotz der großen Konkurrenz überragte eine Gestalt alle anderen: Stéphane Hessel, geborener Berliner und Wahlfranzose. Der ewige Diplomat, Entwicklungshelfer und Lebensphilosoph war schon damals ein zierlicher, alter Mann mit spärlicher Frisur und einem wunderbaren Lächeln. Und erinnerte mich irgendwie an Leonard Cohen. Er kam gerade aus Zentralafrika, wo er sich seit Jahren für die Wasserversorgung in entlegenen Dörfern engagierte, und erreichte unsere Gruppe, nachdem die Temperatur an den Ufern der Oder dramatisch abgestürzt war. Die meisten Teilnehmer des Europaforums machten deshalb einen großen Bogen um die angekündigte Slam Poetry Lesung im Freilufttheater der Universität und suchten lieber Unterschlupf in den Kneipen der

Stadt. Die mutigsten unter uns nahmen Platz auf den eiskalten Betonbänken, lauschten erwartungsvoll und wurden dafür königlich belohnt.

Herr Hessel bat um die Erlaubnis, uns einige seiner Lieblingsgedichte vor dem Auftritt des Autoren Tim Riedel vortragen zu dürfen. Nie kamen mir die Gedichte von Rimbaud und Rilke so lebendig, so erfrischend jungenhaft vor! Mit Funken in den Augen und diesem großartigen Naturlächeln erzählte er dann leise, dass er seiner Liebe zur Poesie sein Leben zu verdanken hatte. Die Gefangenschaft im Zweiten Weltkrieg hatte er nur ertragen können, indem er, den allgemeinen Wahnsinn ignorierend, seine Lieblingsgedichte in verschiedenen Sprachen vor sich hin rezitierte.

Nieropoznani, Magdalena Abakanowicz, Poznań, April 2011

Multikulti am Grenzübergang

Nach dem ersten trilateralen Höhepunkt ging es Schlag auf Schlag. Bald würde Polen als größtes von zehn neuen mehrheitlich mitteleuropäischen Ländern, Mitglied der Europäischen Union werden. Alle wollten dabei sein. So wurde ich von meinem Arbeitgeber mit der Organisation eines zweiten Europaforums, diesmal zu unserem Lieblingsthema Innovation und Existenzgründung beauftragt.

Mit von der Partie war natürlich Regina und auf Empfehlung des Professors aus *Bärrlin-Vänädig*, die polnische Romanistin Anna, zu dieser Zeit im Zweitstudium an der Viadrina. Sie schrieb in Französisch über gemeinsame Wurzel der französischen und der englischen Sprachen.

Mit den beiden Damen fuhr ich in meinem alten Opel anlässlich des Weimarer Gipfels im Mai 2003 nach Wrocław. Einen Tag vor dem offiziellen Datum schafften wir noch gerade dem Begleitprogramm beizuwohnen, das vom Verein Weimarer Dreieck e.V. in der Person seines unermüdlichen Vorsitzenden Prof. Klaus-Heinrich Standke, in der prunkvollen Aula Leopoldina abgehalten wurde.

Kurz darauf riegelte die Polizei das Stadtzentrum hermetisch ab. Am Vortag hatten wir ein merkwürdiges Museum besucht: die Rotunde, als Panorama von Racławice bekannt. Regina war kritisch begeistert, Anna ekstatisch wortlos wie damals Helena vor der *Schlacht bei Grunwald*. Weder das Gebäude, das diesen wahren Mythos der modernen polnischen Geschichte beherbergt, noch das Kunstwerk selbst sind richtig schön. Wenn ich ganz ehrlich bin, fand ich sie beide scheußlich. Und dennoch stellt das riesige Panorama in vorgetäuschter Dreidimensionalität eine Schlacht sehr realistisch dar. Und zwar das Gefecht vom 4. April 1794, bei der die polnische Armee, unterstützt durch mit Sensen bewaffnete Bauern, die sogenannten *Kosynierzy*, unter der Führung von General Tadeusz Kościuszko, der beim Kampf der USA für die Unabhängigkeit bereits zum Held avanciert war, das russische Heer zum Teufel schickte.

Gemeinsam mit der anderen berühmten Schlacht in Tannenberg hat diese blutige Angelegenheit vor allem die historische Bedeutungslosigkeit. Auch nach diesem eklatanten Sieg wurde Polen wieder geteilt, was der Beliebtheit des Kunstwerkes keinen Abbruch tat. Das zylindrische Bild stand ein gutes halbes Jahrhundert in Lwów *(früher Lemberg, heute Lwiw)* und erfreute sich großer Beliebtheit. Als der Ort nach Kriegsende sowjetisch wurde, war es mit der Sehenswürdigkeit vorbei. Prinzipiell freut sich zwar jeder Kommunist, wenn aufständische Landarbeiter eine Besatzungsarmee besiegen, mit einer Ausnahme… eben diese! Polnische Bauern durften niemals russische Soldaten, nicht mal die des Zaren, in die Flucht schlagen. Daher verschwand das umstrittene Werk spurlos, bis es Mitte der Achtzigerjahre in Wrocław wiederauftauchte.

Die Besuchermassen zu beobachten, wie sie durch die Betonburg strömen, Jung und Alt, und sich zu diesem 3D-Erlebnis aus einer anderen Zeit leise wie in einer Kirche austauschen, ist faszinierend und leicht befremdlich zugleich. Wird Nationalismus so gezüchtet?

Auf der Rückfahrt nach Berlin besuchten wir die Stadt Zielona Góra, die früher Grünberg in Schlesien hieß. Den lokalen Wein, über den der Taugenichts Eichendorff in seinem Tagebuch schrieb, es *„gehören drei Männer dazu, ihn zu trinken: einer, der ihn einflößt, einer, der ihn trinkt, und einer, der den Trinkenden stützt“* haben wir nicht probiert.

Dank des Klimawandels wird das Gebiet um die südliche Regionalhauptstadt (es gibt eine zweite im Norden!) der Woiwodschaft Lubuskie zweifellos Chablis, Frascati und tutti quanti bald in den Schatten stellen. Schade nur, dass diese künstliche Naturkatastrophe so langsam vorankommt!

Die Strecke entlang der Oder ist landschaftlich aufregend, vorausgesetzt man gehört zu den Menschen, die dem Charme postglazialer bewaldeter Hügel und klarer Seen verfallen sind.

Von der Welt wie sie Wiesław Myśliwski im *Nackten Garten* [9] so virtuos poetisch beschrieben hat, unterscheidet sich die heutige nur dadurch, dass nun Autofahrer und nicht mehr Pferdewagen-

---

[9] *Der nackte Garten, Wiesław Myśliwski, btb, 1974*

Kutscher um die Wette rennen. Ganz nach dem uralten Motto: *„Den muss ich unbedingt überholen!"*

Von einer ausführlichen Beschreibung des 2. Europaforums, das in Berlin, Potsdam und Gubin im Juni 2003 stattfand, sehe ich aus humanitären Gründen ab. Ganz verschweigen möchte ich folgende, ausgesuchte Erlebnisse vom letzten Forumstag jedoch nicht. Am Grenzposten in Guben stehen wir artig Schlange, um ins benachbarte Gubin zu Fuß über die Brücke zu gelangen. Dort im *Dom Kultury* neben der Ruine der Stadt- und Hauptkirche warten auf uns erst ein leckeres Mittagessen und dann die letzte Forumssitzung.

Stadt- und Hauptkirche, Gubin, Juni 2003

Die meisten offiziellen Vertreter aus Frankreich und Deutschland haben sich gestern Abend aus dem Staub gemacht. Zu meiner Überraschung sind noch alle Warschauer VIPs dabei. Wahrscheinlich haben sie gedacht, dieses Fleckchen Erde sehen sie jetzt oder nie wieder.

Bis jetzt ist alles nach Plan gelaufen. Mit der Regionalbahn sind wir pünktlich angereist. In jedem Kaff ertönten zur großen Freude unserer Gruppe die ersten Noten der Hymne Brandenburgs. Von den ursprünglich 222 Teilnehmern aus den letzten vier Tagen konnte sich mehr als die Hälfte der Gruppendynamik nicht entziehen. Um jede Verspätung zu vermeiden, hatten wir unsere Gruppe wie folgt beim Grenzschutz vorangemeldet: Ca. 100 bis 150 Deutsche, Franzosen und Polen.

Nun ist das wahre Leben immer etwas komplizierter als gedacht. Der erste Franzose erwies sich als ein in Frankreich promovierender Mexikaner. Der junge Mann zeigte einen abgelaufenen Pass ganz ohne Visum, nicht mal für Frankreich. Ach du Schreck! Sich des Ernstes der Lage bewusst, winkte ihn der diensthabende Grenzbeamte freundlich bestimmend zur Seite. Den Fall würden wir später klären.

Als Veranstalter stand ich vor dem Häuschen nun auf weitere Überraschungen gespannt. Erst kamen tatsächlich einige waschechte Weimarer Bürger mit gültigen Papieren ausgestattet. Sie durften zügig durch. Dann eine Deutsche, die ehrlich gesagt etwas fernöstlich anmutete. Nicht ganz ohne Grund. Die lächelnde, zierliche kleine Frau war definitiv eine Japanerin. Ihr Pass war gültig. Immerhin. Ein Visum suchte man auch in diesem Dokument vergeblich. Der Grenzbeamte wurde leicht nervös und ignorierte die junge Dame einfach. Dabei sind Polen normalerweise so galant.

Die Situation eskalierte bald, da der nächste Einreisekandidat nicht mal einen Ausweis dabeihatte. Angesicht der neuen Dimension des Vorfalls hielt der Grenzpolizist kurz inne, schloss die Glasluke, die ihn von uns trennte und beriet sich rasch mit seinem Kollegen, der bis jetzt hinter ihm im Häuschen stillgesessen hatte. Anschließend öffnete der Vertreter des Gesetzes wieder die Klappe und sagte uns mit einer Stimme, die jeden Widerspruch im Keim erstickte: *„Die Herrschaften bitte jetzt alle durchgehen. Sehen Sie, wie sie nachher wieder rauskommen!"*

Daraufhin schloss er demonstrativ die Glasluke. Und weg war er. So sind die meisten von uns ohne jede Kontrolle knapp ein Jahr vor dem Beitritt Polens zur EU für ein paar Stunden in *Gubin* gewesen.

Ganz nach der Lehre Copernicus drehte sich die Welt weiter, als ob nichts gewesen wäre. Und raus durften wir auch. Begleitet vom Dauergrinsen der zwei Beamten hinter der Scheibe. Sie hatten inzwischen zwar gewechselt, wussten natürlich über das Vorkommnis Bescheid und vermieden jede unnötige Zeitverzögerung, indem sie uns erneut ohne Kontrolle durchlaufen ließen.

Die Sitzung im *Dom Kultury* haben wir mit Flüsterübersetzung abgehalten. Die Referenten standen auf einem Podest und sprachen jeweils in ihrer Muttersprache. Die Zuhörer waren nach eigener Angabe in drei parallele Streifen im Raum aufgeteilt: die Polnischsprachigen, die Deutschsprachigen und die Französischsprachigen. Auf den Gängen standen die ganze Zeit Menschen, die den Inhalt der Präsentationen in die anderen Sprachen möglichst genau und diskret wiedergeben sollten.

Ich war für die Übersetzung von deutschsprachigen Referaten ins französische und umgekehrt zuständig und hatte alle Ohren voll zu tun. Die Sprachregel des ersten Europaforums hatten wir leider nicht durchsetzen können. Um das Ganze spannender zu gestalten, hatten wir Studierende aus der renommierten Dolmetscherschule in Germersheim zum Intensivtraining eingeladen. Sie hatten am Vortag in der Potsdamer Staatskanzlei von professionellen Dolmetscherinnen eine Menge zum Thema Innovation und Existenzgründung gelernt. Jetzt waren sie dran.

Eine an der Organisation des Forums beteiligte polnische Staatseinrichtung, die PARP - Polnische Agentur für Unternehmensentwicklung, war vom Ergebnis so begeistert *(und vom ehrenamtlichen Engagement leicht irritiert?)*, dass sie allen Dolmetscherinnen nachträglich ein großzügiges Honorar spendierte.

Da ich die einzige dolmetschende Person gewesen war, die weder jung und studierend noch weiblich, geschweige polnisch oder gar hübsch war, lehnte ich das Angebot dankend ab, mit der Bitte das

Geld unter den anderen Mitwirkenden zu verteilen, was auch geschah. In der Tat stammten alle Studentinnen, egal welche Sprachen sie übersetzten, aus Polen!

Genshagen

Im Jahr 2003 durfte ich im Schloss Genshagen bei Berlin die drei Urväter des Weimarer Dreiecks persönlich kennenlernen. Wie die drei Musketiere waren auch Hans-Dietrich Genscher, Roland Dumas und Krzysztof Skubiszewski, zusammen mit Klaus-Heinrich Standke, eigentlich vier.

Neben der Würdigung der Gründer standen lebhafte Debatten auf der Agenda der Tagung *„Deutschland–Frankreich–Polen: Trilaterale Zusammenarbeit mit Substanz?“*. Mich erschreckte mal wieder der krankhafte Pessimismus der Journalisten, die das trilaterale Projekt am liebsten vor laufender Kamera begraben hätten. Nach anstrengenden und teilweise sterilen Wortgefechten meldeten sich zum Glück anonyme Stimmen aus dem Publikum und bewiesen schnell, anhand pragmatischer Beispiele, dass die Zivilgesellschaft deutlich weiter war als die Politik. Unzählige Projekte zwischen Schulen, Vereinen, Gemeinden, Regionen oder auch Unternehmen zeugten zweifellos vom großen Engagement der Menschen beim angeblich so rein politischen Experiment.

Die kultivierte Gastfreundschaft von Herrn Prof. Rudolph von Thadden, damaliger Hausherr der Stiftung Genshagen, hatte ich schon bei Veranstaltungen zur deutsch-französischen Zusammenarbeit oft genießen dürfen. Für den Historiker, der kurz vor Kriegsausbruch auf Gut Trieglaff bei Greifenberg in Pommern *(jetzt Trzygłów, Teil der Stadt Gryfice in der Woiwodschaft Westpommern)* geboren wurde, war die Erweiterung des Dialogs auf Polen selbstverständlich.

Anlässlich dieser Veranstaltung lernte ich neben ehrwürdigen älteren Männern, auch M., junge Germanistin und gebürtige Westpommerin, kennen. Ihre Sprach- und Landeskenntnisse waren sicherlich für das Gelingen des Treffens von großer Bedeutung. Noch wichtiger war jedoch ihre fulminante Lebensfreude zur Belebung der teils recht erstarrten Zusammenkunft.

Die Anwesenheit von M. verdankte wenig dem Zufall. Als Herr von Thadden dreißig Jahre nach Kriegsende seinen Geburtsort besuchte, machte er mit ihrer Familie, die dort wohnte und das Gut verwaltete, Bekanntschaft. Später setze sich M. mit den Tücken der deutschen Sprache auseinander und studierte anschließend Germanistik in Göttingen. Nach erfolgreichem Studienabschluss wollte sie nun promovieren. Aus guten Gründen hatte sie vor, die Geschichte der Integration der Vertriebenen auf beiden Seiten der Oder zu dokumentieren und zu hinterfragen. Dieser Wunsch blieb leider unerfüllt. Wahrscheinlich war die Zeit für diese schwierige Problematik nicht reif.

Die neue Mannschaft im weißen Schloss am südlichen Stadtrand Berlins wacht über das trilaterale Erbe und hat das Spektrum der Veranstaltungsformate, der Themen und Akteure sogar erweitert.

Zamość, Sommer 2007

Die Oderregion

Das deutsch-polnische Verhältnis, von Natur aus durch die Geschichte, hartnäckige Vorurteile und gezielte Agitation einzelner Personen belastet, wies mehrere Vorteile auf. Zum einen konnte es nur besser werden! Ferner ist man als Berliner, und als Brandenburger erst recht, von der unbeliebten Grenze nicht weit entfernt. Wer die Situation so wahrnimmt, befindet sich zwar immer noch in der Minderheit, hat aber umso mehr Möglichkeiten etwas zu unternehmen.

Und so gehörte ich Ende 2003 zu den sieben stolzen Gründern des vielsprechenden Berliner Vereins Odergemeinschaft. Dieser hatte sich zum Ziel gesetzt, die Zusammenarbeit zwischen den Grenzbundesländern und Berlin auf der einen Seite und den Woiwodschaften zwischen Ostsee und Sudeten auf der anderen Seite in möglichst vielen Feldern zu intensivieren. Die Idee stammte wieder von Prof. Standke, der im Jahr zuvor das Weimarer Dreieck Komitee ins Leben gerufen hatte.

Der Verein selbst überdauerte nicht lange, dafür die Idee. Trotz verbitterter Konkurrenz zwischen den Regionen entwickelte sich langsam ein zartes Pflänzchen, das des Öfteren zu groß erscheinende Früchte trug. So wirkte die sehr gut vorbereitete Wirtschaftskonferenz Oder-Region in Berlin im Frühling 2006 ein wenig wie ein lauter Paukenschlag in der märkischen Sandwüste.

Aus einigen dieser gut gemeinten Initiativen haben sich im Laufe der Jahre grenzüberschreitende, überregionale Treffen entwickelt, die teilweise zu konkreten Ergebnissen z.B. in der Verbesserung der Infrastruktur und insbesondere der Kommunikationswege zwischen beiden Ländern führten. Resolute Optimisten, zu denen ich definitiv gehöre, erhoffen sich noch viel mehr.

Piotr

Zu den glücklichen Gründern des Vereins Odergemeinschaft gehörte auch Piotr, Physiker mit grauer Haarmähne à la Einstein, passionierter Segler und Fotograf aus Wrocław bei Köln, europabewegt und modebewusst. Unsere Wege sollten sich immer wieder kreuzen, auch wenn dies hier nicht jedes Mal explizit erwähnt wird.

Piotr ist sicherlich der einzige Mensch dieses Planeten, der es geschafft hat, aus Edelstahlteilen ausrangierter wissenschaftlicher Geräte eine Wodka-Brennanlage zu basteln, bei beruflichen Besuchen in Brüssel auf seinem Segelboot in den Niederlanden zu übernachten und sowohl große Teile des Speichers seines Smartphones als auch eine ganze Webseite mit Originalrezepten aus aller Welt auf Kuttelbasis zu füllen.

Einmal durfte ich mit ihm ein Glas dieser Delikatesse teilen. Piotr war gerade bei seinen Eltern zu Besuch gewesen und hatte diesen Schatz, von seiner Mutter zubereitete *Flaki (die besten der Welt, fügte der Experte, ohne ein Lächeln hinzu)*, mitgebracht. Wir nutzten schamlos die Gunst der Stunde: Martina, Piotrs Lebensgefährtin hatte telefonisch mitgeteilt, sie würde im Stau auf der Autobahn stehen und verspätet zu Hause für das Abendessen eintreffen. Diese Neuigkeit konterte Piotr mit: *„Dann essen wir schon die Vorspeise.“*

Auf den Protest am anderen Ende der Leitung präzisierte er beruhigend: *„Keine Angst, es ist nichts, was du gern isst!“*

Als Martina kam, ließ sie keinen Zweifel daran, dass *Piotr* damit die Wahrheit gesagt hatte.

Zu Hause in der deutschen, der polnischen und der russischen Kultur ist der Polyglotte immer dabei, wenn es gilt, ferne Länder zu entdecken. So wie jetzt. Wir befinden uns nämlich in Südafrika. Auf Dienstreise. Glückspilze sozusagen. Wir, es heißt in dem Fall unsere gemeinsame Kollegin Marion aus der Schweiz, *Piotr* und ich, beide als migrationshintergründige Vertreter der Bunten Republik Deutschland.

Heute hat sich der winterliche Sturm (es ist Juni) etwas gelegt und wir haben einige Stunden frei. Marion und ich fahren zum Kap der Guten Hoffnung und staunen über die einmalige Halbinsel, die Berge, Pflanzen und Tiere. Aus Gründen, die er für sich behält, bleibt Piotr der Tour fern. Abends erzählt er uns sichtlich begeistert, was er so alles im Hafen von Kapstadt entdeckt hat. Eine beeindruckende Bilanz muss man zugeben. Am stolzesten ist Piotr über ein Glas eingelegter Gurken. Das können wir nicht so recht glauben, bis er uns leicht erregt erzählt: „*Auf dem Etikett steht Polski Ogórki, also polnische Gurken!*"

Nach einem Glas fruchtigen Pinotage in der Lobby vor dem willkommenen Kaminfeuer kommt erst die Pointe: „*Eigentlich heißt es Polskie Ogórki. Ist also nur eine Kopie, aber es macht nichts!*"

Kurz darauf las ich das schon erwähnte Buch *Polski Tango* und musste bei der Erläuterung des Titels gleich beim ersten Kapitel schmunzeln. Sollte der Autor von der Polen- und Lebensanleitung *Polski Blues* [10] mal lesen…

Irgendwo in Łódź, 2013

Weiß auf grau: Hass ist einfach, Liebe erfordert Anstrengung und Opfer, Marek Edelman

---

[10] *Polski Blues, Janosch (Horst Eckert), 1991, Goldmann Verlag*

Jung und frech

Als Folge meiner Tätigkeiten im Dienste der trilateralen Verständigung erhielt ich Einladungen zum Neujahrsempfang des Deutsch-Polnischen Jugendwerks in die deutsche Zentrale nach Potsdam. Das DPJW hatte einige Zeit gebraucht, um unsere Bemühungen um den Erfahrungsaustausch zwischen jungen Menschen wahrzunehmen. Bis wir es durch unseren besonderen Schwerpunkt Existenzgründer doch als Partnereinrichtung ins Boot holen konnten.

Für mich lehrreich war der Vergleich mit dem Deutsch-Französischen Jugendwerk, das ich schon länger kannte und dem ich viel verdanke. Vierzig Jahre nach der Unterschrift des Elysée-Vertrages schien das DFJW im unsichtbaren Korsett seiner Wichtigkeit gefangen zu sein. Kein Treffen ohne lange Reden zum Ernst der Sache. Bei den Empfängen in Potsdam dagegen war die Stimmung sehr ungezwungen. Die Beiträge der Jugendlichen über die gemeinsamen Erlebnisse, ob Musik, Sport oder Radfahren, wurden mit viel Fantasie und Selbstironie vorgeführt. Offene Kritik an den Förderern war auch kein Tabu. Bis in das Infomaterial fand die Umgangssprache der Teenager ihren Weg. So dürften die sehr lebhaften Gespräche im zweisprachigen Kalender des Jahres 2006 einige bilaterale Annäherungsversuche privater Art enorm vereinfacht haben. So viel frische Luft tat gut.

Und wieder hatten wir so einen Fall in dem klar wurde, dass das deutsch-polnische Duo nicht viel vom deutsch-französischen zu lernen hatte, eher umgekehrt!

Während der Tagung *„Deutsch-französische Aussöhnung und Zusammenarbeit"* in Genshagen im Februar 2012 bestätigten Forscher und Praktiker wie schwer es ist, die deutsch-französischen Erfahrungen auf andere bilaterale Beziehungen zu übertragen.

Im Laufe der Zeit wurde jedoch das Deutsch-Polnische Jugendwerk, das sich anfangs sehr wohl von der deutsch-französischen Initiative inspiriert hatte, selbst zum Vorbild für das neue Deutsch-Tschechische Jugendwerk. Stille Post auf hohem Niveau?

Weimar for ever?

Zum fünfzehnten Jahrestag der Gründung des Weimarer Dreiecks organisierte der gleichnamige Verein eine Jubiläumsveranstaltung im Sommer 2006 in Weimar. Ziel des Treffens war es, ähnlich wie in Genshagen drei Jahre zuvor, eine Art Bilanz der Errungenschaften des Weimarer Dreiecks zu präsentieren. Nur war man diesmal systematischer und umfangreicher vorgegangen. Vertreten waren offizielle Stellen, die Zivilgesellschaft und alles dazwischen. So durfte ich über zehn Jahre trilaterale Zusammenarbeit beim Innovationstransfer berichten.

Alle Vorträge wurden anschließend gesammelt und es entstand die Idee einer dreisprachigen Dokumentation. Nach vielen Höhen und Tiefen, Aktualisierungen und Ergänzungen der Texte, sowie etlichen Ministerwechseln und entsprechend vielen Änderungen bei den Widmungen, ist das Buch mit dem Titel *Das Weimarer Dreieck in Europa* [11] einige Jahre später erschienen.

Es ist, wie der amtierende deutsche Außenminister und *(damaliger)* Vize-Kanzler es so treffend formulierte: „*... eine umfassende Dokumentation über die Entstehung, das Funktionieren und die Wirkungen des Weimarer Dreiecks aus der Perspektive von politischen Akteuren, Zeitzeugen und Wissenschaftlern ... Aus den facettenreichen Beiträgen kann sie wertvolle Impulse für unser gemeinsames Handeln im Zentrum Europas ziehen.*"

Wie Schade nur, dass ausgerechnet dieser Minister bei der Belebung des Dreiecks bisher so zurückhaltend war! Dabei hat ausgerechnet der übergroße FDP-Kollege den Vertrag zwanzig Jahre zuvor ins Leben gerufen und unterschrieben.

Sicherlich ist die *Ménage à trois* nicht per se die einfachste Methode, um Missverständnisse zwischen drei Nachbarländern zu vermeiden oder zumindest zu entschärfen.

Das anfangs so oft zitierte Vorbild der deutsch-französischen Versöhnung für die deutsch-polnische Beziehung ist längst vom

---

[11] *Das Weimarer Dreieck in Europa: Die deutsch-französisch-polnische Zusammenarbeit - Entstehung - Potentiale - Perspektiven, Klaus-Heinrich Standke (Hrsg.), Toruń, 2009*

Tisch. Und dennoch ist auch zwischen Deutschen und Polen die Zutat vorhanden, der wir die besten Ergebnisse der deutsch-französischen Zusammenarbeit verdanken: Das Anderssein.

Das vermeintlich so vernünftige Deutschland und gleich zwei notorische *enfants terribles* unter einen Hut zu kriegen, ist ohne Zweifel eine enorme Herausforderung. Erst beim Vergleich mit den vorhandenen Alternativen, und zwar zu derzeit achtundzwanzig in der Europäischen Union oder noch besser gleich mit fast zweihundert Partnern in der UNO, wirkt die Trio-Nummer recht nüchtern.

Das Jahr 2010 wurde durch den tragischen Tod des polnischen Präsidenten stark geprägt. Sein Nachfolger hat bei Amtsbesuchen in Paris und Berlin eine Neubelebung des Dreiecks angeboten. Woraufhin sich Anfang 2011 die Präsidenten Frankreichs und Polens zum ersten Mal seit 2005 wieder mit der deutschen Bundeskanzlerin trafen. Leider wurde aus diesem Versuch kein Neuanfang.

Zwanzig Jahre nach der Unterzeichnung des Kooperationsabkommens wurde das Jubiläum weder bei der genannten Begegnung noch bei den darauffolgenden trilateralen Zusammenkünften der Außen- und der Europaminister auch nur einmal erwähnt. Eine Handvoll unbeeindruckter Optimisten arbeitet auch viele Jahre später noch aktiv an der Rettung des Patienten.

Die vergessenen Begegnungen

Es gibt Situationen, die man einfach vergisst. Weil man sie in dem Moment nicht richtig wahrgenommen hat, oder gerade umgekehrt, weil diese mit einer Art Trauma verbunden sind. Mir ist am Flughafen Köln-Bonn eingefallen, nachdem mich *Piotr* aus einer gemeinsamen Arbeitssitzung dort netterweise in seinem Sportwagen abgeliefert hatte, dass ich mehrere solche Begegnungen mit Polen ausgeblendet hatte.

Ich saß da allein am kleinen Tisch vor der runden Theke. Eine Brezel und ein Bitburger sollten mein Überleben bis zum Abflug sichern. Hat auch geklappt. Und deshalb hole ich jetzt diese Erinnerungen aus dem Keller meines Gedächtnisses, wo sie neben anderen Leichen ein ruhiges Dasein fristeten.

Wie bereits erzählt, sind wir aus der Stadt in den grünen Speckgürtel geflüchtet. Das neue Haus musste innerhalb eines Monats renoviert werden. Wir hatten keine Zeit und wenig Geld. Sie sehen es schon kommen...

Mein Schwiegervater, damals flotter Rentner und ehemaliger Handwerkermeister, übernahm die Regie auf der Baustelle. Unter vielen anderen Aufgaben sollte der allgegenwärtige Fußboden aus breiten Fichtenbrettern von einem halben Zentimeter kackbraunen sowjetischen Anstrich befreit werden, der wegen Engpässe in der Lieferung von Lack in der DDR als Rückstand aus der Kupferproduktion häufig zur Behandlung von Bodendielen zum

Einsatz kam. Dafür brauchte man ein Gerät und am besten auch Fachpersonal.

Straße zwischen Piasek und Krajnik Górny, Gemeinde Chojna, Mai 2016

Per Anzeige meldete sich ein gewisser W. Nennen wir ihn Waldemar, so hat ihn auch Gerhard, mein Schwiegerpapa, genannt. W. kam, machte den Job und sprach mit Gerhard. Von Natur aus ist Gerhard weder glühender Polenfreund, noch mag er schlampige Arbeit. Er ist im Gegenteil klarer Anhänger Mikrometer genauen Tuns.

Ich war nicht bei den Gesprächen dabei. Aber eins weiß ich. W. kam wieder, diesmal in Begleitung von J., nennen wir ihn Jürgen. Von da an führten die beiden unter mittelstrenger Aufsicht die unterschiedlichsten Bauarbeiten durch.

Es war hochsommerlich heiß. Was in der Hauptstadtregion nicht obligatorisch zusammengehört. Das Bad haben die beiden auch noch gekachelt. Zum ersten Mal in ihrem Leben, wie es schien. Alles auf diesem Planeten ist etwas schief. Also warum nicht auch unser Bad? Nach zehn Jahren haben wir das Badezimmer komplett neu machen lassen. Alles andere steht immer noch da, wo es soll.

Und was mir noch in Erinnerung geblieben ist, wahrscheinlich weil es mir viel wichtiger ist: Waldemar und Jürgen, die ganz zufällig anders hießen, brachten jeden Montag etwas Nettes mit. Wisentgraswodka und Blaubeeren. Mal als Geschenk, mal zur Belebung des internationalen Handels. Bis heute erzählt mein lieber Schwiegervater mit Freude von dieser Zeit.

Genauso originell war die Tatsache, dass das Haus, einmal renoviert, auch regelmäßig geputzt werden musste. Wir hatten keine Zeit und wenig Geld... Kommt es Ihnen bekannt vor?

Ganze zwei polnische Putzfrauen waren bei uns kurzfristig tätig, was im Bundesdurchschnitt im unteren Segment liegen dürfte. Bis zu dem Tag als eine Nachbarin den Job übernahm. Diese war nicht schlechter und auch nicht schlechter bezahlt als die Vorgängerinnen. Sie kam auf dem Rad und nicht mit der S-Bahn, das war der große Unterschied.

Besonders gut geputzt wurde nicht. Illegal war es auch. Irgendwann wurde uns die Sache zu bunt. Nachdem wir die Dienste eines höchst offiziellen Reinigungsdienstes in Anspruch genommen hatten und keinen Unterschied in der Leistung merken konnten, fingen wir an, selbst zu putzen.

Schon immer habe ich gerne abgewaschen, vermutlich wegen meiner aus der frühen Kindheit erhaltenen Neigung zu Wasserspielen. Ich kann dagegen absolut nicht leiden, zu bügeln. Umso weniger, da ich nichts gegen zerknitterte Kleidung einzuwenden habe. Ob ich mich dauerhaft daran erfreuen kann, Staub zu saugen oder Einzelteile unseres Hausmuseums, wie eine ehemalige Putzkollegin dazu sagte, zu rücken, wird sich noch zeigen.

Wo bleibt das Trauma? werden sich die aufmerksamsten unter Ihnen fragen. Keine Angst, es ist jetzt so weit. Wir fahren aus Hamburg zu Dritt im Auto zurück nach Hause. Die Autobahn ist proppenvoll. Wie so oft gibt es viele Baustellen und unvernünftige Verkehrsteilnehmer. So zum Beispiel der Lastwagenfahrer, der von einem Rastplatz bei Neuruppin, ohne zu gucken rausfährt, die Blechlawine augenblicklich zum Stillstand bringt und sich in aller Seelenruhe davon macht.

Vor uns hat ein weiterer Lastwagen infolgedessen jede Menge Mühe, anzuhalten. Er schafft es doch, aber sehr knapp. Sabine, die das Auto fährt, gelingt es ebenfalls. Schon möchte sie ihre Freude darüber zum Ausdruck bringen, fängt einen Satz an... jedoch reicht die Zeit dafür nicht mehr aus. Der Lastwagen direkt hinter uns hat es definitiv nicht geschafft. Jetzt spielt unser Wagen Akkordeon. Und zwar recht laut. Alle Reifen inklusive dem

Ersatzreifen platzen gleichzeitig. Alle Scheiben auch. Und etliches mehr.

Wir haben Riesenglück und werden nur leicht verletzt. Nachdem wir aus dem Wrack entflohen sind, laufe ich zu den Lastwagenfahrern. Beide stammen aus Polen. An den von vorne kann ich mich jetzt nicht im Geringsten erinnern. Vermutlich hatte er das bedauerliche Vorkommnis mit Fassung getragen.

Der hinter uns, ob er nicht richtig aufgepasst, einen zu kleinen Abstand eingehalten hat oder von den schwachen Bremsen seines Lkw im Stich gelassen wurde, bietet ein trauriges Bild. Kreidebleich zittert er am ganzen Körper und ist lange nicht ansprechbar. Sein junger Co-Pilot ist nur etwas besser dran und daher keine große Hilfe.

Dann kommt die Feuerwehr in voller Montur. Einer der Retter fragt mich, leicht verwirrt durch den entsetzlichen Zustand unseres Fahrzeugs: *„Wo sind die Opfer?"* Ohne darüber viel nachzudenken, schicke ich ihn zum schockierten Lkw-Fahrer.

Polen (endlich wieder) in Europa!

Wahrscheinlich wird 2004 als das Jahr der größten EU-Erweiterung in die Geschichte eingehen. Das war zweifellos auch eine ernsthafte Sache. Bei der Erwähnung dieses einmaligen Ereignisses muss ich immer an die Reportage denken, in der die Überflutung Polens als Folge der Ostseeerweiterung dramatisch dokumentiert wird. Diesen leicht verwirrenden Umstand verdanke ich der blühenden Fantasie des Berliner Clubs der Polnischen Versager.

Für mich war dieses Jahr, zwanzig Jahre nach meinem ersten Besuch in Polen, eine Art Schaltjahr in meiner Beziehung zum Nachbarland. Ich durfte beruflich gleich dreimal nach Warschau. Im April machte ich in der polnischen Hauptstadt die Bekanntschaft von mehreren Personen mit denen ich bis heute ab und zu zusammenarbeite. Zuerst war Andrzej, von der Akademie der Wissenschaften *(PAN)* dran. Zusammen sollten wir noch im gleichen Jahr eine große Veranstaltung zur Energieforschung in Warschau organisieren. Deshalb war ich hierhergekommen. Gleich beim ersten Besuch lud er mich nach Hause in einer neuen geschlossenen Siedlung außerhalb der Stadt ein und stellte mir seine Familie vor.

Beim Empfang am Konferenzende tauschte ich wie immer fleißig Visitenkarten mit potenziellen Kooperationspartnern. Unter den neuen Gesichtern befand sich Izabela, die unermüdliche Frontkämpferin im Dienste der polnischen Umweltforschung. Jahre später durfte ich ihre außergewöhnlichen Fähigkeiten als Organisatorin und Lobbyistin bewundern. Nebenbei lernte ich mitten in der Nacht auch noch die wunderbare Suppe *Żurek* in einem Restaurant der Altstadt kennen.

Bestellt hatte diese *leichte* Mahlzeit Claudia, eine große Kennerin Polens, die damals die Interessen der deutschen Forschung in

Brüssel vehement vertrat, und direkt aus der EU-Hauptstadt kommend sich erst spät unserer Runde angeschlossen hatte.

Wie konnte mir diese herzhafte, auf Sauerteig, Majoran und unterschiedlicher Proteinbeilage basierende Köstlichkeit bloß bis jetzt vorenthalten gewesen sein?

Seit dem Tag ihrer Entdeckung habe ich mir größte Mühe gegeben, um die versäumte Zeit nachzuholen. Von mir können Sie bei Bedarf alles über die verschiedenen Varianten erfahren: vom goralischen Rezept aus den Bergen im Südosten, über den Altpolnischen, den im Zisterzienserbrot servierten, bis hin zum stark knoblauchhaltigen oberschlesischen Żurek, um nur die bekanntesten zu nennen.

Über meine eigenen Versuche zur Weiterentwicklung dieser ehrlichen Gattung der Hausmannskost, allesamt unter geheimer Verwendung von im Supermarkt in der Plastikflasche selbstgekauftem *Żurek*-Fond, werde ich ausnahmsweise schweigen.

Zu meinen Erlebnissen am Monatsende im April des besagten Jahres kann ich Ihnen dagegen folgendes, live und vor Ort verfasstes Dokument anbieten.

EU-Beitritt ohne Volk[12]

Als meine Pariser Chefin mich plötzlich nach Warschau schickte, war ich angenehm überrascht. Die letzten Stunden vor dem Beitritt zur Europäischen Union dort erleben zu dürfen. Ohne Zweifel hatte ich das große Los gezogen. Und ich war bereit, einige Stunden im Zug zu verbringen, um diese erstaunliche, gleichzeitig junge und geschichtsträchtige, nicht wirklich schöne und doch reizvolle Stadt wiederzusehen.

Das neue postkommunistische Zentrum kannte ich schon. Einige Hektar Wolkenkratzer und Einkaufszentren mit Banken und Luxusläden überfüllt, eine globalisierte Enklave, die sich um die berühmte stalinistische Süßigkeit, den Kultur- und Wissenschaftspalast, wie ein Tsunami ausgebreitet hatte. Seit meinem letzten Besuch hatte die Baukrankheit erhebliche Fortschritte gemacht.

Ich verließ den *Centralna* Bahnhof zu Fuß, Koffer und Aktentasche hinter mir herziehend. Ich hatte nur einige *Złotys* in der Tasche und nicht die geringste Lust, ein Taxi zu suchen. Am Fuß der Glaspaläste war der Betonbürgersteig genauso kaputt wie zur guten alten Zeit. Beim Springen von einer Platte zur nächsten machte mein Rollkoffer einen höllischen Lärm. In der sehr späten Stunde traf ich niemanden auf dem Weg zur Altstadt.

---

[12] *Vierte alte Geschichte: „Varsovie, avril 2004", am 28. April 2004 in Warschau geschrieben, bisher unveröffentlicht*

Nachdem ich den Sächsischen Garten entlanggelaufen war, überquerte ich den Platz, der mich von meinem Hotel, dem Europejski, trennte. Auf dem Fußgängerübergang kam mir die Wachablösung des Denkmals für den unbekannten Soldaten entgegen. In Paradeuniform wie Automaten laufend, entfernten sie sich in der Dunkelheit des leeren Platzes.

Kurz danach schlief ich in einem für meinen Geschmack etwas zu trampolinartigen Bett unter einer dicken Daunenbettdecke ein. An und für sich bot das Zimmer eine Art Zusammenfassung der Geschichte des ältesten Grand Hotel der Stadt. Beim Anblick der Fotos vom Gebäude aus dem Jahre 1945 im Untergeschoss am Morgen danach wurde ich gegenüber diesem Hybrid und seiner fröhlichen Mischung aus Schlossstuckdecken und sozialistischen Polstermöbeln viel nachsichtiger.

Das Frühstück war polnisch luxuriös und das ist ernst gemeint! Mit anderen Worten hatte ich während meines kurzen Aufenthaltes definitiv keine Chance all diese leckeren Fischspezialitäten und gemischten Salate in Ruhe auszuprobieren.

Früh aufgestanden, ging ich zu Fuß in das nagelneue Kongresszentrum in dem die Europäische Konferenz, Grund meines Besuchs, stattfand. Der gestern Nacht leere Platz war nun mit schwarzen Autos mit Blaulicht und gelb-schwarz uniformierten Männern überfüllt. Die LKWs waren wie Spielzeuge im Schaufenster geordnet. Wollte die lokale Polizei das nahe, historische Datum durch eine Rallye Warschau – Brüssel feiern?

Das Denkmal für den unbekannten Soldaten war immer noch gut bewacht. Ich habe mich schon lange gefragt, wer etwas gegen anonyme Überreste haben könnte. Vielleicht ist das auch nicht die richtige Frage. Die Sonne schien vom wolkenlosen Himmel, jedoch war die Luft recht kühl. Innerlich wünschte ich den zwei unbewegten Soldaten, sie mögen nicht die gleichen sein, die mir acht Stunden zuvor begegnet waren.

Im Sächsischen Garten stieß ich bald gegen ein Absperrgitter. Wollte man damit die Igel vor den motorisierten Warschauern schützen? Bei der Beobachtung der Letzteren, während der fürs Fußvolk unendlich langen Ampelphase hatte ich zugegeben an Istanbul gedacht und konnte kaum glauben, dass die Urväter dieser Lenkradbesessenen die ottomanischen Heere vor den Toren Wiens angehalten und damit die abendländische Zivilisation gerettet haben wollten.

Überall waren Gärtnerhorden fleißig dabei, zu gießen und Ordnung zu schaffen, als ob sie eben erfahren hätten, sie müssten morgen beim Wettbewerb „Stadt der Blumen" mitmachen. Ich lief um das Hindernis herum und am Jüdischen Theater vorbei. Dort stehen vier oder fünf Häuser aus der Vorkriegszeit. Einzige bauliche Zeugen aus dem damaligen Ghetto. In nächster Nähe sind die ersten Glastürme schon da. In Richtung Norden überwiegen noch Gebäude im reinsten Stil der Sozialbauten anno 1950. Schließlich fand ich den Ort der Konferenz und verbrachte zwei arbeitsintensive, durch sympathische Begegnungen bereicherte Tage. Ich hatte einige Termine für den dritten und letzten Tag vereinbart und würde jetzt nicht an meinem Laptop schreibend in einer lauten Halle sitzen, wenn alles wie geplant weitergelaufen wäre. Während des Frühstücks am zweiten Tag hatte ich erfahren *(Danke Claudia!)*, dass wir uns plötzlich im Auge des Orkans befanden.

Das Europäische Wirtschaftsforum sollte im Hotel auf der anderen Seite des Platzes am Tag danach anfangen und mehrere Tage dauern. Na und? Die polnischen Behörden hatten nicht vor, direkt vor dem offiziellen Beitreten zum Klub lächerlich gemacht zu werden. Unser Hotel stand im Zentrum der *Zone Zero* in Original böse klingendem US-amerikanischem Jargon. Dieses Gebiet sollte im Laufe des Tages von allen EWF fremden Elementen befreit werden. Wer dennoch unbedingt eine Nacht im Hotel verbringen wollte, brauchte einen speziellen Passierschein.

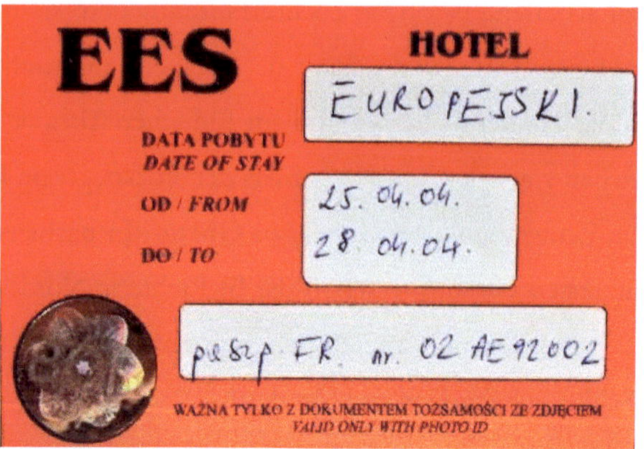

Hotel-Passierschein, April 2004 (die anderen musste ich zurückgeben)

Kaum gesagt, schon getan. Mit meinem Wunderpapier gewappnet, ging ich zu einem Termin in einer der benachbarten historischen Straßen. Bis jetzt hatte ich keine Zeit gehabt, die lokalen Champs Elysées, den Königlichen Weg, anzugucken, obwohl dieser entlang einer ganzen Fassade des Hotels verlief. Das Geschäft an der Ecke war geschlossen, verbarrikadiert. Schade, normalerweise ist es eine universitäre Buchhandlung und ich hatte vor, mir ein gutes französisch-polnisches Wörterbuch zu kaufen.

Ein Zettel in Polnisch und Englisch informierte die verehrte Kundschaft über die außerordentliche Schließung vom 27. April bis zum 5. Mai 2004. Beim zweiten Geschäft war die Lage identisch. Beim nächsten auch. Auf beiden Straßenseiten. Alles war zu: die Heiliggeistkirche, die das - im Cognac eingelegte - Herz Chopins beherbergt oder zumindest was davon übriggeblieben ist, die Helena-KM-Universität, die Museen, die Ministerien.

Straßen und Bürgersteige waren voll mit Polizeiwagen und ihren heulenden New Yorker Sirenen *(die hatten mich schon gegen fünf Uhr geweckt)*, mit Leichtpanzern und unzähligen Männern in Antikrawallkampfanzügen. Ich überstand die Kontrolle mit Erfolg. Das Verlassen der *Zone Zero* wurde mir freundlicherweise genehmigt. Ich fragte nach den Modalitäten für das Zurückkommen. Ein großes Kraftpaket bestätigte mir schließlich, dass es kein Problem sei und gab mir meinen Pass, meinen Zone Zero-Passierschein und meinen Hotel-Passierschein zurück.

Jetzt war ich in der *Zone One*. Als einziger Unterschied waren hier noch einige normale Menschen und sogar Busse vorhanden. In der Sonne laufend fand ich bald das Institut der Akademie der Wissenschaften und Andrzej. Alles lief bestens und wir fuhren dann gemeinsam zur Konferenz in das blitzblanke Kongresszentrum.

Am Ende des Tages hörte ich zufällig Brocken von Konversationen zwischen aufgeregten Konferenzteilnehmern. Alle betrafen den Belagerungszustand. Gerüchte verbreiteten sich wie ein Lauffeuer. Wegen Sicherheitsbedenken hatten die Behörden beschlossen, die Schraube mit sofortiger Wirkung fester zu ziehen. Die Bevölkerung wurde nun aufgefordert, die Stadt zu verlassen, nicht mehr, nicht weniger. Die Schließung öffentlicher Gebäude, bis jetzt auf die Zone Zero beschränkt, wurde auf das gesamte Stadtgebiet erweitert. Schulen, Parks, Botschaften, Theater… Aus diesem Grund wurden allerlei Verabredungen abgesagt. Der nächste Montag war frei, die Verfassung sollte gefeiert werden, die älteste demokratische Verfassung Europas, jeder wird es Ihnen bestätigen. Es würde niemand vor Ablauf einer Woche ansprechbar sein …

Allmählich fing ich an zu verstehen, dass der morgige Tag recht langweilig zu werden drohte. Meine Termine platzten einer nach dem anderen. Mein Zug sollte am späten Nachmittag fahren. Ich hatte zu tun und meinen Laptop dabei. *Nie ma problemu!*

Nach einem sehr netten Grillabend bei Helena im gepflegten Garten am Stadtrand, brachte mich ihre Tochter Anja zurück ins Stadtzentrum. Die Annäherung an die verbotene Stadt war nicht leicht, das bloße Anhalten in der Nähe auch nicht. Es waren bis auf Sicherheitskräfte sehr wenige Leute zu sehen. Außer den Schreinern die alle bisher verschonten Schaufenster eifrig verbarrikadierten. Einige hatten wirklich Angst, dafür viel Fantasie. Für den Bau der Schutzanlagen gegen die Globalisierungsgegner waren angeblich die Vorstadtbauhypermärkte leer gekauft worden, jedenfalls bei allem das einem Brett, einer Pressholzplatte oder Wellblech ähnelte.

Ein paar Gebäude waren besonders gefährdet oder wurden als solche betrachtet, wie das große Glasvordach des zentralen McDonalds. Diese wurden vollständig hinter durch Stahlbalken getragene harte Schalen versteckt. Andere wurden durch Metallwände geschützt, deren oberes Ende mit Hilfe von Netzen mit der Mauerkrone verbunden war. So sollten unerwünschte fliegende Objekte abgefangen werden. Ich bedankte mich bei *Anja*. Sie würde am nächsten Montag gleichzeitig die Verfassung und ihren zwanzigsten Geburtstag feiern.

Den Kontrollpunkt passierte ich problemlos, vermied die heulenden Polizeiwagen und die offiziellen Kolonnen schwarzer Jaguars, die auf der Straßenmitte durch die Nacht rasten, unter dem aufmerksamen Blick der Polizeikräfte, die alle Bürgersteige besetzten und Kreuzungen blockierten. Die VIPs, die mit dieser

Nachtbesichtigung sowjetischer Art geehrt wurden, logierten in mehreren Gebäuden um mein Hotel herum. Kein Wunder, dass sie uns gemeines Volk loswerden wollten!

Ich ging ins Bett. Keine lokalen Nachrichten im Fernsehen. Es waren mehr als sechzig Kanäle vorhanden, darunter welche die alles andere als langweilig waren, aber Zero Wort über die *Zone Zero*. Ohne Zweifel sollten die Pläne des Feindes nicht unterstützt werden. Ich schlummerte in einen von allgegenwärtigen Sirenen unterbrochenen Schlaf und träumte von Ijon Tichy und seinem futurologischen Kongress. Wie der berühmte Raumfahrer damals im Hilton von Costricana war ich der Einzige im Hotel, der über die Gefahren außerhalb des Hauses im Bilde war…

Durch etwas, das ich als Panzer zu identifizieren glaubte, wurde ich endgültig geweckt. Seit ein Panzer das letzte Mal unter meinem Fenster rollte, waren schon fast zwei Jahrzehnte vergangen. Aber es schien, auch das sei wie das Radfahren. Wer es kennt, verlernt es nicht.

Im fast leeren großen Saal frühstückte ich. Außer mir gab es nur noch ein britisches Ehepaar und vier Kellnerinnen, die die Zeit durch Schwatzen totschlugen. Draußen vor den großen Glasfenstern zum Sächsischen Garten hatten Polizisten, Feuerwehrleute und mit Satellitenschüsseln ausgerüstete Kommunikationsfahrzeuge ihr Lager auf der Terrasse aufgeschlagen, wo sich sonst eine der beliebten Konditoreien der Stadt befand. Kremschnitt Ade!

Sahnetorten nach mittel-*evropäischer* Art, das würde es ein anderes Mal geben.

Koffer durften im Hotel nicht abgegeben werden. Ich beglich die Rechnung und verließ die menschenleere Eingangshalle. Der Pförtner schlug mir routinemäßig vor, ein Taxi zu rufen. Gab es die noch? Gute Nachricht! Um wohin zu fahren? Bei der Rezeption wurde mir bestätigt, dass wirklich alles geschlossen war. Aus technischen Gründen arbeitslos zu sein und nicht mal Chopin zwischen seinen Rosen begrüßen zu dürfen, das war doch entsetzlich. Mir blieb nur übrig eine ruhige Ecke zu finden, um auf meinen Zug zu warten, falls Züge noch fuhren.

Ohne Eile kehrte ich zum Hauptbahnhof zurück. Die direkte Strecke war selbstverständlich gesperrt. Deshalb lief ich durch die surrealistisch wirkende Fußgängerzone um Nowy Świat. Die Namen der großen Modemarken erhoben sich über den Castorama-Praktiker-Festungen. Die allerletzten Konstruktionen waren fast vollendet. Ich setzte mich auf eine Bank. Dort blieb ich nicht lange. Die Uniformierten der nächsten Kreuzung guckten mich schief an. Vielleicht weil ich Fotos knipste. Oder weil ich sie nicht verewigt hatte? Die seltenen zivilen Fußgänger waren deshalb nicht zivilisierter, auch sie guckten sauer oder weg.

Es gab noch ein nicht verbarrikadiertes Geldinstitut! Optimisten? Kurz vorm Bahnhof betrachtete ich genauso fasziniert wie die anderen Schaulustigen auch die rasenden Polizeiautoschlangen in alle Richtungen. Wie schafften sie es bloß, sich nicht zu treffen?

Alle hatten gleichzeitig Vorfahrt. In dieser Dezibelorgie konnten sie sich trotz heulender Sirenen garantiert nicht kommen hören.

Ich ging hinunter in die unterirdische Stadt, die normalerweise nur so von Menschen wimmelt. Auch dort war fast alles geschlossen. Bis auf Sicherheitspersonal, die unvermeidlichen Soldaten und Polizisten im Kampfanzug, war da kaum jemand. Angst ist übertragbar. Einige die vielleicht vor Kurzem noch dachten, sie würden mangels Konkurrenz besonders gute Geschäfte machen, klebten jetzt hastig Müllsäcke auf die Glasscheiben ihrer Boutiquen. Schwarze Säcke mit weißem Tesafilm. Wie hübsch. Aber wofür? Andere hatten zwischen die Scheiben und den Kunststoff Styroporplatten geklebt.

Auf der Suche nach der Gepäckaufbewahrung lief ich steile Treppen hoch und runter. Dabei versuchte ich, das Gleis zu ermitteln, von dem in circa sieben Stunden mein Zug abfahren sollte. Mein Zug existierte einfach nicht. *„Aber doch!"* erklärte mir ein optimistischer Fahrkartenverkäufer. Es stand nur nirgendwo geschrieben. Ich fand die Gepäckaufbewahrung. Sie war seit dem Vormittag und bis nächsten Dienstag – außerordentlich – geschlossen. Für mein Verständnis bedankte man sich. Ich hasse es, dass man sich für mein Verständnis bedankt. Tatsächlich habe ich in den meisten Fällen nicht das geringste Atom Verständnis. Und an diesem Tag auch noch einen schweren Koffer voller Dokumente.

Manchmal haben auch verständnislose Menschen Glück. So fand ich einen Espresso aus gutem Hause in einem kleinen gemütlichen Bahnhofsbistro. Und trank ihn auf die Globalisierung, auf ihre Gegner und auf die zwei uniformierten Riesen, die einzigen weiteren Kunden im Laden, die langsam und mit kindlicher Freude ihre Gläser Latte macchiato schlürften, was wiederum ihrem martialischen Auftritt etwas schadete. Der Espresso weckte mein Gehirn. Ich rief im Büro an. Keine revolutionären Nachrichten. Die Revolution fand hier und nicht dort statt. Ich beschloss, mich als Squatter in der Eingangshalle des nächstgelegenen Hotels einzunisten.

Im Ausgangsbereich der Katakomben des zentralen Bahnhofs entdeckte ich zufällig eine offene Buchhandlung, eine kleine Insel der Normalität im Notstandsgebiet. Auf den Regalen standen viel mehr französisch-polnische Wörterbücher als ich je tragen, geschweige nutzen könnte. Unbewusst ließ ich das klassische und das technisch-wissenschaftliche Lexikon liegen und nahm das Wirtschaftswörterbuch. Dem Geist der Zeit kann man kaum entgehen.

Das nächste Hotel, direkt gegenüber dem Bahnhof gelegen, war das Marriott, ein hoher Turm, der mit dem Zuckerpalast um den ersten Platz wetteiferte. In der Halle setzte ich mich, ohne zu zucken auf einen bequemen Sessel zwischen großen, durch die Spiegel vervielfältigten rot-weißen *(patriotischen)* Blumensträußen.

Ich las und versuchte dabei möglichst unauffällig zu sein. Von Weitem passte ein Hoteldetektiv auf mich auf. In der Tat war ich wie ein Kunde gekleidet und ausgerüstet. Schließlich wurde ich durch einen Raucher, genauer gesagt durch seine ätzende Abluft, verjagt.

Ich flüchtete in die Beletage, ins Internetzimmer. Der Zugang funktionierte nicht. Dafür hatte ich den Raum für mich allein, niemand rauchte und ich konnte, den Akku für die Zugreise schonend, am Laptop arbeiten. Ich überflog die Zeitungen des Tages. Alle Titelseiten behandelten den unmittelbar bevorstehenden Beitritt. Die Meinungen gingen sehr weit auseinander. Von: *„Endlich Fortschritt und Reichtum!"* bis zu *„Polen wird seine vierte Teilung nicht überleben!"*

Ich konnte kaum glauben, dass Millionen von Menschen das Ereignis von Tallinn bis La Valletta morgen schon feiern würden, während Warschau, Hauptstadt des größten Landes unter den neuen Mitgliedsstaaten, leergefegt sein würde, leer wie die Läden es vor zwanzig Jahren waren.

Zwanzig Jahre. Warschau war grau und traurig. Wer hätte damals geglaubt, dass Anja, mehrsprachig und gierig darauf, das Leben in vollen Zügen zu genießen, heute *(nächster Samstag)* Bürgerin der Europäischen Union werden würde?

Eins ist sicher: Die nächsten zwanzig Jahre würden sehr schnell vergehen, viel zu schnell, so wie die Polizeikolonnen auf *Nowy Świat*. Wer wird sich dann an den 1. Mai 2004 in Warschau - und wie – erinnern? Hoffentlich wird man bis dahin europäische Wirtschaftsforen abgeschafft, oder den Charme verlassener Inseln und Wüstenoasen für VIP-Treffen wiederentdeckt haben.

Über die fragwürdigen Versuche des Hotels Europejski in letzter Minute an die moderne Business-Welt anzuknüpfen, schrieb Adam Soboczynski einige Jahre später. Das nächtliche Zustecken von Karten mit unmoralischen Angeboten unter den Schlafzimmertüren scheint nicht den ersehnten Erfolg gebracht zu haben. Soweit ich weiß, hat diese berühmte Institution inzwischen ihre Türen geschlossen.

Zum Warschauer Marriott habe ich erst kürzlich von seiner besonderen Bedeutung für die neuere Geschichte der Bundesrepublik erfahren. Als beim Mauerfall im November 1989 die deutsche Delegation um Helmut Kohl zu Besuch in Warschau von den Ereignissen in Berlin erfuhr, versuchte sie verzweifelt ein westdeutsches Fernsehprogramm zu finden. Erst im Marriott wurde sie fündig.

Und: Kurz nach meiner Abreise wurde der Beitritt Polens sehr wohl und ausgiebig gefeiert.

*„Marie", Öl auf Kupfer, von Nicola Samori, Ausstellung „Religio",
TRAFO (hier St.-Johannes-Evangelist-Kirche), Szczecin, Januar 2015*

Von Denkmälern, Wurst & Kunst

Im Herbst fand die trilaterale europäische Energieforschungskonferenz statt, deren Organisation ich zusammen mit Andrzej koordinieren durfte. Das Thema war im deutsch-französischen Gespann politisch sehr brisant, deshalb hatten mich am Sommerende langjährige deutsche Partner wie eine heiße Kartoffel oder wie der Franzose sagt, wie eine alte Socke einfach fallen lassen.

Tatkräftige Unterstützung erhielt ich von zwei sympathischen jungen Menschen ohne Furcht und Vorurteile. Beide kamen mit nach Warschau. Gemeinsam besuchten wir am Tag vor der Konferenz die Altstadt und ihre unzähligen Denkmäler. Gibt es in dieser Welt eine Stadt mit mehr traurigen Denkmälern? Hoffentlich nicht.

Auf dem Weg zur Akademie der Wissenschaften liefen wir zufällig am provisorischen Denkmal vorbei, das für die Gedenkfeier zum 60. Jahrestag des Warschauer Aufstands für die genaue Dauer *(63 Tage, vom 1. August zum 3. Oktober)* des historischen Ereignisses aufgebaut worden war.

Die Zeit war gerade vorüber, der Abbau voll im Gange. Auf mich wirkte das vergängliche Konstrukt mit seinen Säulen aus falschem Marmor massiv und total kitschig. Das ständige Monument ist völlig anders, mit seinen bronzenen Soldaten der Polnischen Heimatarmee vermittelt es jedoch etwas, das ich nur mit schlechtem

Geschmack verbinden würde, wäre nicht die furchtbare Geschichte gewesen.

Bis heute verwechseln außerhalb Polens viele Menschen die zwei Warschauer Aufstände im Zweiten Weltkrieg: den Aufstand im jüdischen Ghetto 1943 und die Erhebung der Heimatarmee 1944. In beiden Fällen richteten die Nazis ein gigantisches Blutbad an, das zweite Mal übertrafen sie sich selbst. Anschließend wurde die Stadt mit sadistischer Akribie dem Boden gleich gemacht.

Nach einer kurzen Absprache mit Andrzej liefen wir zu dritt weiter durch die Altstadt. Neben dem Denkmal für die Helden des Ghettos erinnert eine schlichte Gedenkplakette an den Kniefall Willy Brandts am 7. Dezember 1970. Unsere kleine internationale Gruppe lief von einem Erinnerungsort zum nächsten. Still.

Als wir plötzlich Hunger spürten, nahmen wir auf einer Terrasse inmitten einer Verkehrsinsel Platz und bestellten polnische Gerichte bei einer dem Oktoberfest zuliebe als Bayerin verkleideten Kellnerin. Jason, in Pittsburgh, Pennsylvania, geboren, überraschte mich und Katharina, Berlinerin, gleichermaßen, als er seine mit Pilzen und Kraut gefüllten Pirogen wie folgt lobte: *„Schmeckt wie bei meiner Oma!"* Diesmal war niemand schockiert. Höchstens waren wir amüsiert, als Jason vom typischen Weihnachtsmenü zu Hause schwärmte mit Kiełbasa *(Wurst)* und Sauerkraut, beides mit amerikanischen Akzent und breitem Lächeln.

Auch dieser Aufenthalt enthielt einen Besuch im Museum für zeitgenössische Kunst, einen ausgedehnten Spaziergang im herbstlich gefärbten Łazienki-Park und einen sehr geselligen Abend mit Freunden bei Helena. Aus unerklärten Gründen fand die Zusammenkunft im Wohnzimmer statt. Bei der Gelegenheit, auch wenn es keine so große Überraschung sein dürfte: Mindestens hundertzwanzig Jahre soll sie leben!

Revolutionslieder

Kurz vor Weihnachten durfte ich auf Einladung der PAN am Jahrestreffen der polnischen Beratungseinrichtungen zu europäischen Forschungsprogrammen in Falenty bei Warschau teilnehmen. Ich traf die Kollegen aus ganz Polen am Fuß des Kulturpalastes, wo der Bus im kalten Regen und bei starkem Wind auf uns wartete.

Obwohl die Veranstaltung fast ausschließlich in Polnischer Sprache abgehalten wurde, lernte ich viel über die für mich neue Tätigkeit der EU-Beratung. Pro forma erzählte ich über die endlosen Möglichkeiten, die das Weimarer Dreieck den Forschenden in nächster Zukunft anbieten würde. Um realistisch zu bleiben, beschränkte ich mich auf eine engere Zusammenarbeit der drei Länder im Rahmen europäischer Förderprogramme. Ein Potenzial, das bis heute auf unerklärliche Weise bei Weitem nicht ausgeschöpft wird.

Am Abend gab es ein Social event nach bester östlicher Tradition, mit Gesang und Gitarre, Buffet und mitgebrachten harten

Getränken. Neben vielen polnischen Liedern, wurden auch einige englische Songs, russische und vor allem viele ukrainische Lieder, Romanzen und Chansons aus vollem Halse gesungen. Damit sollte die Solidarität mit den Initiatoren der Orangenen Revolution, die im südöstlichen Nachbarland gerade entbrannt war, zum Ausdruck gebracht werden.

Die Verbindung zwischen Polen und der Ukraine, sowie Belarus und Litauen ist unterschiedlich stark geprägt, aber immer gut spürbar. Das neue Polen hat jede Hoffnung aufgegeben, die an die Sowjetunion und ihre Nachfolgestaaten verlorenen Gebiete je wieder zu erhalten. Die Einbindung dieser ehemaligen polnischen Regionen und Städte in verschiedenste Aktivitäten kultureller, sportlicher oder wissenschaftlicher Art hat jedoch bei jeder Regierung hohe Priorität. Die Ausnahme bildet Litauen, das bekanntterweise als unabhängige Republik zeitgleich, wie Polen der EU beigetreten ist und damit seinen eigenen Weg beschreitet.

Da ich trotz langer Erfahrung mit Chorsingen und häufigen Besuchen in mitteleuropäischen und östlichen Ländern nicht in der Lage war, etwas vorzusingen, schmetterte zum Ausgleich ein vielfältig begabter polnischer Kollege ein Lied im bayerischen Dialekt!

Es fehlte nur noch die Tanzfläche.

Framework Ball

Beim nächsten Treffen mit den Europabewegten Polen und auf deren wiederholte Einladung, praktisch zwei Jahre später, wieder in Warschau, hatten die Veranstalter das Tanzparkett nicht vergessen. Die nationale Konferenz zur Vorstellung des siebten Forschungsrahmenprogramms der Europäischen Kommission, vom damaligen Präsidenten Prof. Lech Kaczyński eröffnet, war in jeder Hinsicht phänomenal.

Zuerst sollte ich über Energieforschung berichten, später kam dazu eine Teilnahme an der Abschlusspodiumsdiskussion mit dem Forschungsminister Prof. Krzysztof Jan Kurzydłowski und Herrn Jerzy Buzek. In letzter Minute durfte ich zusätzlich den Vortrag des kurzfristig verhinderten französischen Botschaftsrats für Wissenschaft übernehmen.

Der Beitrag der Botschaft handelte vom franko-polnischen Austauschprogramm für Forschende mit dem leicht zu merkenden Namen Polonium. Dank dem russischen Geheimdienst war das hochgiftige chemische Element Polonium *(oder glücklicherweise nur sein Name)* gerade in aller Munde. Die Verwirrung bei den Zuhörern war komplett.

Viel lustiger war der Tanzabend. Fast alle mehr als tausend Konferenzteilnehmer waren beim festlichen Gala-Dinner und dem anschließenden Framework Ball anwesend. Und, nicht nur dass sie sich alle - im Gegenteil zu mir - dafür extra richtig schick gekleidet hatten, bald schwangen sie das Tanzbein höchst professionell und mit sichtbarem Vergnügen.

Die Musiker spielten einen Jazzstandard nach dem anderen. Anfangs ignorierte ich diese plötzliche Euphorie, die mir künstlich vorkam. Reden war allerdings bald nicht mehr möglich. Wegen des hohen Lärmpegels und weil sich unser runder Tisch mehr und mehr leerte. Ganz spontan entschied ich mich mitzumachen, um nicht allein im großen Bankettsaal zu sitzen.

Besonders angetan haben es mir die emeritierten Professoren im Frack und ihre unbändige Liebe zum New Orleans Stil, und das vor allem in Begleitung deutlich jüngerer Tanzpartnerinnen. Wer gedacht hätte, dass international-jüdisches Kulturgut und schräge Töne vom Zakopaner Bergvolk aus tausend innovativen Polen einen afrikanisch anmutenden wilden Haufen zaubern würden, hätte richtig gedacht. Spätestens als Hava Nagila, Bei Mir Bistu Shein und bald darauf balkanähnliche goralische Volkstänze ertönten, war es mit der letzten Spur von Zurückhaltung endgültig vorbei.

Der Bericht über diesen sehr gelungenen Abend wäre nicht vollständig, bliebe der bewegende Auftritt einer jungen Opernsängerin mit der Welturaufführung eines dem europäischen Forschungsprogramm gewidmeten lyrischen Stückes, *The Glory of FP7* genannt, unerwähnt.

Poznań, Frühling 2011

Neue Philharmonie, Szczecin, April 2016

Lebenslanges lernen

Andere lernen ihr Leben lang Kantonesisch oder Ikebana. Mich macht die polnische Sprache wunschlos glücklich. Nicht nur unter den slawischen Sprachen gilt dieses Idiom als komplex. Und ich war bisher zu faul, zu dumm oder wahrscheinlich beides, um das Stadium zu erreichen bei dem es kein Zurück mehr gibt. Deshalb fühle ich mich bei jedem Kurs wie neu. Vielleicht genieße ich gerade diese Art des passiven Widerstands gegen das Altwerden?

Denen, die eine Sprache in absehbarer Zeit richtig beherrschen möchten kann ich eins nicht empfehlen, und zwar ihre Bezugssprache zu wechseln. Angefangen zu lernen habe ich in Französisch, um dann auf Deutsch umzusteigen. Dabei nutze ich Polnisch fast immer in Verbindung mit Englisch. So gibt es Worte, die mir nur in der einen Sprachkombination einfallen *(immerhin!)* und umgekehrt. Verrückt und extrem ineffektiv.

Etwas Leid tut es mir für meine Förderinnen, allen voran Helena und für meine durchwegs sehr engagierten Polnischlehrerinnen. Auch wenn einige von ihnen nicht immer zimperlich mit mir waren. So antwortete die junge Anja, die gerade bei uns ein Praktikum in Adlershof absolvierte, auf meine Frage zu den Zahlen: *„Können sich alle Polen diese komplizierten Grammatikregeln wirklich merken?"* mit gerunzelter Stirn und Entsetzen in den Augen: *„Klar, bei uns kann das jeder Säufer!"*

Trinke ich zu wenig? Kurz darauf lernte ich Joanna kennen, eine sehr beeindruckende Polyglotte. Leute, die mehrere Sprachen meistern sind nicht selten. Doch kenne ich nur sehr wenige Menschen, die diese Kompetenz mit großer Leichtigkeit verbinden. Ich fragte sie nach der Sprache, mit der sie am meisten kämpfen musste. Sie überlegte einen Augenblick und sagte, ohne jeden Zweifel, dafür recht amüsiert: *„Polnisch!"*

Seit einigen Jahren *(wer liebt, zählt nicht)* lerne ich zusammen mit Doris und Bianca fleißig die polnische Sprache einmal wöchentlich zuerst mit Alexandra und seit kurzem mit Basia.

Noch ist Polnisch nicht verloren. Jedes Mal, wenn das Jahresende naht, kommt die Idee wieder auf: Nächstes Jahr werde ich mich richtig anstrengen, meine Hausaufgaben ernst nehmen, eine Ginkgo-Kur zur Gedächtnispflege absolvieren und den oben erwähnten Point of no Return endgültig überschreiten.

Nächstes Jahr.

Oder im nächsten Leben.

Mit Polen unterwegs

Heute befinden wir uns in Südspanien, einige Wochen später in Norditalien, dann in Berlin, Paris, und wieder in Spanien diesmal an der Nordküste. Diese kurzen Reisen werden von der Europäischen Kommission gefördert. Das Ziel ist es, neue Wege zur Internationalisierung innovativer kleiner Unternehmen zu erkunden.

Aus Polen sind Vertreter einer regionalen Hochschule dabei. Zwei forschende Männer und eine verwaltende Frau. Letztere wechselt ab und zu. Zur Ergänzung der Delegation kommt meist ein Jungunternehmer aus der gleichen Region im Südwesten. Nach zwei, drei Treffen wissen es alle, ich meine alle Partner aus den anderen am Projekt beteiligten Ländern: Der polnische Block ist sehr hermetisch und solidarisch. Ein Kollektiv sagte man dazu in der DDR. Sind sie schüchtern oder gar bescheiden, laut Steffen Möller die größte polnische Tugend?

Eins steht fest: Sie sitzen immer beieinander, verschwinden alle auf einmal und in der Regel als erste. Langsam kommen wir ins Gespräch. Jacek, junger Wirtschaftsprofessor ist ganz schön im Stress, er arbeitet in der Woche an der Uni, am Wochenende in Warschau und abwechselnd in Großbritannien. Leszek, junger Wissenschaftler ist verbittert. Er und seine Frau, Ärztin von Beruf, werden einfach viel zu schlecht bezahlt.

Und dann kommt Piot*r*, der Stammgastjungunternehmer bei diesen Reisen. Er ist weder gestresst noch sauer. In jeder Stadt besucht er Discos und Klubs bis zur frühen Morgenstunde. Am Tag darauf sieht er bei unseren spannenden Workshops leicht mitgenommen aus. Na und?

An einem weiteren Projekt sind sowohl polnische als auch russische Professoren maßgebend beteiligt. Einen ersten Eindruck erhalte ich in Oslo beim Vortreffen zur Verteidigung des Antrags vor einem Gutachtergremium als der betagte Prof. N. aus Warschau uns mit gebrochener Stimme mitteilt, als ob der dritte Weltkrieg eben ausgebrochen wäre: *„Ich habe nur noch eine Flasche Wodka dabei, die andere ist im Koffer kaputt gegangen, wie soll es weiter gehen?"*

Mindestens in dieser Generation und unter Wissenschaftlern sind gemeinsame kulturelle Züge zwischen den slawischen Brüdern und Feinden kaum übersehbar.

Jetzt sitzen wir gemütlich zusammen in einer vereinsamten Gaststätte bei Gdańsk. Draußen ist es bitterkalt. Es war kaum möglich, die paar Meter vom Bus bis zur Tür des Restaurants auf dem vereisten Boden zu überwinden, ohne dabei Katharina Witt unfreiwillig zu karikieren. Mir gegenüber sitzt der berühmte Prof. B., aus Moskau. Am Hals trägt der kleinwüchsige Mann mit Glatze ein übergroßes orthodoxes Kreuz, damit jeder Zweifel an seiner späten Konversion im Keim erstickt wird. Ob Kommunist, Jude oder Christ, eins ist er auf alle Fälle: Russe. Und deshalb gießt er jetzt seinen nächsten Nachbarn am Tisch, mir inklusive, einen guten Schluck selbst mitgebrachten Wodkas ein. Nach dem obligatorischen Toast auf die Gastgeber, die Schönheit der Frauen und auf die Wissenschaft erscheint plötzlich in seinem Rücken ein Kellner mit einer eisgekühlten Flasche Wodka. Der polnische Gastgeber guckt etwas stutzig. Da erklärt der russische Kollege dem Gastgeber mit dieser sanften, hohen Stimme, die ich in Europa nur von Slawen kenne: *„Meine Frau hat sie bestellt, … es gibt ja... nichts zu trinken!"*

Auf dem Tisch stehen so viel Sekt-, Wein- und Bierflaschen, dass es für etwas anderes kaum Platz bleibt. Aber es ist tatsächlich kein Wodka dabei. Der polnische Professor empfindet sofort Verständnis für seinen Gast, lächelt und prostet den lieben Kollegen samt Ehefrau ganz herzlich zu.

Auch dieser Abend wurde sehr lustig. Und ganz im Sinne der europäischen Integration von Lissabon bis Wladiwostok. Entgegen einer weitverbreiteten Meinung ist gegenseitiger Respekt unter Wissenschaftlern aus Polen und Russland eher die Regel als die Ausnahme. Ich durfte nicht nur einmal erleben, wie russische Forscher von ihren polnischen Wurzeln - und umgekehrt! - wenn auch erst zu späterer Stunde mit Stolz erzählten.

Kein Wunder also, dass Sie in Astana, Moskau, Kiew oder Brüssel die besten Chancen haben, den renommierten Innovationsmanager Zygmunt oder wahlweise den ebenfalls stark gefragten Referenten Piotr zu treffen, wie dieser gerade nach besten Kräften für die Kooperation zwischen Russland oder auch gleich der ganzen

Gemeinschaft Unabhängiger Staaten mit der Europäischen Union plädiert.

Da wären noch die zwei polnischen Professoren K. und K., sagen wir mal KI und KII, sonst wird es schwierig. Bei jedem Treffen machen sie zu zweit die gleiche, sehr ermüdende Präsentation. Sie sind extrem höflich und dennoch enorm langweilig. KI zeigt auf dem Bildschirm eine kaum lesbare mathematische Formel und kommentiert sie ausführlichst mit monotoner, leiser Stimme. Am Ende dieser nicht nur für mich gänzlich unverständlichen Einführung kommt der obligatorische Satz: *„Und jetzt übergebe ich die Bühne dem verehrten Kollegen Herrn KII, der leider eine ganz andere Meinung zum Thema vertritt.“*

KII, der die ganze Zeit lächelnd und schweigend im Stehen drei Meter KI von hinten beobachtet hat, nähert sich mit bedächtigen Schritten dem Pult. Zuerst bedankt er sich bei KI für die freundliche Einladung und bei uns für das Interesse der internationalen Forschungsgemeinschaft ausgiebig. Gleich zeigt auch er eine Formel, die sich für mich durch nichts von der anderen unterscheidet und doziert ebenfalls monoton und leise bis zu dem Zeitpunkt, an dem er dem verehrten Kollegen KI höflichst darum bittet, den nächsten Part zu übernehmen, *„Auch wenn wir beide eine komplett andere Interpretation der Sache vertreten.“*

Beim ersten Mal hatte der inszenierte Zwist zwischen den beiden Kontrahenten für etwas Abwechslung gesorgt. Damit ist es leider vorbei. Nun müssen wir bei jedem Projekttreffen durch und vergehen fast vor Ungeduld. Bis zu dem Tag, an dem ein deutscher Kollege mit osteuropäischem Hintergrund laut ansagt: *„Und jetzt begrüßen wir Bolek und Lolek!"* Die laute Reaktion lässt keinen Zweifel daran: Der Hörsaal dieser Hochschule im Siebengebirge ist mit Fans der polnischen Helden bis zur letzten Reihe gefüllt.

Und wenn wir schon unterwegs sind. Nicht alle polnische Bürgerinnen und Bürger sind dem Charme von Happenings, Fantasie und Exotik erlegen, wie es dem Besucher beim Anblick auf die vielen Fachgeschäfte und -veranstaltungen vorkommen dürfte. Ein kurzer Besuch mit meiner Warschauer Kollegin und Professorin Maria Danuta in der Wirkstätte für Altes Wissen in der malerischen Berner Altstadt hat es definitiv bewiesen. Angelockt durch das mittelalterlich-esoterische Ambiente im Eingangsbereich *(dort lag ein kleiner runder Kiesel auf einem großen Stein mitten im Weg, der Eingang schien gesperrt zu sein)* liefen wir die steile Treppe in den Kellerladen hinunter, nachdem die Glastür sich wider Erwarten automatisch geöffnet hatte.

Nun standen wir im Laden herum und schauten auf die vielen Bücherregale im steinernen Gewölbekeller. Es folgte eine abstruse Diskussion mit einem Mann, der urplötzlich dastand, als ob er sich aus einer Science-Fiction-Serie hergebeamt hätte.

„Finden Sie, was Sie suchen?" fragte der intergalaktische Reisende lächelnd und sanft, wäre nicht sein tiefblauer Blick gewesen, der wie ein Laserstrahl durch Haut und Knochen drang. Mit seinen gepflegten langen Haaren und seiner dunkelblauen Tunika erinnerte

168

er an Merlin den Zauberer in seiner Jugendzeit. In dem anschließenden höflichen Wortaustausch versuchte Maria, die durch und durch Naturwissenschaftlerin ist, verzweifelt einen Sinn zu finden, den es womöglich nie gegeben hatte.

Der Laden war kein Laden. Es gab auch nichts zu verkaufen. Im Gegenteil: Mit etwas Glück erhielt man seltsame, seltene Geschenke, die teilweise von früheren Besuchern hinterlassen worden waren. Das einzige Ziel der einmaligen Einrichtung war es *„da zu sein"*. Zeugnisse des ewigen Wissens, was es auch sein mag, lagen hier und da verstreut, Werke von Schäfern und sonstigen Bergkünstlern, darunter recht ansehnliche mit mysteriösen Zeichen und Symbolen bemalte Holzbrettchen.

Nicht mal beim deftigen Abendessen im Klötzlikeller mit einer bunten Gruppe von KollegInnen aus allen Frauenländern konnte sich die tief erschütterte Maria beruhigen.

In Polen unterwegs

Kraków

Im Sommer 2005 besuchten Sabine und ich Kraków. Bei diesem dritten Aufenthalt Sabines in Polen stand viel auf dem Spiel. Je nach Ausgang der Reise würden wir den Durchbruch erringen, das heißt Polen würde als Urlaubsland adoptiert werden. Oder die guten Erinnerungen an die Wochenenden in der Hauptstadt und am Meer würden verblassen und Polska würde dauerhaft einen Platz zwischen Sibirien *(zu kalt)* und Nigeria *(zu gefährlich)* auf der Liste der No-Go-Länder einnehmen.

Wie oft in Südpolen denkt man an Italien. Nicht nur dass viele Architekten aus der Walachei, wie Italien auf Polnisch heißt, deutliche Spuren hinterlassen haben, sondern hier wie jenseits der Alpen sieht Altes meist einfach gut aus. Krakau ist sehr touristisch geworden. Auch das hat die Stadt spielend überstanden. Übersieht man dabei die britischen Touristen auf der Suche nach billigem Rausch. Ganz schön peinlich Eure Majestät!

Kraków. Zuerst sind das die *Oczypek*-Verkäuferinnen. Meist sind es ältere Frauen mit Kopfbedeckung. Sie bieten den geräucherten Bergkäse mit geometrischen Mustern *(wie lecker dieser in Butter leicht angebraten mundet!)* in ihren Körben den Passanten an. Natürlich gibt es sie auch in Warschau, aber dort wirken sie importiert, auf der Flucht, müde von der langen Bahnfahrt. Hier gehören sie zur Landschaft.

170

Dann gibt es etwas, was viele in Polen nie vermuten würden: geschmackvoll restaurierte Restaurants und Musik-Cafés im Überfluss. Viele dieser Etablissements logieren in den Kellern. Neben sehr gutem Essen, was in einer viel besuchten Stadt längst nicht mehr selbstverständlich ist, gibt es tolle Musik in allen Variationen und eine einmalige Stimmung. Hier sitzen und genießen gemeinsam Einheimische und Besucher, allein, mit Familie oder in der Gruppe.

Korb mit Oczypek, Krakau, 2005

Zum Glück wirkte mehr denn je die Überraschung von Riga nach. Damit ist kein Krimi eines erfolgreichen nordischen Romanautors gemeint. In der lettischen Altstadt hatte Sabine im Frühjahr schicke Schuhe gekauft und ihren Augen nicht trauen können, als sie statt des erwarteten *made in Italy* die an dieser Stelle bisher unbekannte Aufschrift *made in Poland* entdeckte.

So erfuhren wir zufällig von der Rolle Polens als eine der letzten Bastionen Europas für die Produktion hochwertiger Lederschuhe. Das musste Sabine unbedingt vor Ort prüfen und das tat sie nun. Sie fand bald heraus, dass es nicht nur schöne Schuhe, sondern auch attraktive polnische Mode gab. Dieses Geheimnis hütete sie gut. Wen sollte das in Berlin interessieren? Wer sollte es glauben?

Jedenfalls wurde das östliche Nachbarland unerwartet auf Anhieb in den exklusiven Kreis relevanter Orte zum Modebummel dieser Welt aufgenommen und die Liste bekannter Produktmarken um exotische Namen wie Lasocki aus Niederschlesien, Maxima aus Szczecin, NORD aus Słupsk, Monnari aus Łódź, Ryłko und Krzysztof Faber aus der Nähe von Krakau, oder Venezia... aus Warschau nach und nach ergänzt.

Über die unzähligen Kirchen, den Wawelhügel und die vielen Museen werde ich gar kein Wort verlieren, mit der Ausnahme des Józef-Mehoffer-Hauses, nicht so bekannt wie das Jan-Matejko-Haus und mit für meinen Geschmack interessanteren Bildern.

Was ist mit dem Stadtviertel Kazimierz? Ein wenig wie Kreuzberg vor und Prenzlauer Berg direkt nach der Wende, mit vielen Zeugnissen aus einer endgültig verlorenen Welt. Machen wir es einfach: Dort muss man hin!

Wir wollten nicht nur mit den Touristenherden laufen, sind folglich mit der Tram nach Nowa Huta gefahren. Als ich mich in meinem allerbesten Polnisch bei der Dame im Häuschen nach der

Tramnummer erkundigte, eine reine Spaßübung, da es in unserem Reiseführer sowieso stand, antwortete diese mit sichtbarer Anstrengung und gequältem Gesichtsausdruck in ihrem besten Englisch. Nummer und Richtung wurden hiermit bestätigt, mehr hatte ich nicht erwartet.

Irgendwo in Krakau, 2005

Spreche ich wirklich noch schlechter Polnisch als sie Englisch? Wenn ja, sollte ich mich vielleicht doch langsam einer anderen, für mich einfacheren Sprache, beispielsweise dem ebenfalls kulturvollen Idiom Dantes und Roberto Begnignis widmen. Italien ist ja auch ein Land voller durchaus nicht langweiliger Persönlichkeiten…

Ziellos spazierten wir durch die unerwartet grüne Vorstadt. Bis zum Tor der Stahlhütte durch die Kleingärten an der berühmten Betonkirche Arche des Herrn vorbei. Letztere, eine Art Remake von Notre-Dame-du-Haut, ist der sichtbare Erfolg des langwierigen, passiven Widerstands der polnischen Kirche in der Person des damaligen Erzbischofs von Krakau, Herrn Wojtyła. 1977 wurde das von der Parteiführung verbotene und von Freiwilligen eigenhändig gebaute Gotteshaus eingeweiht.

Bald erreichten wir den für sein Zisterzienserkloster samt Gartenanlagen berühmten Stadtteil Mogiła. Zuerst bewunderten wir die große hölzerne Sankt-Bartholomäuskirche aus dem fünfzehnten Jahrhundert, die gleich gegenüber vom Klostereingang liegt und früher die Pilger empfing, da diese keinen Zutritt zum Kloster hatten. Dann betraten wir den Park und gingen in die mehrmals umgebaute, prunkvolle Klosterkirche mit vollem Namen Heilige-Jungfrau-Marien-und-Sankt-Wenzelskirche genannt. Im Eingangsbereich lagen auf einem Tisch zwischen einem Infoprospekt zur Pilgerfahrt nach Lourdes und weiteren Kirchen-Infomaterialen schwarz-weiß gedruckte Flyer, die meine Aufmerksamkeit erregten.

Auf dem DIN-A5-Blatt war eine Polenkarte zu sehen und merkwürdige deutsche Überschriften wie *„114 000 Quadratkilometer Deutschland dürfen nicht verschenkt werden!"*. Der Text in Polnisch bezog sich auf die Karte, angeblich aus *„Schlesische Nachrichten, 12/03/91"* und vermeintliche Zitate des amtierenden

Bundeskanzlers, um das polnische Volk vor der dringend drohenden deutsch-jüdischen bzw. EU-Gefahr zu warnen. Ein roter Stempel forderte den Leser zur Unterstützung eines Kandidaten der Partei Gott-Ehre-Vaterland bei der bevorstehenden Wahl im polnischen Senat auf.

Was hätte bloß der polnische Papst dazu gesagt? Bei seinem Besuch vor Ort 1979 hat der sehr konservative und jedoch ökumenisch offene Geistliche nicht im Traum daran gedacht, wie schnell eine Kirche für die miesesten Propagandazwecke missbraucht werden kann. Ich hätte gerne gewusst, wie lange dieses Papier auf dem Tisch fein geordnet zwischen allen Prospekten gelegen hatte.

Wenigstens wurde der selbst ernannte Retter der Nation weder 2005 noch 2007 gewählt.

Krakau, Sommer 2005

Będzin

Eine Anfrage, die mir Lydia D., eine liebe Kollegin aus dem Ost-West-Kooperationszentrum in Adlershof weiterreichte, führte mich im Winter 2005-2006 nach Schwarzschlesien.

Den Eindruck meiner Durchreise durch die Region im Sommer 1984 hatte ich noch in vager Erinnerung. Zwischen Kraków und Wrocław hatte uns unser Abenteuergeist plötzlich verlassen. Die Landschaft entlang der Hauptstraße, durch Fördertürme, Hochöfen und unendlich viele rauchende Schornsteine geprägt, sendete uns grün verwöhnten Landeiern ein klares Signal: Weg hier! Ich weiß nicht, inwiefern ich geträumt habe. Mir ist so, als ob der Anblick von spielenden Kindern am Rande von offenen Teergruben unweit von der Straße uns den letzten Rest gegeben hätte. Vielleicht trügt mich nur meine blühende Fantasie, mein schwach gewordenes Gedächtnis oder gleich beides.

Bei meiner ersten Reise nach *Będzin* im November war Schwarzschlesien jedenfalls ganz weiß. Die kleinste der vier Schwesterstädte im Dombrowaer Kohlerevier, in Polnisch *Zagłębie Dąbrowskie*, ist auch die Älteste. Von der bewegten Geschichte der Region, die lange die russischbesetzte Konkurrentin des preußischen Oberschlesien darstellte, wobei beide Gebiete seit der Neustrukturierung der Regionen für den EU-Beitritt zusammen in der Woiwodschaft Schlesien vereint sind, ahnt der Besucher auf den ersten Blick gar nichts.

Wäre nicht die mittelalterliche Burg auf einem Hügel von allen Seiten unübersehbar, könnte man glauben, die Stadt sei so alt wie der Steinkohleabbau, circa zweihundert Jahre. Den Krieg und die Zeit danach hat sie nicht gut überstanden. Das, was von der Altstadt übriggeblieben ist, kann beim besten Willen nicht als malerisch bezeichnet werden.

Auf einer Wiese am Fuß der Burg lag eine Gedenkplatte zur Erinnerung an die jüdische Bevölkerung, die auch hier der Barbarei der Nazis zum Opfer gefallen ist. Ein Name fiel mir auf: Lustiger. Mein Gehirn, durch die kalte Winterluft angeregt, öffnete mir die Augen: *Lus-ti-ger*, von lustig. Jiddisch, Deutsch. Und doch mit Cardinal Lustiger, ausgesprochen *Lüs-ti-sche*, verwandt.

Das ist der Name des langjährigen römisch-katholischen Erzbischofs von Paris mit dem Vornamen Jean-Marie. Er war der Cousin von Arno Lustiger, laut Wikipedia deutscher Historiker polnischer Herkunft und gebürtiger Bendziner. Beide sind Ehrenbürger der Stadt. Die Welt ist so groß und winzig klein zugleich.

In der Burg habe ich am ersten Abend mit einigen Teilnehmern der Konferenz, die mich hierhergeführt hatten, ein großartiges Bier im rustikalen Ambiente getrunken. Wann werden die Deutschen davon Notiz nehmen, wie schmackhaft polnisches Bier ist?

Bei der Konferenz selbst erlebte ich eine bittersüße Szene. Mit den drei ausländischen Experten, die über Erfahrungen mit der Entwicklung von Innovationsregionen berichten sollten, war vereinbart worden, die Referate in Englisch zu halten, wobei diese dann simultan ins Polnische übersetzt werden sollten.

Der Dolmetscher, ein älterer Herr, kam mit betrübter Miene auf mich zu und klärte mich auf: Er sei Übersetzer und kein Dolmetscher und außerdem aus dem Fach Belletristik. Innovation wäre nicht seine Welt, Simultandolmetschen völlig unbekanntes Terrain, fügte er im Flüsterton hinzu, sichtlich gestresst.

Als Folge dessen schlug er vor, mit einer gedruckten Kopie meiner Präsentation in der Hand wedelnd, sollte ich den Titel und gut die Hälfte meines Vortrags auf der Stelle streichen, da er sowieso nicht wusste, wie diese zu übersetzen wären.

Das waren Argumente, die einleuchteten. Andrerseits wäre mein Beitrag in der vorgeschlagenen Fassung nicht nur kürzer geworden *(das ist selten ein Drama)*, sondern absolut unverständlich *(das ist auch nicht selten, aber ausgerechnet das versuche ich schon zu vermeiden)*.

Ich überlegte hin und her und sagte ihm schließlich, so verständnisvoll es ging, da ich für die Dolmetscher- und Übersetzerzunft viel übrighabe: *„Es tut mir sehr leid, aber ich werde meinen Vortrag halten müssen, wie er ist."*

Als ich dran war, erzählte ich voller Begeisterung von den großartigen vollzogenen Taten in den Innovationsparks von Sophia Antipolis bei Nizza und Adlershof in Berlin. Der Herr Übersetzer reduzierte mein Geschwätz auf seine Quintessenz, jedenfalls kürzte er kräftig. Dafür griff er auf das jahrhundertealte Wissen der Jivaro-Indianer und der japanischen Bonsaigärtner zurück und entwickelte daraus eine eigene, eindeutig optimierte Technik.

Das Publikum war gut erzogen. Und wie jede Zuhörerschaft auf dieser Welt freute sich auch diese am meisten auf die baldige Eröffnung des kalten Buffets. So ein kaltes Buffet mit wahren Bergen von Salaten und Wurstspezialitäten habe ich in der Tat nur einmal erlebt! Dabei war es lediglich das landestypische zweite Frühstück. Grandios! Sollten wir anschließend in den Schacht absteigen und eine ganze Schicht schuften oder den schmutzigen Schnee von der Altstadt fegen?

Gleich nach mir ergriff programmgemäß ein Professor aus Ostrava das Wort. Er sprach fließend Englisch mit einem starken Akzent. Wer tut das nicht? Interessant wurde die Lage erst, als der dolmetschende Übersetzer sich öffentlich weigerte dieses schlechte Englisch zu übersetzen.

Der mährisch-schlesische Gelehrte gab zu, dass ihm klar sei, dass die meisten Menschen im Saal ihn sicherlich besser verstünden, würde er sich einfach in seiner Muttersprache äußern. Wie vereinbart, würde er aber weiter in Englisch reden. Das tat er auch. Nun grinste die Audienz, anfangs diskret, im Laufe der Zeit immer genüsslicher und lauter.

Unterdessen machte sich der Dolmetscher die allerneuesten Erkenntnisse der Nanotechnologie zunutze. Minutenlange Sätze gab er mit einem einzigen Wort und einem wirren Blick à la Raskolnikow wieder, der weder Nachfragen noch Widerrede zuließ. Wer weiß, vielleicht war er ein Fan von Deszö Kosztolányis Erzählung „Der kleptomanische Übersetzer".

Bei einem Besuch mit den Veranstaltern im benachbarten Dąbrowa Górnicza tranken wir eine Tasse Kakao im Café gegenüber vom massiven Kulturpalast. Auf der anderen Seite entdeckte ich eine bizarre Erscheinung und fragte nach. Das ist das sogenannte Jimmy-Hendrix-Denkmal, sagte mir die PR-Verantwortliche. Auf dem Weg zurück ins Auto warfen wir einen Blick auf die besondere Statue. Eigentlich handelt es sich dabei um das recht monumentale Denkmal der Roten Fahne. Der Koloss aus Beton sollte 1990 im Zuge der politischen Umwälzungen abgerissen werden, was von den Einwohnern nicht zugelassen wurde. Eine freche Hand hat auf der Vorderseite des Podestes Jimiemu Hendrixowi und darunter MAKE LOVE NOT WAR geschrieben. Drum herum wurden kindlich anmutende Blumen und bunte Symbole aus der Flowerpower-Zeit gemalt.

Das Projekt mit dem Ziel, einen ambitionierten Innovationspark in der Region mit europäischer Förderung zu errichten, war noch lange nicht unter Dach und Fach. Wahrscheinlich erhielt ich deshalb gleich eine weitere Einladung für Februar, ebenfalls als Dozent und Berater. Meine Empfehlung beim ersten Besuch, erst die lokalen Akteure zusammen zu bringen, um dann gemeinsam die zentrale Verwaltungsfestung Warschau in Angriff zu nehmen, ließ wenige Zuhörer kalt, was lange nicht heißt, dass sie auf Gegenliebe stieß. In der Hauptstadt würde die Entscheidung zum

Projekt gefällt. Das ließ sich nicht ändern. Aber lokal kooperieren... Die Gemeinden waren in der Sache hoffnungslos zerstritten. Jede wollte das Objekt der Begierde, und vor allem die damit verbundenen Investitionen und Jobs bei sich und nirgendwo anders sehen.

Bei der Besichtigung von Sosnowiec überraschte mich die auffällig gute Infrastruktur. Lapidar wurde mir mitgeteilt, der Woiwod (oder war es der Marschall?) stamme aus der Stadt. Selbstverständlich wurde diese bei der Renovierung stark bevorzugt. So und nicht anders sollte es beim neuen Projekt auch laufen.

Mein weiterer Vorschlag, die erfolgreiche nah liegende Stadt Katowice ins Boot zu holen, prallte gegen eine prächtige Eiswand. Mir war die extrem komplizierte regionale Geschichte damals noch nicht so geläufig... Ich passte mich an und ignorierte diesen meinen Vorschlag genauso, wie alle meine Gesprächspartner es wortlos getan hatten.

Im Frühjahr hatte die Schneedecke noch erheblich zugenommen. Wie in der *Welt hinter Dukla* [13] hing der quecksilberfarbige Himmel tief. So tief, dass ich meinen Entschluss die Gedenkstätte von Auschwitz, die auf der Mitte der Strecke zwischen dem Krakauer Flughafen und Będzin liegt, dieses Mal zu besuchen, gleich zurücknahm.

---

[13] *Die Welt hinter Dukla, Andrzej Stasiuk, Suhrkamp, 2000*

Die Veranstalter hatten jetzt eine junge, sehr effiziente, und auch noch attraktive Dolmetscherin verpflichtet. Die Konferenz lief wie am Schnürchen. Da ich beim ersten Mal kein einziges Geschäft in der Stadt entdecken konnte, fragte ich die Kollegin am Ende des ersten Arbeitstags, wo ich Platten kaufen konnte. Sie erklärte mir, wie ich über die Autobahnbrücke das riesige Einkaufszentrum erreichen konnte, das mir bis jetzt nicht aufgefallen war. Dieser Teil der Gemeinde, bestehend aus den unvermeidlichen MEDIA-MARKT, REAL HIPERMARKET, PIZZA HUT und Konsorten wirkte wie eine westliche Geschwulst in der Landschaft. Dafür gab es dort alles und sogar mehr als sich der Kunde wünschen - geschweige leisten - konnte.

Am späten Nachmittag schlug mir ein netter Professor, freundlich zurückhaltend wie nur polnische Gelehrte sind, vor, mir die Błędów-Sandwüste zu zeigen. Ich war dabei. Wüsten liebe ich über alles. Und eine Sand-Wüste in Schlesien, das durfte ich nicht verpassen! Auf dem Weg dorthin warfen wir einen Blick auf eine alte Kirche mit Friedhof, eine geschlossene Kokerei, sowie das größte Stahlwerk Polens, Huta Katowice, das heute zum indischen Mittal-Konzern gehört.

Für die Entwicklung der letzten Jahre, die vielen Fehlinvestitionen und fragwürdigen Freihandelszonen hatte der Ökonom bissige Kommentare parat. So nannte er ein neues protziges Gemeindegebäude einen kristallenen Elefanten und meinte damit keine Glasminiatur für das Fensterbrett.

Wir fuhren und fuhren und fanden unser Ziel nicht. Irgendwann gaben wir die Suche nach der Wüste auf. Es war frostig und kurz vor Sonnenuntergang. Am Straßenrand war der Schnee dreckig und hart gefroren. Sonst war die Landschaft sanft und tief verschneit.

Am Tag danach kam der Wüstenprofessor mit Verspätung zum Treffen. Er entschuldigte sich für seine schwarzen Hände: Sein alter Ford hatte wieder Ärger gemacht. Wir hatten gestern Schwein gehabt!

Erstaunlicherweise hat diese Szene einige Wochen später auf mich wie Prousts Madeleine gewirkt, wenn auch anders. Schließlich bin ich nicht Proust, und schmutzige Hände haben bei feinen Leckereien wenig zu suchen. Die schmutzigen Hände des polnischen Professors versetzten mich dreißig Jahre zurück in meine Studentenzeit an dem Tag der ersten Begegnung mit Ingrid, Berliner Geologin. So entstand, wie so oft in der Berliner S-Bahn, die melancholische Geschichte *!ncredible Ingrid* [14].

In der Pause fragte mich die hilfsbereite Dolmetscherin, ob ich im Plattenladen fündig gewesen wäre. Ich zeigte ihr die zwei erworbenen CDs, die ich noch in meiner Tasche trug. Die erste, eine der besten Aufnahmen der Musikgeschichte: *East meets East*, von und mit Nigel Kennedy und der Gruppe *Kroke (Krakau in*

---

[14] *Vgl. MI-TEMPS, 40 ans de bavasseries (76-16), fonduja, BoD, 2017, OF Französisch*

Jiddisch), musterte sie und bekundete mit schmerzvoller Grimasse: *„Ist nicht sehr polnisch!"*

Gott sei Dank fand die andere, außerhalb Polens bei Weitem nicht so bekannte Platte, *Republique*, von *Grzegorz Ciechowski* und dem *Kwartet Śląski*, ihre wohlwollende Zustimmung.

Seit 2006 wird nun das pharaonische Projekt *Gospodarczej Bramy Śląska* (Tor zur Schlesischen Wirtschaft) realisiert. Mein Beitrag hierzu war, wie allzu oft, minimal. Umso mehr freue ich mich auf die Entwicklung dieser sinnvollen Einrichtung und hoffe, dass bei der Gelegenheit ein vernünftiges Konzept zur gerechten Verteilung der Projektfrüchte gefunden wurde.

Będzin ist in Deutschland nicht sehr berühmt, wie ich feststellen musste. Jedes Mal, wenn ich von diesen spannenden Reisen erzählte, hat praktisch jeder Zuhörer auf Anhieb geglaubt, ich hätte die Hauptstadt des Reichs der Mitte gemeint…

Koszalin

Auch die Einladung nach Koszalin betraf nicht primär mich. Aber Sie wissen ja schon: Wer fährt schon freiwillig dorthin? Die ursprünglich eingeladene VI-Person und auch ihre Stellvertretung freilich nicht. Ich opferte mich gerne und fuhr allein in meinem alten Opel als Vertretung für alle, die etwas Besseres zu tun hatten. Auf der Autobahn erlebte man damals das abrupte Ankommen in MeckPom. Dort war die Fahrbahn mit großem Erfolg im

DDR-Zustand konserviert worden, vermutlich wegen Denkmalschutz. Das passierte ausgerechnet auf der Strecke, die ins Nachbarland führt. Im ganzen Bundesland waren längst die anderen Abschnitte saniert oder gar neu gebaut worden. Eine Verbesserung kam erst hinter der Grenze. Dass sich etliche Einwohner von Westpommern damals fragten, ob das benachbarte deutsche Bundesland ernsthaftes Interesse an einer Vertiefung der Zusammenarbeit hatte, ist leicht nachvollziehbar.

Auf der kaputten Hauptverbindung waren nur die Härtesten unterwegs. Auf der polnischen Landstraße war viel los. Meine Fahrt dauerte deshalb länger als geplant, lief aber problemlos. Sobald man die Spielregeln kapiert hatte, war das ein Kinderspiel:

Regel Nr. 1: Wer schneller fahren kann, tut es und hat auch das Recht dazu.

Regel Nr. 2 (eigentlich eine reine Folge von Nr. 1): Wer langsamer fährt, stört nur und sollte sehen, wie er durch geschicktes zur Seite Verschwinden bei perfektem Timing (sofort!) den Verkehr sinnvoll entlastet.

Regel Nr. 3: Es gibt keine weiteren Regeln.

Ich sagte es schon: ein Kinderspiel! Dumm war nur, dass einige übliche Fälle im Straßenverkehr durch diese bis heute geltenden Regeln nicht besonders gut, ja teils gar nicht gemanagt werden können. Nehmen wir an, Sie sind langsam *(entschuldigen Sie der Herr, es ist eine rein theoretische Annahme!)* und werden deshalb von schnelleren Verkehrsteilnehmern überholt *(lediglich Theorie, regen Sie sich bitte ab.).*

Das geht am besten, wenn Sie auf der schmalen Spur am Straßenrand artig verharren und nicht viel darüber nachdenken, was alles noch so geschehen könnte. Typische (falsche) Gedanken wären z.B.: Was mache ich jetzt, wenn aus der entgegen kommenden Richtung ebenfalls langsamere und schnellere Autofahrer sich die Straße so teilen wie wir es gerade brüderlich tun? So breit ist die Fahrbahn nun auch nicht, dass sie für vier Fahrzeuge reichen würde. Was tun, wenn die enge Spur an der Seite plötzlich verschwindet *(kommt recht häufig vor)*, oder von Fußgängern, Radfahrern, Pferdekarren, Hühnern oder sonstigem Vieh bereits okkupiert wird *(auch das ist nicht selten)*? Die Lösung des Problems hatten wir schon: Bloß nicht nachdenken! Gott ist groß, der Himmel auch und noch ist Polen nicht verloren…

Irgendwann kam ich ganz entspannt in Koszalin an. Ich fuhr zur Technischen Universität. Dort wurde ich vom Vize-Rektor empfangen. Herr Prof. Heese, ein vornehmer Herr mit kaschubischen Wurzeln, hieß mich herzlich willkommen, erläuterte kurz die Agenda der nächsten Tage und fuhr mich anschließend in die Wohnung, die mir netterweise von der Hochschule zur Verfügung gestellt wurde.

Wie so oft in Polen *(wie auch sonst in Mittel- und Osteuropa)* hing ein symbolischer Vorhang vor dem Fenster des Schlafzimmers. Der hauchdünne Stoff im Taschentuchformat erinnerte eher an Adams Feigenblatt als an ernst gemeinten Lichtschutz. Die Wohnung lag in einem ruhigen Vorort, ich schlief wunderbar.

An der TU Koszalin, 2005

Für lichtempfindliche Reisende insbesondere in dem Fall von Übernachtungen in historischen Altstädten empfiehlt es sich, ein großes, tiefschwarzes Tuch mit entsprechendem Zubehör für die Befestigung mitzuführen. Auch mitten in der Nacht werden viele denkmalgeschützte Gebäude, zu denen etliche Herbergen zählen, so angestrahlt, dass diese neben der Chinesischen Mauer vom Mond aus gut ausgemacht werden können.

Auf die Routinefrage: *„Sind Sie das erste Mal in Polen?"* antwortete ich nicht mit der erwarteten Bejahung, sondern mit:

„Nein, ich war schon mal in Polen."

„Waren Sie schon in Koszalin?"

„Ja, vor langer Zeit."

„Wann war das denn?"

„Sehr lange her.“

„In welchem Jahr?“

„…1984, Sommer 1984.“

Dann herrschte wie immer an dieser Stelle Ruhe.

In der Zeit bis zum Abendessen wurde mir eine Stadtführung angeboten. Die Führerin, eine junge Frau aus der internationalen Abteilung der Uni, erzählte mit großem Überschwang von ihrer Stadt, von ihrer Marienkirche, von den vielen Grünflächen im Stadtzentrum. Diese jugendliche Unbekümmertheit tat gut. Koszalin, damals Köslin, wie so viele andere Gemeinden aus ehemaligen deutschen - bzw. deutschbesetzten - Gebieten wurde kurz vor Kriegsende stark zerstört. Das ist der einzige Grund für die ungewöhnlich vielen grünen Anlagen in der Stadt und nicht etwa eine ökologisch orientierte Stadtplanung.

Die Marienkirche, eine typische norddeutsche dreischiffige Backsteinkirche aus dem vierzehnten Jahrhundert ist nach mehr als vierhundert Jahren Pause wieder katholisch. Nun ist sie auch polnisch. Wie es sich gehört, wird das älteste Gebäude der Stadt von einer überlebensgroßen Statue von Johannes Paul dem II. flankiert, die an seinen Besuch erinnert.

Am ersten Abend ging es in den Kurort *Mielno*, der direkt vor Koszalin an der Küste liegt. *Kurort* gibt es auch in Polnisch, in dem Fall handelte es sich um ein ehemals elegantes Seebad. Nach dem Krieg wurden vereinzelt Häuser auf der Lagune vor Koszalin gebaut. Neuerdings haben sich Investoren gefunden, um eine Rekonstruktion des Ortes nach alten Postkarten aus der Jahrhundertwende zu finanzieren. Die ersten Straßenzüge, direkt am Strand, sind schon da und sehen recht apart aus.

„Wer kann sich das leisten?" lautete meine spontane, neugierige Frage, die ich nicht für mich behalten konnte.

„Reiche Warschauer und Ausländer, vor allem Skandinavier und Deutsche." war die simple Antwort. Ich dachte, dass der Erwerb von Immobilien Ausländern nicht gestattet wäre… Wir wechselten das Thema, schauten uns den Sonnenuntergang an, der für März recht sommerlich wirkte, und kehrten in ein schönes Lokal auf der Seepromenade ein. Dort gab es Feines vom Meer und eine offene Diskussion über die Welt, aber nicht über Gott.

Mielno, 2005

Nach dem Besuch mehrerer innovativer Firmen in Koszalin, die schon längst namhafte Kunden in Deutschland hatten, fuhren wir nach Szczecinek, in den Süden.

Das Mittagessen nahmen wir in einem freistehenden großen Fischrestaurant ein. Dort erzählte mir mein Gastgeber die Geschichte des Hauses. Jahrelang stand an dieser Stelle am Straßenrand ein armseliger Fischstand mit gutem und preiswertem Fisch. Es fiel einem schwer vorbeizufahren, ohne anzuhalten. Bis zu dem Tag als der bisher so anspruchslose Fischverkäufer das Grundstück erwarb und dieses großzügige Gebäude, im Inneren mit mehreren Aquarien ausgestattet, bauen ließ. Nur eins ist geblieben: Hier muss nach wie vor eine Pause eingelegt werden, da der zubereitete Fisch immer noch köstlich und dennoch bezahlbar ist.

Lublin

Die Studentenzeit ist die schönste Zeit des Lebens! Da sind sich fast alle einig. Es muss kein akademisches Studium sein. Fast jede Art von Aus- und Weiterbildung tut es auch. Daran habe ich keine Sekunde gedacht, als ich einen Jobwechsel 2007 nutzte, um einen alten Wunsch zu realisieren: einen Sprachkurs in Polen zu belegen.

Zuerst informierte ich mich ausgiebig und stellte bald fest, dass es eine Fülle von Angeboten gab. War plötzlich das Erlernen der polnischen Sprache in geworden? Umso besser. Es lebe der Wettbewerb!

Ich entschied mich für die hundertprozentige Alternative: einen Sprachkurs mit starkem kulturellen Anteil in einer Stadt und Region, die ich noch nicht erkundet hatte. So meldete ich mich für einen zweiwöchigen Sommerkurs an der KUL, der Katholischen Universität Lublin im südöstlichen Teil des Landes, an. Zeitlich war einfach nicht mehr drin.

Meine Idee, aus diesem Aufenthalt eine Art Studienreise werden zu lassen, ist voll aufgegangen. Am ersten Tag durfte ich aber erst mein geografisches Wissen korrigieren. In sommerlicher Hitze von Berlin nach Lublin allein durchzufahren, fiel mir gar nicht so leicht. Bis Krakau ging es sehr schnell, ja sogar zügiger als erhofft. Deshalb gönnte ich mir direkt hinter der Hauptstadt Kleinpolens eine kurze Pause in einer hübschen Kleinstadt. Hieß sie

Niepołomice? Mit einem Platz voller Sonntagsbesucher auf breiten Café-Terrassen vor dem Tor eines Schlossparks. Durch *Żurek* und *Lody* gestärkt, ging es weiter nach Norden über die Weichsel. Das Tal, ein einziger Obst- und Gemüsegarten, roch nach reifen Früchten. Ich folgte dem Fluss über zweihundert Kilometer.

Nach der beinah leeren Autobahnstrecke des Vormittags wirkten die hügelige Landschaft, die verschlafenen Dörfer und die drückende Sonne recht exotisch und entspannend. Wären nicht der Steinschlag und die vielen unvorhersehbaren tierischen und menschlichen Verkehrsteilnehmer gewesen. Ich schaffte es nur knapp, einen sichtlich stark alkoholisierten alten Mann mit Schlapphut nicht zu erwischen, als dieser ohne jede Warnung plötzlich vom Gehsteig im Krebsgang direkt vor mir auf die Straße rutschte. Federvieh lief überall frei herum. Kühe, Ziegen und Pferde, einsam und in einigen Metern Entfernung angekettet, gaben sich größte Mühe, um von dort auf die Fahrbahn zu gelangen, wahrscheinlich nur weil ihnen das verwehrt wurde. Bei den raren Autofahrern waren zwei Klassen stark vertreten. Die einen in verchromten SUVs rasten um ihr Leben, als ob der Teufel hinter ihnen her war. Die andere Fraktion fuhr mit einem Anhänger voller Holz, Heu oder Kartoffel im Vintage-Polski sitzend und hatte mehr als alle Zeit der Welt, um ihr Ziel zu erreichen. Dagegen war ich als Eindringling kilometerweit leicht erkennbar. Unter Berücksichtigung der Straßen-, Wagen- und Fahrerverhältnisse fuhr ich um die achtzig km pro Stunde und versuchte dabei definitiv keinen Rekord zu brechen.

Im Laufe der Zeit wurde das Licht immer schöner. Die Luft blieb tropisch heiß. Die Straße verlief meist im Tal und manchmal auf einer Anhöhe am Nordufer. Im Gegenlicht des Sonnenunterganges erschien mir in einer Kurve die Silhouette von Sandomierz in voller Pracht. Dieser Anblick machte mich neugierig, aber ich kam nur langsam voran und fuhr einfach weiter. Bei Annopol verließ ich das Weichseltal und behielt den Kurs Richtung Nordosten.

Inzwischen war ich ganz schön hungrig und durstig. Als die Reise sich immer weiter in die Länge zog, plante ich anzuhalten und mehrere natürliche Bedürfnisse auf einmal zu befriedigen. In der letzten Stunde gab es am Straßenrand ein Lokal nach dem anderen. Doch die Straße wurde schmaler, sie lief in einer Vertiefung zwischen naturbelassenen Baumhecken und ich befand mich jetzt ganz allein in tiefer Dunkelheit. Aus der Versorgungspause wurde lediglich eine kurze Pinkelpause.

Lublin sah ich plötzlich in einer Kurve. Ich parkte kurz auf der Seite und schaute mir den mitgebrachten schwarzweiß kopierten Stadtplan, Vorgänger der Navigeräte, flüchtig an. Wie durch ein Wunder fand ich fast auf Anhieb das richtige Anwesen. Das passende Tor dazu ließ länger auf sich warten. Irgendwann parkte ich in der Nähe des renovierten Klosters und klopfte an die Tür.

Nach einigen Minuten kam eine Nonne, die mich für meine späte Ankunft höflich, aber streng rügte. Immerhin gab sie mir meinen Zimmerschlüssel und erläuterte mir die Spielregeln des Hauses.

Ich verstand alles oder es kam mir so vor. Ich brachte schnell meine Sachen ins Zimmer und lief gleich raus, so leise es ging. Gleich um die Ecke fand ich ein kleines *Żabka*-Geschäft und besorgte mir das Wichtigste zum Überleben: Brot, Käse, Wasser und Bier. Nach einem improvisierten Picknick in meinem hübschen Zimmer im Dachgeschoss schlief ich ein wie ein glückliches Kind.

Am Morgen darauf stand ich geduscht und sauber gekleidet wie zur Einschulung vor dem Gebäude. Da war nicht viel los. Ich lief zu einer Gruppe von Jugendlichen, die sich beim Geländetor versammelt hatte. Ich fragte sie und wusste bald, dass sie im Studentenwohnheim im Plattenbau wohnten und sich jetzt auf den Weg zur Uni machen wollten. Ich kam mit. Wir fuhren einige Kilometer mit dem Stadtbus. Auf dem Campus ging es zuerst durch eine Baustelle in die Kantine im Souterrain zum Frühstück. Die Stimmung war sehr gut, das Frühstück auch. Ich werde diesen spartanisch eingerichteten Raum nicht so schnell vergessen. Dazu später mehr. Gleich nach dem Frühstück wurden wir im Hauptgebäude freundlich empfangen und über den Ablauf des Tages unterrichtet.

Schwerpunkt des Tages war der Einstufungstest, der aus zwei Teilen bestand: schriftliche und mündliche Prüfung. Zum ersten Teil gingen wir die Treppe hoch zu einem Raum, dessen Haupteingang von einer Tafel geziert war. Diese erinnerte an die lange Zeit (1954-1978), in der ein gewisser KS (Abkürzung für Priester) Prof. *Karol Wojtyła* in diesem Saal Sozialethik unterrichtet hatte.

194

Diese Information beeindruckte mich viel mehr, als ich gedacht hätte. Hier war also der zukünftige Johannes Paul II. tätig gewesen. In meiner französischen Familie genoss und genießt diese außergewöhnliche Persönlichkeit bis heute einen hohen Status. Wer weiß, vielleicht habe ich beim Entwerfen des minimalistischen Vornamens meines Pseudonyms unbewusst an ihn gedacht?

Schriftliche Tests mit multiple choice haben mir schon immer unverschämt gute Noten gebracht, ausgerechnet wenn sie im Sprachunterricht verwendet wurden. Und so beantwortete ich mehr oder weniger gut fast alle hundert Fragen der Liste. Die Tatsache, dass ich nicht die Hälfte dieser Fragen wirklich verstand (und einige absolut nicht!) spielte dabei gar keine Rolle. Ich bin nicht besonders sprachbegabt: Aussprache und Grammatik sind mir ein Gräuel. Neuerdings lässt mich auch noch mein einst legendäres Gedächtnis im Stich. Alles in allem fällt mir das Erlernen einer Sprache nicht leicht. Aber eins kann ich. Und immer wieder verblüfft mich das selbst. Ich habe eine dunkle Begabung beim Erraten unbekannter Worte. Dabei funktioniert mein Kopf unkontrolliert wie ein Computer im Hintergrund, der Bekanntes mit nicht Bekanntem vergleicht, und zwar egal in welcher Sprache, und schließlich etwas ausspuckt: Es heißt XY. Oft genug stimmt das auch. Diese Kompetenz ist keine große Hilfe, wenn es darum geht, selbst etwas zu formulieren. Aber immerhin, mit dem bisschen, dass ich wirklich kenne und diesem Joker hatte ich eine achtbare Note erhalten.

Bei der mündlichen Prüfung am Nachmittag war meine Leistung umso peinlicher. Die jungen Lehrerinnen mussten sich sehr beherrschen, um nicht vor Lachen zu platzen. Ihre katholische Erziehung hat sie bestimmt davor bewahrt, sich offen über einen geistig schwachen älteren Menschen öffentlich zu amüsieren. Es gab schmerzhafte Punktabzüge. Und jedoch wurde ich in eine Gruppe eingeteilt, deren Niveau immer noch weit über meinem tatsächlichen lag.

Auch wenn einige Kursteilnehmer deutlich älter waren als ich, gehörte ich nicht in die große Masse der jungen Menschen aus aller Welt, die sich teilweise für Monate oder zum wiederholten Mal an der KUL aufhielten. Stark vertreten waren Italien, die USA und Kanada, Japan, Frankreich, Deutschland, Mittel- und Osteuropa.

Die meisten studierten noch oder verdienten ihren Lebensunterhalt mit Sprachunterricht oder Dolmetscherdiensten. Ich war nicht mal der einzige Franzose aus Deutschland! Dafür einer der wenigen Menschen ohne familiäre oder berufliche Direktverbindungen nach Polen. Keine Lebenspartnerin von nebenan, und das, obwohl die Literatur zum Thema unerschöpflich zu sein scheint: die Polin oder die ideale Frau. Nicht weniger.

Diese Verallgemeinerung ist bestimmt wie alle Verallgemeinerungen nicht ganz korrekt. Und doch steht fest: Polinnen haben etwas Besonderes. Mehr kann ich dazu nicht sagen. Schließlich bin ich dem Rat meines Freundes Piotr nicht gefolgt, als er mir mahnte: *„Solange du keine polnische Freundin hast, wirst du nicht Polnisch lernen!"*

Nun hält meine (deutsche) Frau nicht besonders viel von dieser Art Weimarer Dreieck. Und ich kann immer noch nicht richtig Polnisch...

Beruflich hatte und habe ich in und mit Polen einiges zu tun. Hierbei spielt die Muttersprache von *Wisława Szymborska* und *Lukas Podolski* leider so gut wie keine Rolle. In der Welt der Innovation und der Nachhaltigkeit spricht man Englisch.

Der Alltagsablauf organisierte sich um den Kurs herum. Nach dem gemeinsamen Frühstück kam der Vormittagskurs mit *Agnieszka*, einer jungen Lehrerin, etwas schüchtern aber nie wegen einer Fachfrage verlegen. Dann ging es zum Mittagessen. Im gleichen Saal im Souterrain wie zum Frühstück. So kompromisslos lecker polnisch habe ich selten gespeist. Die Küchendamen waren nicht wenig stolz auf ihren wohlverdienten Erfolg. Sie genossen das Lob der Kursteilnehmer sehr. Ob aus Japan, Italien oder Frankreich kommend, waren sie sich alle einig.

Ich liebe mit frischen Zutaten zubereitete traditionelle Küche. Und genau das bekamen wir ständig in stattlichen Portionen serviert: vielfältige, schmackhafte Suppen, Salate und Nudelgerichte. Fleisch kam eher selten vor. Allerdings bin ich kein Kannibale. Wenn vegetarische Gerichte so gut schmecken, was man sonst vor allem in Asien erlebt, ist Fleisch völlig überflüssig.

In großen Glaskaraffen war immer frischer, selbstverständlich selbst gemachter *Kompot* vorhanden. Unter diesem Namen verbirgt sich ein köstliches Getränk, das aus Wasser und darin schwimmenden roten Früchten gewonnen wird.

Irgendwann erfuhren wir, dass unsere Kantine während des Semesters für die Professorenschaft reserviert ist. Nur im Sommer dürfen Normalsterbliche die Kochkünste dieser Küchenmannschaft erleben. Was für Glückspilze wir waren! Dabei war die Kursgebühr inkl. Kost und Logis mehr als vernünftig.

Am frühen Nachmittag hatte ich Zeit für Sprachübungen. Dann kam der Konversationskurs mit *Agata*. Für mich eine schwere Zeit. Als unverbesserliche Quatschbacke zur Welt gekommen, bin ich in Polnisch in meinem Redefluss sehr gehemmt. Umso schlimmer, wenn man sonst die Diskussion verfolgen kann. Bis man so weit ist, um etwas zu sagen, sprechen alle über ein völlig anderes Thema...

Agata war sehr erfahren und wusste, wie sie aus einer gemischten Gruppe das Beste herausholte. Apropos Gruppe, unsere war klein und bestand neben mir aus einer ukrainischen Lehrerin, einem niederländischen Künstler, einem italienischen Geschäftsmann und einem südafrikanischem Informatiker. So bunt ist die Welt. In anderen Gruppen gab es einen Vertreter der amerikanischen Botschaft, einen Schuldirektor aus Australien, einen emeritierten amerikanischen Professor, der den Kurs vor dreißig Jahren schon mal besucht hatte, eine zierliche Kolumbianerin aus Tokio, sowie mehrere japanische Nonnen, einen Dolmetscher der Bundeswehr, viele hübsche Blondinen aus dem früheren K.u.K.-Gebiet und eine enorm fleißige Professorin aus Paris mit dem schönen Vornamen Morgane.

Vor oder auch nach dem Konversationskurs ging es weiter Schlag auf Schlag: Vorträge zur Geschichte und Kultur des Landes in polnischer und englischer Sprache, Gespräche mit unterschiedlichen Persönlichkeiten, Filme... So lernte ich endlich Teile des Dekalogs und den *Wajda*-Film *Das gelobte Land* kennen.

Nach einem leichten Abendessen formierten sich kleine und größere Gruppen, die sich bald allesamt in die gleiche Richtung bewegten, in die Altstadt. Die Altstadt von *Lublin* ist beides, schrecklich und wunderschön. Italienisch, schon wieder.

Den lokalen Kräuterwodka *Żołądkowa Gorzka* kannte ich bereits, seitdem eine Praktikantin aus der Region uns am Ende ihres Aufenthaltes eingeweiht hatte. Wer das trinkt, weiß sofort, dass er sich im Land der Wodka-Erfinder befindet. Das Lubliner Bier *Perła* haben wir gemeinsam vor Ort und auf dringliche Empfehlung eines eloquent vortragenden EU-Abgeordneten und Professors gekostet. In der Pilsvariante ist es sehr zu empfehlen, in der Starkbierklasse ist es gemeingefährlich, schon deshalb, weil es so gut schmeckt!

Bald erkältete ich mich, sodass ich den netten Abenden auf den Kneipen-Terrassen fernbleiben musste. Das Wetter hatte sich drastisch abgekühlt. Ich erwarb einen dicken Pullover in der kleinen Markthalle mit winzigen Boutiquen, die der Konkurrenz mächtiger Einkaufsparadiese trotzte.

Eines Morgens wurde der Unterricht durch Lärm oder besser gesagt durch Gesang, gemischt mit Straßenverkehrslärm unterbrochen. Wir standen auf und gingen zum Fenster. Auf der Straße liefen Pilger in großen Gruppen. In Dreierreihen marschierten sie flotten Schrittes, die linke Reihe ein Seil in der Hand, das am ersten Pilger befestigt war. Die meisten Pilger, ob jung oder alt, trugen Kopfbedeckung, Rucksack, Schlafrollen, sangen aus voller Kehle und grüßten die stehen gebliebenen Passanten und uns beim Vorbeilaufen.

Immerhin schauten wir aus den Fenstern eines der ehrwürdigsten Orte im ganzen Land. Die KUL ist gleich nach der Wiedergeburt Polens 1918 entstanden. Die zwei berühmtesten Alumni, der Primas *Stefan Wyszyński* und J.-P. II., begrüßen sich seit fast dreißig Jahren ehrfurchtsvoll im Hof des Hauptgebäudes.

In den ersten Reihen jeder Gruppe trug jemand ein Schild mit dem Namen der Kirchengemeinde, ein anderer ein blumengeschmücktes Holzkreuz, noch jemand einen Stab aus Metall mit einem Lautsprecher. An der Seite der Pilgergruppe lief ein Priester in Talar und mit einem Schal im schönsten Lila um den Hals. Nur der Cowboy-Hut und die Laufsandalen verrieten den Langstreckenläufer.

Am Ende der ersten Woche machten wir einen Ausflug mit dem Bus in das nahe gelegene *Kazimierz Dolny*. Die kleine Stadt an der

Weichsel mit ihrem Marktplatz, ihrer Burgruine und Gebäuden aus Renaissance und Barockzeit ist seit dem neunzehnten Jahrhundert ein Touristenmagnet. Besonders Künstlern hat sie es bis heute angetan. Ihre frühe Entwicklung verdankte die Siedlung der strategischen Lage an der Kreuzung wichtiger Handelswege und dem Fluss. *Kazimierz Dolny* entwickelte sich als Hafen- und Speicherstadt für Getreide, das im Mittelalter in beachtlichen Mengen auf Flößen zur Ostsee und dann nach Westeuropa exportiert wurde.

Zuerst wanderte unsere Gruppe plaudernd durch *Wąwóz Korzeniowy Dół*, die bekannteste Schlucht oberhalb der Stadt. Es ist ein Hohlweg, ein Weg, der sich im Laufe der Zeit in den sandigen Boden tief eingeschnitten hat. Als besondere Attraktion gelten die Wurzeln der Bäume, die kunstvoll vor den Wänden hängen. Fantasievolle Besucher entdecken hier Drachen und weitere Fabelwesen.

Auf dem Weg in die Stadt machten wir Halt am ehemaligen jüdischen Friedhof. Die jüdische Gemeinschaft hat hier mehr als fünfhundert Jahre gelebt. Zeitweise waren achtzig Prozent der Einwohner Juden. Während des Zweiten Weltkrieges haben die Nazis die jüdische Bevölkerung ermordet. Den uralten Friedhof haben sie vollständig zerstört und mit den zerbrochenen Grabsteinen den Innenhof ihres Hauptquartiers gepflastert.

Vor zwanzig Jahren hat die Stadtverwaltung aus Grabsteinfragmenten eine Art Klagemauer auf dem Friedhof errichten lassen.

Die Steinwand ist wie vom Blitz getroffen durch einen Riss gespalten. Dieser wortkarge Besuch mit Menschen aus vielen Ländern darunter auch Polen, Deutschland und Israel, hat mich sehr berührt[15].

Im Stadtzentrum konnte man kaum laufen. Neben den üblichen Samstagstouristen waren auch viele Besucher des Film- und Kunstfests Filmsommer anwesend. Die Schule hatte für uns eine Historikerin für eine spannende Führung in Polnisch engagiert. Wir kletterten an der Burgruine vorbei auf den Hügel mit drei großen Holzkreuzen und dem passenden Namen Golgota. Anschließend wartete auf uns ein leckeres Mittagessen in einer mit Antiquitäten und Kunst überfüllten alten Gaststätte.

Am Sonntag besuchte ich mit einigen Mitschülern den Rundgang *Die Stadt im Untergrund*, der unter dem Rathaus anfängt. Das ist eine sehr lohnende Besichtigung mit vielen Informationen über die lokale Geschichte.

Leider sprach die Führerin anfangs sehr schnell und war damit kaum zu verstehen. Gert, einer der besten Kursteilnehmer, Dolmetscher von Beruf, bat sie sehr höflich, langsamer zu sprechen. Sie antwortete unwirsch, dass es dazu gar keinen Anlass gäbe. Ein weiterer Tourist, Pole, mischte sich ein und verteidigte Gerts Position vehement. Da gab sich die Dame geschlagen. Von da an hat sich der Besuch richtig gelohnt.

---

15 Vgl. Erzählung „Steinherz" im Anhang

Der Kurs ging weiter. An einem Abend hatte die Sprachschule für alle einen Theaterbesuch organisiert. So gingen wir zusammmen nach dem Abendessen zu Fuß in das *Centrum Kultury* zu einer gemeinsamen Produktion von *Teatr Provisorium* und *Kompania Teatr*. Auf dem Programm stand eine sehr radikale englischsprachige Bühnenbearbeitung von Ferdydurke, Gombrowicz Meisterwerk aus der Vorkriegszeit (1938). Die vier männlichen Schauspieler waren einfach fantastisch, wahre Athleten und Wortkünstler ebenso. Die minimalistische Regie passte hervorragend zu dieser frechen, rabenschwarzen Farce, die ein wenig an Rabelais, an König Ubu und ja, sogar an Gombrowicz erinnerte.

Kein Tabu der polnischen Gesellschaft - damals und heute - wurde ausgelassen. Die Szene der Verwandlung einer Menora in Kruzifixe war reine Magie. Schwarze Magie versteht sich. Es war ein komisches Gefühl, zu wissen, dass zwischen uns die Lehrerinnen und auch Nonnen saßen. Am Tag darauf waren die Kommentare einiger Dozentinnen entsprechend reserviert. Ich bin der KUL für diese mutige Initiative sehr dankbar.

Ein weiterer Ausflug sollte mich ebenfalls nachhaltig prägen[16]. An einem grauen, verregneten Tag mit einem aus allen Himmelsrichtungen starken, kalten pfeifenden Wind besuchte ich mit einer kleinen Gruppe von MitschülerInnen die Gedenkstätte Majdanek am Stadtrand von Lublin.

---

16 Vgl. Erzählung „No man's land" im Anhang

Der junge Historiker, der uns führte, gab sich große Mühe, um bei der Beschreibung dieser inhumanen Anlage möglichst objektiv zu bleiben. Er informierte uns darüber, wie die Zahl der Opfer nach dem Krieg künstlich übertrieben wurde. Wobei dieser Fakt nichts an der Barbarei änderte. Die planmäßig durchgeführten Massenmorde hatten lediglich anderswo, in Außenstellen des Lagers, stattgefunden. Angesichts der konservierten Gebäude und Gegenstände fiel es mir schwer zu glauben, dass dieser Ort die meiste Zeit nur ein Konzentrationslager, das erste im besetzten Polen, und kein Vernichtungslager gewesen sein sollte. Über die Vielfalt der Opfer, sowjetische Kriegsgefangene, Juden, Polen und die weitere Nutzung des Lagers durch die Sowjets nach Beendigung des Krieges wurde auch berichtet. Das Riesenlager, von dem nur ein Teil erhalten ist, war praktisch leer.

Bei unserem Rundgang begegneten wir erst einigen sehr jungen, grauweiß gekleideten, polnischen Nonnen und später ebenfalls jugendlichen israelischen Soldaten, in Begleitung von Rabbinern mit tragbaren Gebets-Einrichtungen für Feldübungen.

Wie klein und lächerlich wirkte diese einzelne rote Rose auf dem massiven Ascheberg. Die Überreste von Opfern hatte der Henker noch nicht zu Seife oder Dünger verarbeiten lassen, wie damals üblich, als die Rote Armee einmarschierte.

Langsam erholte ich mich von meiner Erkältung. Schon war der Kurs vorbei. Es gab eine Schlussprüfung, von einer feierlichen Aushändigung der Urkunden gefolgt.

Zur Unterhaltung aller machten einige von uns beim Szczebrzeszyn-Wettbewerb der unaussprechlichen polnischen Worte und Sätze mit. Diese recht sportliche Übung ist nach einer Kleinstadt benannt, die südlich von Lublin liegt und in Polen durch den Zungenbrecher des vor allem für seine Kindergedichte berühmten Dichters Jan Brzechwa allgemein bekannt ist: *„W Szczebrzeszynie chrząszcz brzmi w trzcinie"*. Die Bedeutung dieses Satzes ist zweitrangig: *„In Szczebrzeszyn tönt der Käfer im Schilfrohr"*. Vielmehr soll die Vielfalt der polnischen Sprache demonstriert werden. An diesem und weiteren Zungenbrechern durften sich die Kandidaten messen. Anschließend gab es ein Abschiedsdinner auf der Terrasse des guten jüdischen Restaurants am Stadttor.

Schon erstaunlich wie viele jüdische Gaststätten mit reichem kulinarischem und kulturellem Angebot es in der Lubliner Altstadt gibt. Serviert werden sowohl typische Gerichte aus dem ehemaligen Wilne, aus Galizien, als auch israelische Köstlichkeiten. Nur Juden werden Sie dort kaum finden, es sei denn, diese sind gerade aus New York oder Galiläa zu Besuch.

Nach diesem würdigen Abschluss verabschiedete ich mich von allen netten Menschen und fuhr mit dem Auto nach Warschau. Dort sollte ich meine Frau am Flughafen abholen.

Über Warschau, Zamość … nach Hause

Wie die meisten Städte Polens wurde Warschau nicht für den Autoverkehr konzipiert, jedenfalls nicht für das heutige Aufkommen. Einige große vielspurige Straßen durchqueren die Stadt ohne Rücksicht auf Verluste. Sie werden von Amateurrennfahrern gern zum Training benutzt. Kaum zu glauben wie viele Liebhaber des Autosports es in diesem Land gibt! Dafür ist die Infrastruktur ideal. Es gibt wenig Schilder und das auch nur zur Deko. Wehe, es möchte einer abfahren und verpasst aus irgendwelchen Gründen, wie etwa Stau, Unfall oder Baustelle…, die richtige Ausfahrt. Da ist ein großer Umweg unweigerlich vorprogrammiert. In Warschau heißt das dann einmal zur Ostsee und zurück.

Genau das ist mir auf dem Weg zum Flughafen passiert. Bisher dachte ich, dass es zwei Flughäfen in der Hauptstadt gäbe und, dass diese *Lotnisko Chopina* und *Gocław-Lotnisko* genannt werden. Weit gefehlt! Auf der Suche nach diesen Namen auf Schildern wurde ich nicht fündig. Es kamen lediglich einige Hinweise für *Lotnisko Okęcie*. Bis ich überlegt hatte, welcher Flughafen damit gemeint sein konnte, hatte ich natürlich die Ausfahrt verpasst. Und kam nach einer unfreiwilligen Stadtrundfahrt entsprechend spät am *Frédéric-Chopin-Flughafen* in *Warschau Okęcie* an. Meine Frau war schon längst da und leicht genervt.

Wir fuhren ins Stadtzentrum in eine von Sabine im Internet entdeckte Edelherberge, die neben modernem Design und totaler

Ruhe vernünftige Preise anbot. Wir wurden nicht enttäuscht und genossen unsere skandinavisch anmutende Riesensuite in einem abgeschirmten Hof in Fußnähe vieler Sehenswürdigkeiten sehr.

Am Tag darauf spazierten wir in die Altstadt und trafen Helena und Marek auf dem Rynek. Kaum hatten wir unsere Getränke ausgetrunken, brach ein biblisches Gewitter los. Die sonst durch nichts zu erschreckenden rumänischen Musikanten waren im Nu verschwunden. Wir versteckten uns im nächsten Haus, dessen Tür offen war.

So waren wir in einer der letzten preiswerten populären Gaststätten der Stadt, der Milchbar *Pod Barbakanem*, in der die Zeit stehen geblieben zu sein scheint. Aus der sozialistischen Zeit stammt nicht nur die recht einfache Einrichtung, sondern auch das Angebot an frisch zubereiteten traditionellen Gerichten wie Piroggen, Suppen und Kohlrouladen. Ein Besuch in der Milchbar empfiehlt sich sowohl zum Kennenlernen der polnischen Küche als auch zur Unterstützung dieser vom Aussterben bedrohten Institution. Bald wird es auch in Polen Tiefkühlkost und in der Mikrowelle aufgewärmtes *global Food* an jeder Ecke geben. Wie furchtbar!

Unser Abend war allerdings schon verplant. Wir tranken deshalb je nur eine Tasse Früchtetee. Bei der ersten Aufheiterung verließen wir das Lokal, spazierten weiter durch die Altstadt und besuchten anschließend auf Helenas Vorschlag ein kleines, feines Asienmuseum voller bunter Masken. Nach einem weiteren dieser legendären Abendessen mit dem Schwerpunkt Feinkost aus aller

Welt im Garten bei Helena verabredeten wir uns für den Sonntagmittag am Chopin-Denkmal.

Von dem Abend weiß ich noch, dass wir die Fische im neu angelegten Teich bewunderten, sowie die Katze, die ständig versuchte, die laufenden Untertitel im Fernseher zu fangen. Im Laufe der Diskussion fiel der Spruch: *„Das Sozialismus-Museum ist geschlossen, das Kommunismus-Museum wird bald in den gleichen Räumen eröffnen."*

Ob das ein Witz war oder nur eine Info für wiederkehrende Stadtbesucher weiß ich jetzt nicht mehr.

Am Fuß des Chopin-Denkmals hörten wir am Tag darauf zusammen mit vielen Menschen ein Freiluftkonzert. Das Wetter war herrlich, die Rosen blühten wie gehabt und das Programm war ausgezeichnet. Bedauerlicherweise hatte der betagte Professor am Klavier eine nicht gerade zeitgemäße Auffassung der Musik Chopins. Er lieferte einen brillanten, klebrigen Notenwasserfall, der kaum Platz für Gefühle ließ.

Dann gingen wir zur Orangerie, der Ort, in dem ich beim ersten Mal in der Stadt so königlich gespeist hatte. Um die Ecke gab es ein weiteres Freiluftkonzert, nun mit den Ungarischen Tänzen von Brahms.

Unsere nächste Station, das Museum für zeitgenössische Kunst, enttäuschte uns auch diesmal nicht. Wir entdeckten viele ungewöhnliche Werke, darunter ein Meter langes, akkordeonförmiges, gehäkeltes Plattenbaumodel in babyrosa.

Chopin-Denkmal, Łazienki-Park, Warschau, Sommer 2007

Museum für zeitgenössische Kunst, Warschau, Sommer 2007

Am Tag darauf ging es zurück in den Süden Richtung Lublin. Mittags machten wir Halt in Kazimierz Dolny. Die Stadt gefiel Sabine nicht. Sie fragte sich, warum dieses Städtchen so beliebt war. Wir fuhren weiter. Jedoch nicht, ohne davor zu Mittag gegessen zu haben.

Bei der Ankunft in Lublin wurde meine liebe Lebenspartnerin nervös und schließlich ganz verrückt, nachdem ich mich in so gut wie jeder betonierten Trabantenstadt verfahren hatte. Lublin kann in dieser Hinsicht mit Warschau locker mithalten. Die Vorwürfe wurden immer lauter: *„Was haben wir bloß in dieser potthässlichen Stadt verloren?"*

Dazu muss gesagt werden, dass inzwischen der Himmel trist, wie zu Ostern in der Nord-Bretagne geworden war. Ich hatte keine Ahnung vom Verkehrsnetz, da ich mich in den zwei Wochen nur zu Fuß oder mit dem Bus fortbewegt hatte. Aus dem gleichen Grund wusste ich nichts über mögliche Unterkünfte. Mein Studentenzimmer war nicht zu toppen aber leider nicht mehr zu haben. Im Internet hatte ich nichts gefunden. Meine Fragen bei mehreren freundlichen Mitarbeiterinnen der KUL hatten auch nicht den erwünschten Durchbruch gebracht. Schwierig... war die geläufige Antwort gewesen.

Glücklicherweise hatte ich eine rettende Idee. Ich fuhr, soweit es ging in die Altstadt, parkte einigermaßen korrekt und lief mit Sabine eine Runde durch die alten Gassen. Das besänftigte sie kurzerhand. Dem besonderen Charme des alten Viertels war sie erlegen. Wir fuhren wieder los und fanden mehr oder weniger durch Zufall ein passables Hotel. Es gehörte zu einer französischen Kette, war deutlich überteuert, dafür zentral gelegen. Wir nahmen dort ein Zimmer und brachen bald zu Fuß auf zum nächsten Abenteuer.

Als wir am Vormittag darauf die Altstadt betraten, verschlug es uns den Atem. Aus einer grauen Gasse kamen uns zwei bewaffnete Soldaten in Nazi-Uniform entgegen. Von dieser Erscheinung noch ganz benommen, erspähten wir nun eine dunkle, schweigsame Gruppe von Männern und Frauen mit leichtem Gepäck und leerem Blick auf uns zukommen. Hinter ihnen waren mehrere Soldaten, den Finger am Abzug und mit Schäferhund an der Leine.

Südlich von Lublin, Sommer 2007

Später beobachten wir die Schauspieler, wie sie auf der Terrasse eines Restaurants entspannten, einige von ihnen in unmöglichen Positionen tief eingeschlafen. Wir wissen nicht, welcher Film gerade gedreht wurde. Eins hatte ich nach meinem Besuch in Majdanek noch im Kopf: Lublin sollte eine rein deutsche Stadt werden. Deshalb hatte man ursprünglich das Lager gebaut. Ausgesuchte polnische Arbeiter sollten die Stadt durch neue Viertel verschönern, vergrößern und dann verschwinden. Nichtdeutsche Bürger waren in diesem Plan nicht vorgesehen.

Es gab auch recht süße Momente in Lublin. So haben wir zum Frühstück (!) eine der besten und wahrscheinlich die größte *Kremówka* aller Zeiten zu zweit vernichtet. Kremówka ist die landesübliche Bezeichnung für die im restlichen ehemaligen k.u.k-Gebiet typische *Kremschnitte*. Das gute Stück hieß fälschlicherweise *Napoleonka*, was ihrem sahnigen Gaumenkitzel keinen Abbruch tat.

Wir verließen Lublin, um nach Zamość zu fahren, eine wunderschöne Perle der Renaissance, nach dem Vorbild der Stadt Padua im Auftrag des Adeligen Jan Zamoyski gebaut und nach ihm genannt. Nebenbei ist Zamość, urpolnische und zudem multikulturelle Stadt, durch besondere Umstände - auch sie sollte germanisiert werden - sehr gut erhalten und Geburtsort bekannter deutscher Staatsbürger, unter Ihnen Rosa Luxemburg.

Von Zamość aus machten wir einen Tagesausflug bis zur ukrainischen Grenze. Wir wären sehr gerne bis in die Löwenstadt L'viv gefahren. Der unausweichliche stundenlange Dauerstau beim Grenzübergang brachte uns jedoch davon ab. Über kleine Straßen und durch grüne, abermals hügelige Landschaften fuhren wir zurück zum Ausgangspunkt.

In einigen Dörfern prägten alte Holzhäuser und orthodoxe Kirchen mit Zwiebeltürmen das Bild. In anderen, ehemals mehrheitlich jüdischen Orten herrschte eine trügerische Ruhe. Von der Zeit vor dem Zweiten Weltkrieg zeugten, wenn überhaupt Denkmäler, die an unzählige Morde durch die Nazis verübt erinnerten.

In Krasnobród besichtigten wir das Dominikanerkloster und die barocke Kirche der Heiligen Maria. Letztere wurde durch die polnische Königin Maria Kazimiera Sobieska gestiftet (auch Marie Casimire Louise de la Grange d'Arquien genannt).

Auf der Fahrt zu unserem nächsten Ziel machten wir zufällig eine kurze Pause in Frampol in der Nähe des ehemaligen jüdischen Friedhofs. Plötzlich kam eine Frau mit langen Schritten auf uns zu und schrie, wütend: *„Sie haben zwölf Personen aus meiner Familie ermordet!"*

Wir antworteten nicht, stiegen wieder ein und fuhren weg. Unser Auto hat ein deutsches Kennzeichen, meine Frau die deutsche Staatsangehörigkeit, jedoch hat sie, haben wir, niemanden ermordet. Später erfuhr ich im Internet, dass die deutsche Luftwaffe am 13. September 1939 die militärisch unbedeutende Stadt bombardiert und zu neunzig Prozent zerstört hatte, höchst wahrscheinlich als Test für Flächenbombardements. Die späte Gründung der

Stadt im achtzehnten Jahrhundert, bei der alle Straßen in Gitterform angelegt worden waren, wurde für sie zum Verhängnis. Aus der Vogelperspektive sah Frampol wie eine quadratische Zielscheibe aus. Für die Nazis reichte dieser Umstand, um die Stadt gleich in den ersten Tagen des Angriffs auszulöschen.

Frampol hat ein ähnliches Schicksal wie das durch Picassos Bild weltberühmte baskische Städtchen Guernica erfahren. Dort gab es keinen zweiten Picasso. Die Nazis haben mehrere Jahre lang so viele Verbrechen in der Region begangen, dass dieser frühe kaltblütige Massenmord beinah in Vergessenheit geraten ist. Außer bei wenigen Überlebenden und ihren Nachfahren.

Danach verbrachten wir zwei Nächte in einer Noclegi am Fuß der königlichen Altstadt von Sandomierz. Dafür, dass die Stadt eine der am besten erhaltenen im ganzen Lande ist, herrschte dort größte Ruhe, oder besser gesagt, es war tote Hose.

Unsere Herberge war denkbar bescheiden und dafür gar nicht so billig. Das einzige Fenster im Zimmer ging nicht zu. Als Ausgleich für diesen Defekt blickte man auf einen wild gewachsenen Garten voller streunender Katzen. Recht warm war es sowieso. Das zusammengestückelte Mobiliar hätte von seinen Erfahrungen unter etlichen früheren Regierungen erzählen können. Das Bad, das auch als Küche diente, teilten wir uns mit allen anderen Gästen, darunter mehreren Großfamilien. Es ging prima. Die Stadt auf dem Felsvorsprung hat viel Reiz, sie ist voller Denkmäler und kann einige gemütliche Gaststätten und sogar eine historische

Eisdiele vorweisen. Sie hätte mehr Touristen und eine Grundrenovierung verdient! Vielleicht sollte mit Zweitem angefangen werden. Bisher haben nur das Rathaus und wenige weitere Gebäude diese Chance gehabt.

Das Wetter hatte sich merklich verschlechtert. Der lange geplante Ausflug in die Beskiden wurde schweren Herzens gestrichen. Stattdessen fuhren wir in Richtung Südwesten über Tanobrzeg und Tarnów. In der bunt renovierten Altstadt von Tarnów liefen wir herum und machten Fotos vom Marktplatz und vom Rathaus unter einem pechschwarzen Himmel wie kurz vor Weltuntergang. Dann entdeckten wir ein Schild für Touristen, in Englisch und Polnisch. Es stand einiges zur Geschichte der Stadt darauf, zur Entwicklung des Handwerks und des Handels auf der Eisenbahnstrecke Krakau-Lemberg. Als ob es nichts besonders gewesen wäre, war auch die Ermordung von Tausenden von jüdischen Einwohnern durch die Nazis kurz erwähnt. Vielleicht war es auch so?

Wir übernachteten im Dorf Maniowy in der Nähe des großen Sees Jezioro Czorsztyński. Unsere Privatunterkunft in einem Dachgeschoss aus hellem Holz oberhalb des Dorfes war obergemütlich und das Abendessen im rustikalen Restaurant im Tal phänomenal. Zum Frühstück fuhren wir selbstverständlich wieder hin und kriegten dort, zusammen mit vielen anderen Leckerbissen, das größte Stück Schweinespeck, dass je zum Frühstück als Beilage serviert wurde.

Bei der Weiterfahrt durch die grüne Tatralandschaft, das Podhale, trafen wir zufällig eine Hochzeitsgesellschaft von Goralen in voller Montur, in traditioneller Tracht und in Pferdewagen.

Mit seinen unzähligen Bars und Billigläden machte Zakopane auf uns den Eindruck von der schlechtesten Seite Mallorcas in den Bergen. Dabei war ich noch nie in New York, doch da ja, auf Mallorca meine ich. Schlimm. Die Dörfer mit reich geschnitzten vielgiebligen Holzbalkenhäusern entschädigten uns für den Rummel.

Die nächste Nacht verbrachten wir in Opole, der Geburtsstadt von Miroslav Klose und von weniger anständigen Menschen wie z. B. Hans-Adolf von Moltke. Schon wieder in einem viel zu teuren französischen Kettenhotel. Etwas anderes hatten wir nicht gefunden.

Beim Frühstück aß ich die ersten Tomaten made in Holland seit drei Wochen. Sie wissen ja, es sind diese Dinge, die wie Tomaten aussehen aber ganz anders, eigentlich nach gar nichts schmecken. Das hätten die Damen der KUL-Kantine nie zugelassen!

Vor dem Frühstück war ich allein durch die Stadt gejoggt, man kann ja nicht nur essen, und dabei positiv überrascht gewesen. Überall gab es zweisprachige, deutsch-polnische Schilder und ausführliche Erklärungen über die Stadtgeschichte.

Am gleichen Tag besuchten wir Wrocław. Für Sabine war es der erste Besuch. Die Sonne schien, die Straßen und Plätze der farbenfrohen wieder aufgebauten Altstadt waren voll, es gefiel ihr auf Anhieb sehr gut. An einem kleinen Kiosk kauften wir echte Landtomaten, schief und krumm, und natürlich lecker.

Wir entdeckten mit großem Spaß Zwerge aus Bronze an den unmöglichsten Stellen. Inzwischen wissen wir, dass diese besondere Attraktion (fast hundert Zwerge!) einen ernsthaften Hintergrund hat und an die Protestaktionen und weiteren Happenings der Oppositionsbewegung *Orangene Alternative* in den achtziger Jahren erinnert. Ohne Erklärung fanden wir die Gnome einfach süß.

Auf der Dominsel gab es eine Reihe von Gedenktafeln für die bekanntesten Söhne der Stadt. Erstaunlicherweise waren alle Söhne, egal aus welcher Epoche, Polen, männlich und Katholiken …

Wrocław, Sommer 2007

Es soll in Wrocław auch zweisprachige Tafeln geben, die an die deutsche und die böhmische Geschichte der Stadt erinnern. Die werde ich beim nächsten Besuch suchen.

Erst bei einem Aufenthalt in Görlitz Anfang 2008 habe ich verstanden, dass Schlesien einen Sonderstatus hat, etwa wie das Elsass. Diese von der Geschichte reichlich gebeutelten Grenzregionen lassen sich nicht gerne in die eine oder andere nationale Schublade stecken. Und das ist letztendlich ihr gutes Recht. Dabei gestaltete sich die Geschichte Schlesiens noch komplizierter als die von anderen Grenzgebieten. Vom Spielball zwischen verfeindeten Kirchen und Herrscherfamilien entwickelte sich die mit mineralischen Rohstoffen reichlich gesegnete Landschaft zum industriellen Eldorado.

In den letzten tausend Jahren kam die Durchgangsregion ins Visier aller benachbarter Großmächte: Das Königreich Polen, Böhmen und Österreich, Sachsen, Preußen ja sogar Frankreich, Schweden und Russland, dann Nazideutschland, die Sowjetunion, und nicht zuletzt die sozialistische polnische Republik haben sie begehrt, beansprucht, überfallen, besetzt und mit allen Mitteln versucht, den eigenen Vorstellungen anzupassen.

Szczecin und die Insel Wollin

Schon zwei Mal war ich in Szczecin gewesen und hatte diesen vom Leben stark gezeichneten Ort gleich wieder vergessen. Das erste Mal war ich auf dem Weg nach Łeba mit der französisch-belgischen Rallyekolonne nur durchgefahren. Das Stadtzentrum war noch nicht von riesigen Autobahnbrücken zerschnitten. Tatsächlich beherbergte das Gebiet, auf dem sich die Altstadt früher befunden hatte, überwiegend Brachen. Wo die Stadt früher gewesen war, konnten nur Spezialisten ahnen.

Das zweite Mal, ebenfalls im Hochsommer, kehrte ich mit Sabine, nach dem Wochenende in Mrzeżyno, nach Berlin zurück. An der Ostseeküste entlanggefahren, schauten wir uns die Felsen, Strände und Wälder an und machten Halt an der Kirchenruine von Trzęsacz. Die letzte erhaltene rote Backsteinmauer, unmittelbar am Kliff, trotzte hochromantisch der Naturgewalt und dem unausweichlichen Zerfall. Jetzt erinnerte sie mehr an die Bilder der Klosterruine Eldena von Caspar David Friedrich als an die vielen Zeichnungen, Aquarellen und Gemälde, die Lyonel Feininger im ersten Drittel des zwanzigsten Jahrhunderts diesem Baudenkmal gewidmet hat.

Die Szczeciner Altstadt um die große Jakobikirche bestand in der Mitte der 90er-Jahre aus einer Mischung dringend sanierungsbedürftiger Nachkriegsplattenbauten, halb verlassenen Baustellen mit verwitterten Schildern in der Art *„Hier eröffnet 1992 ein Hotel-Komplex mit Luxus-Wohnungen"* und immer noch vielen trostlosen Kriegsbaulücken. Sehr weit kamen wir nicht. Wir aßen einen Happen und kauften eine Tüte Buchweizengrütze. Und tschüss.

Es vergingen fast genau zehn Jahre, bis es uns wieder in die Hauptstadt Westpommerns zog. 2007 wagten wir einen neuen Versuch und entdeckten eine Stadt im Aufbruch. Zum einen waren mehrere riesengroße Einkaufszentren mit interessanten Boutiquen entstanden. Sagte Sabine. Und kommentierte sachlich: *„Die*

gibt es in Berlin nicht! In Berlin gibt es in jedem Einkaufszentrum die glei-
chen Ketten und Marken... und nichts aus Polen."

In den Hypermärkten am Stadtrand und deren zahlreichen Boutiquen gab es neben französischen Produkten eine große Auswahl an polnischen Lebensmitteln, natürlich Wodka und Bier, frische und getrocknete Waldpilze, Honig in vielen Variationen, tiefgefrorene Piroggen für faule Feinschmecker, geräucherten Käse, Smetana und *twaróg*, den besonders schmackhaften Quark. Für diesen Bereich bin ich eher die treibende Kraft.

Szczecin, Januar 2020

Spätestens seit dem Aufenthalt in Krakau brauchte ich weder für die hiesige Gastronomie, ob rustikal, altpolnisch oder modern, noch für die geschmackvolle Inneneinrichtung der meisten Gaststätten zu werben.

Als Sahnehäubchen folgte eine Neuentdeckung: In Polen wird aus Bernstein vielfältiger Schmuck kreiert. Neben dem klassischen Ring und Anhänger in Omas Stil, in bernsteinfarbenem Bernstein und mit dicker Silberfassung gibt es eine beinah unbegrenzte Auswahl an Formen und Materialien. Bernstein ist nicht immer goldfarben. Es gibt ihn ebenfalls in Weiß, hellbraun, rabenschwarz, hellgrün wie Peridot oder auch in gemischter Form. Mal ist er lichtdurchlässig wie ein Edelstein, mal glänzt er wie Achat oder Jade. Ein kleines Geschäft mit Werkstatt gegenüber vom Theaterplatz haben wir immer wieder besucht, mal mit Freunden, mal mit Verwandten. Erstaunlich war nur, dass wir jedes Mal die einzigen Touristen und Ausländer waren. Bernsteinschmuck ist erfreulicherweise auch bei Polen sehr gefragt.

Die allergrößte Neuigkeit kam noch: Wer Szczecin regelmäßig einen Besuch abstattet und mit Verständnis und Geduld gut ausgestattet ist, kann die Entstehung einer… Altstadt verfolgen. In den Städten aus Kernpolen wurde gleich nach Kriegsende oder kurz darauf mit dem Wiederaufbau historischer Denkmäler angefangen. In Szczecin dagegen dauerte es Jahrzehnte, und es ist noch lange nicht vorbei.

Dazu kommt, dass wir bisher die besten Stellen einfach verpasst hatten. So wurde das Alte Rathaus am Heumarkt in seiner ursprünglichen gotischen Gestaltung aus dem vierzehnten Jahrhundert schon in den Siebzigern rekonstruiert. Später wurde das ehemalige Stettiner Schloss, nun unter der slawisch korrekten

Bezeichnung Schloss der Herzöge von Pommern im Stil der Renaissance und frei nach alten Stichen wiederaufgebaut und seitdem als Museum, Opernhaus und urige Kneipe, genutzt.

Beim dritten Besuch waren wir recht unternehmungslustig und lernten eine Menge neuer Ecken kennen: neben dem Schloss und dem Heumarkt mit seinen nagelneuen Renaissance-Häusern, auch die spätgotische Peter-und-Paul-Kirche, die Neustadt, das wie sein Name verrät sehr bescheidene Galaxy-Zentrum, einige schöne Restaurants, das besagte Bernsteinschmuckgeschäft...

Etwas fremd in der heterogenen Stadtlandschaft wirkten die prächtigen Stadttore aus der Spätbarockzeit. Diese Tore hat Friedrich Wilhelm I. errichten lassen, nachdem die alte Stadtmauer abgerissen worden war. Ein Tor ist bis heute königlich geblieben, während das andere nicht mehr wie ursprünglich nach Berlin, sondern völlig neutral nach dem Hafen genannt wird und eine schicke Bar beherbergt.

Seit unserer Wiederentdeckung Szczecins haben wir alle paar Monate die Nachbarstadt aufgesucht, mal zu zweit, mal in Begleitung von Freunden und Verwandten, wobei die meisten davon für kurze Zeit aus Frankreich importiert waren. Das Museum für Stadtgeschichte im Alten Rathaus haben wir inzwischen mehrmals besucht. Im unteren Teil des Gebäudes wird die über mehr als tausend Jahre alte Geschichte der Stadt lebendig dokumentiert. Für Hobby-Historiker ist das ein reicher Fundus zum Wirken vieler Völker und Nationen in der Region: Slawen, allen voran die pommerschen Herzöge der Greifendynastie und die heutigen Polen, deutsche Kolonisten, später Preußen, noch später Nazis, Schweden, sowie kurzfristig Dänen und Franzosen.

Im Mai 2009 wurde die neue ständige Ausstellung *Hans Stettiner und Jan Szczeciński - Das alltägliche Leben im Stettin des 20. Jahrhunderts* im oberen Stockwerk eröffnet. Anhand dieser erfundenen Personen wird das Leben deutscher Einwohner in Stettin bis 1945 und polnischer Einwohner in Szczecin seitdem in allen seinen Facetten präsentiert. Gemeinsam haben sie den Reisekoffer, als Symbol für Umsiedlung und Vertreibung, ein von beiden Völkern geteiltes Schicksal.

Für mich gilt als Höhepunkt dieser sehr gelungenen, vollständig zweisprachigen Ausstellung ein großes schwarz-weißes Luftbild, das an einer Tafel kurz vor Ausstellungsende hängt. Es zeigt eine leere Wiese mit einer Art Container in der Mitte. Nach mehrmaligem Lesen der Legende akzeptiert man endlich die Tatsache: So haben der Heumarkt und die Altstadt in den Spätsechzigern ausgesehen. Der Container war der Haufen Backsteine, der dort stand, wo sich heute das Museum befindet. Reich von dieser Erkenntnis dürften Besucher mehr Verständnis für das schleppende Tempo des Wiederaufbaus an den Tag legen.

Wie Schade nur, dass das Aufsichtspersonal in der Ausstellung, ganz anders als im Eingangsbereich, furchtbar unfreundlich war. Da hilft auch die beste Ausstellung nicht!

Zum Schluss eine wichtige Information: Im gewölbten Ratskeller befindet sich eine gute Gaststätte, im Umkreis des Museums gleich weitere erstklassige Lokale. Nach den Strapazen der Stadtbesichtigung ist es ein Leichtes seinen Gaumen zu verwöhnen. Sie werden vielleicht denken, ich denke nur ans Essen? Das ist nicht ganz falsch. In diesem Zusammenhang übertreibe ich absichtlich etwas. Schließlich glauben bis heute unzählige Berlinerinnen und Berliner, stellvertretend für Westeuropa, dass man ohne mitgebrachten Proviant keinen Tag in Polen überlebt. Die Rentner aus MeckPom sind besser informiert. Sie trifft man in Scharen an allen strategisch vitalen Punkten der Stadt so z. B. in der Cafeteria der Philharmonie oder am Pausenbuffet im Opernhaus im Schloss. Wie man sieht, sind gastronomische von anderen kulturellen Genüssen kaum zu trennen.

Dźwigozaury, Szczecin, Januar 2020

Bei Szczecin ist eine weitere Ausnahme beim Thema Aktualisierung gefällig: Die Stadt hat sich in den letzten Jahren so rasant entwickelt! Viele Sehenswürdigkeiten, die es bereits vor 2014 gab, blieben bisher unerwähnt wie etwa die Brauerei Stara Komenda, das Kino Pionier aus dem Jahr 1907, der Hauptfriedhof, das Nationale Museum, die St.-Johannes-Evangelist-Kirche, der Tobruk-Markt, der Jan Kasprowicz Park und sein Rosengarten, die Krokusblüte im Park Jasna Błonia, das Teatr Kana, das Museum für Technik und Kommunikation mit seiner einmaligen Sammlung aus Fahrzeugen und Produkten der ehemaligen Firma Stoewer und viele Autos aus Mittel- und Osteuropa…

Dazu gekommen sind einige Orte, die aus Szczecin nicht mehr wegzudenken sind. Dazu zählen die Kunsthalle TRAFO, die neue Philharmonie, die Restaurants Dzika Gęś am Plac Orła Białego und Stara Rzeźnia im alten Schlachthof, die lebendige Oder-Promenade Bulwar Piastowski, der neue Standort des Nationalen Museums unter dem Plac Solidarności gegenüber der Philharmonie…

Kein Wunder, dass wir immer wieder gerne Berlin für Szczecin verlassen, obwohl das kulturelle Angebot der deutschen Hauptstadt nicht viel zu wünschen übriglässt!

Verlässt man Szczecin gen Norden, kommt man irgendwann ans Meer. Dennoch dauert es, die Hafenstadt liegt genauso wenig an der Küste wie etwa Hamburg. Nach sechzig Kilometern überquert die Straße die Dziwna. Zwischen diesem Fluss im Osten und der Świna weitere vierzig Kilometer im Westen, liegt die Insel Wolin, eine Schwester von Usedom, die nach der gleichnamigen Stadt, einer ehemaligen Wikinger-Siedlung, genannt wird. Kaum zu glauben, dass diese vor tausend Jahren doppelt so viele Einwohner zählte wie heute.

Neue Philharmonie, Szczecin, Juli 2015

Auf der Insel liegt Międzyzdroje, das ehemalige Misdroy, das größte Ostseebad. Dort findet man alles, was der Strandurlauber begehrt: lange, weiße Sandstrände, eine Mole, ein Kasino, Unterhaltung und vieles mehr, darunter zig Verkaufsstände mit jeder Menge unnötigen Zeugs. Ich bin an der Atlantikküste groß geworden und daran gewöhnt, die Sommerzeit am Meer strikt zu vermeiden. Den ruhigen Charme von Międzyzdroje und von Świnoujście, an der Swinemündung, haben wir deshalb meist im Winter genossen. Im Sommer ist es noch voller als am Atlantik und deutlich lauter.

Auch im Winter birgt ein Spaziergang durch Międzyzdroje viele Überraschungen. Architektonisch kann der Zustand der Bausubstanz nur als recht unterschiedlich bezeichnet werden. Zwischen prächtig renovierten Jugendstil-Strandvillen stehen so gut sie können Ruinen, die vor allem durch bunte Schilder mit Ankündigungen wie *Neueröffnung 1997* zusammengehalten werden.

Am Ostende des Strandes gelangt man ins Fischerdorf. Noch wird der eigene Fang wie Heringe und Lachs zusammen mit importiertem Fisch in kleinen Holzöfen in rauen Mengen vor Ort geräuchert. Frischer Fisch kann auch direkt bei den Fischern erworben werden. Fisch essen ist sehr gesund, wie das glänzende Fell von unzähligen, kräftig gebauten Katzen, den wahren Eigentümer der Fischkolonie, eindeutig bezeugt.

Bei ausgedehnten Spaziergängen am Strand, auf dem Kliff oder in den Wäldern des Woliner Nationalparks kann am eigenen Hunger gearbeitet werden. Im Wildpark nahe Międzyzdroje gibt es einige faule Wisente, von denen wir nur den kräftigen Rücken von Weitem bewundern durften. Dass sie fast ausgestorben wären, scheinen sie ernst zu nehmen und vermeiden womöglich deshalb näheren Kontakt mit den Menschen. Man kann ihnen das gar nicht übelnehmen.

Auf dem Rückweg in die Zivilisation trifft man mit etwas Glück auf Pilze oder auch Wildschweine.

Gdańsk again

Manchmal muss man lange warten. Ende 2007 führte mich eine Dienstreise wieder nach Gdańsk. Zum ersten Mal seit dem berüchtigten Sommer '84. Von Berlin aus ist Gdańsk gar nicht so weit. Und doch bis heute nicht leicht erreichbar. Es war mir zu dumm, über Frankfurt am Main oder Schottland dorthin zu fliegen. Die langwierige Autoreise im Frühjahr nach Koszalin hatte ich noch gut in Erinnerung, sodass auch die Pkw-Alternative ausgeschlossen wurde. Es blieb die Bahn.

Bis jetzt hatte ich die meisten Fahrten mit der *Polskie Koleje Państwowe S.A.*, der polnischen Bahngesellschaft oder einfach *PKP*, sehr genossen. Die polnische Bahn ist keinesfalls unpünktlicher als die Deutsche Bahn, was zugegeben gar nicht so leicht ist. Dafür herrschte auch auf den Schienen, jedenfalls auf der Königsstrecke Berlin-Warschau eine besondere Stimmung von Offenheit und kulinarischen Genüssen geprägt. Kein Wunder, wenn der Herr Möller, bekanntester deutscher Gastarbeiter in Polen, so begeistert darüber berichtete.

Mit einem Fahrschein für die Erste Klasse ausgerüstet stieg ich in die Regionalbahn nach Szczecin am Bahnhof von Bernau bei Berlin in aller Frühe ein. In der Bahn gab es weder eine Toilette noch irgendetwas zum Essen oder zum Trinken zu kaufen. Von der ersten Klasse auch keine Spur.

In Szczecin angekommen, war ich zuerst von den Ähnlichkeiten zwischen dem hiesigen und dem Bernauer Bahnhof überrascht. Beide befanden sich nämlich im gleichen Zustand der totalen Verrottung. Nur ein gründlicher Abriss konnte noch helfen.

Viel Zeit zum Nachdenken, auch wenn es meine Lieblingsbeschäftigung ist und das nicht nur auf Reisen, blieb mir nicht. Der Anschluss sollte in wenigen Minuten losfahren. Nur von welchem Peron? (Wie früher in der Schweiz und schon länger in Polen ein Bahnsteig heißt). Keine Tafel, keine Ansage, nichts.

Zwei Züge standen da bereit, einer links, der andere rechts. Um sie zu erreichen, musste man erst auf die Treppe klettern und dann wieder runter. In der verbleibenden Zeit und bei dem Gepäck musste ich gleich den richtigen Zug erwischen. Ich lief zum ersten Zug, nach links, nach reinem Bauchgefühl oder politischer Überzeugung? Dabei hatte ich die Hoffnung nicht verloren auf dem Weg dahin irgendetwas Essbares zu finden. In ganz Polen gibt es überall Kioske, bei denen so gut wie alles eingekauft werden kann. Nur hier nicht.

Bahnpersonal war auch weit und breit nicht in Sicht. Da der Zug nicht beschriftet war, lief ich das Gleis entlang bis zur Lokomotive und hielt an, sobald ich einen Mechaniker im Inneren eines Wagens erblickt hatte. Dieser war damit beschäftigt, eine große Schraube an der Wand zwischen zwei Wagen zu drehen. Auf meine Frage: *„Ist das der Zug nach Sopot?"* antwortete er, ohne sich dabei einmal umzudrehen: *„Nein."*

Ich wollte schon fragen, wo denn der Zug nach Sopot zu finden wäre, da sprach der Mann in Blau wieder und sagte, wobei er mir nach wie vor seinen entzückenden Rücken zeigte: *„Das hier ist der Zug über Sopot.“*

Ich sprang in den Zug, der kurz darauf abfuhr. Ich wollte mich bei meinem Retter bedanken. Dieser hatte sich jedoch in Luft aufgelöst. Ich sah ihn nie wieder.

„Über Sopot“ Schönes Ding! Dabei glauben Millionen von Teutonen, dass ihre östlichen Nachbarn es mit der Genauigkeit nicht so ernst nehmen. Von wegen! Immerhin hatte der Mechaniker mich verstanden und war nicht auf die Idee gekommen, mein Recht zur Anwendung und der damit verbundenen Verunstaltung der polnischen Sprache infrage zu stellen. Mit dem klaren Hinweis, dass es auch etwas genauer ging, ja gehen musste, war ich glimpflich davongekommen.

Die polnische Sprache ist eine Art nationales Heiligtum. Es darf nicht jeder sie einfach nutzen, falsch aussprechen und zuallerletzt grammatikalisch kastrieren! So direkt hat es mir noch niemand gesagt. Es ist jedoch auffällig, wie oft meine im reinsten Polnisch für ewige Anfänger gestellten Fragen kommentarlos und wie automatisch in Englisch oder gar in Deutsch beantwortet werden.

Diese Situation hat schon eine gewisse Einmaligkeit. Mein schlechtes Polnisch wird so weit verstanden, sonst würde ich keine Antwort erhalten. Großzügig werden meine unvermeidlichen Fehler und Schwächen dabei normalerweise überhört oder, jedoch nur in wichtigen Fällen auch gleich verbessert. Mit der Antwort in einer anderen, internationaleren Sprache bietet man mir eine Chance aus der Sackgasse, in der ich mich dummerweise verlaufen habe, diskret zu entfliehen. Womöglich denken auch meine Gesprächspartner einfach, dass es keinen Sinn hätte, mir etwas in Polnisch mitzuteilen, da ich es höchst wahrscheinlich nicht verstünde. Um dieser unwahren Annahme vorzubeugen, müsste ich vielleicht ein T-Shirt mit den Worten bedrucken lassen: *Spreche schlecht, verstehe einiges!*

Auch das würde mir oft nicht helfen. Gerade bei jungen Menschen im Restaurant, an der Hotelrezeption oder auf der Straße, ist der Wunsch, dem fremden Besucher zu zeigen, dass man selbst sprachlich fit ist, groß, wenn nicht überproportional ausgeprägt. Dagegen ist nichts einzuwenden, vor allem wenn es mit diesem Sprachtalent auch wirklich stimmt.

Im Zug nach, entschuldigen Sie bitte meine Damen und Herren, ich meine selbstverständlich <u>über</u> Sopot war die Heizung außer Betrieb. Entsprechend kühl war die Fahrt an diesem schneereichen Novembertag. Der Wagen roch stark nach Urin, was bestimmt eine Folge dessen war, dass die Klotür nicht zuging. So gesehen war es mit der defekten Heizung doch recht erfreulich. Trotz der schweren Lage war der Zugschaffner bestens gelaunt. Beschwingt bestätigte er mir, dass es im Zug über Sopot weder zu essen noch zu trinken gab. Schicksal, sagt man dazu. Ich sollte Gdańsk nur noch mit leerem Bauch betreten. So stand es und steht wahrscheinlich bis heute im dicken Buch. Vielleicht war das die Strafe für meinen erzwungenen Gaumenschmaus beim ersten Besuch in der Ostseemetropole?

In Sopot gab es viele Baustellen. Dafür glänzten alte Jugendstil-Villen und Hotels frisch renoviert in der Nachmittagssonne. In der mondänen Fußgängerzone mit Konditoreien und Juweliergeschäften war erstaunlich viel Betrieb für die Nebensaison. Nachdem wir hart gearbeitet und mehrere schöne Mahlzeiten hinter uns gebracht hatten, eine davon in einem Karczma, einem Landgasthof aus Holzbalken, mit deftigem Essen, Kaminfeuer und gut gekühltem Wodka, eine im Restaurant im Rathauskeller von Gdańsk (!), war es wieder an der Zeit mit der Bahn nach Hause zu fahren.

Ich hatte eine Fahrkarte für den Nachtzug von Gdańsk nach Berlin-Gesundbrunnen mit einem Liegeplatz im Sechserabteil. Es war bitterkalt und ich verschob, solange es ging den Moment, in dem ich das Gebäude verlassen musste, um draußen zu warten. Auf dem Bahnsteig wurde ich mehrmals Zeuge einer Szene, die mich stutzig machte. Das Szenario war denkbar einfach. Es wollten auf einmal mehrere Männer mit schwerem Gang und noch schwererer Plastiktüte voller klirrenden Flaschen in den Zug einsteigen, was ohne Unterstützung des Bahnpersonals einfach unmöglich war. Ich bewunderte die Engelsgeduld der Eisenbahner und der weiteren Bahnkunden und malte mir im Voraus eine schöne Nacht aus. Einige der schwer vom Leben gezeichneten

Fahrgäste hatten es in sich. Mit einem, der mich von seiner Bank aus angesprochen hatte, unterhielt ich mich eine gute Viertelstunde. Auf Polnisch! Mein Rekord! Dabei hatte er mich als normalen Gesprächspartner akzeptiert. Der muss es bitternötig gehabt haben…

Mein Zug kam, wie es scheint direkt aus dem Museum der Bahngeschichte her gerollt. Beim Einstieg half mir ein freundlicher Schaffner, der mich in einem stark polnisch geprägten Deutsch fragte: *„Will der Herr mit anderen Gästen im Abteil fahren? Oder will der Herr allein im Abteil reisen?"*

„Ist das möglich?" lautete meine sibyllinische Gegenfrage.

„Mä-glich." die eindeutige Bestätigung.

„Wie viel kostet das?" fragte ich interessiert und diesmal ohne Umschweife.

„Achtzig Złotys. Mit Dose Bier und Kaffee Morgen."

„Einverstanden."

Ich stieg ein und lief zu meinem Abteil. Bald kam der Schaffner vorbei und kassierte den genannten Betrag. So viele Złotys hatte ich nicht mehr dabei. Ich bezahlte in Złotys und Euros und rundete dabei großzügig ab. *„Ich bringe zwei Bier!"* sagte der Schaffner sichtlich begeistert. Ich schaute meine Bierdosen à je einen halben Liter an, trank eine langsam aus, packte die andere weg und legte mich schlafen.

Der Zug ratterte durch die polnische Nacht. Wir machten einen ganz großen Bogen durch Westpolen: Gdańsk, Poznań, Zielona Góra... und schon waren wir am frühen Morgen in Berlin. Selten habe ich im Zug so viel, wenn auch nicht besonders gut, gedöst. Niemand war seit Gdańsk in den Wagen eingestiegen. Es wurde weder laut noch maßlos getrunken.

Alles ist mä-glich!

Am Morgen klopfte der Schaffner an die Glastür. Kurz darauf erschien er, genauso gut gelaunt wie am Vorabend, brachte einen heißen und für polnische oder vielmehr allgemeinbahntechnische Verhältnisse trinkbaren Kaffee. Falls Sie es noch nicht bemerkt haben sollten, ist Kaffee nicht gerade das, was mich nach Polen verschlägt. Wobei inzwischen mehrere bekannte Firmen aus Bella Italia Mitteleuropa entdeckt und sich dort rasant verbreitet haben.

Eine Überraschung hielt der junge Mann für mich in der Hand parat: eine hundertprozentig ordentliche Quittung der polnischen Staatlichen Eisenbahn für den bezahlten Zuschlag! Bier und Kaffee blieben unerwähnt.

Ich verließ in Berlin-Gesundbrunnen den Express-Nachtzug aus Kaliningrad über Gdańsk und beinah alle weiteren wiedergewonnenen Gebiete (offizielle Bezeichnung der ehemals deutschen Gebiete) und fuhr mit der S-Bahn nach Hause in den Berliner Speckgürtel.

Beim letzten Gdańsk-Besuch reichte mir der Anblick der Altstadt samt Großer Mühle, Speicherinsel und Touristenscharen nicht mehr. Mit der Stadtbahn fuhren Sabine und ich ins Außenviertel Oliwa und liefen stundenlang auf der Suche nach *Lalas* Garten, aus dem gleichnamigen Roman[17] von Jacek Dehnel. Wir stritten über die in Frage kommenden Grundstücke. Beinah hätten wir aufgegeben, als uns ein kleines Mikrofon im Baum hängend kurz vor der hinteren Mauer eines gepflegten, langen Gartens auffiel. Wir waren uns sofort einig, was möglicherweise durch die fallende Dämmerung zu erklären war und fuhren glücklich mit der nagelneuen Straßenbahn zurück ins Zentrum in unser Lieblingsrestaurant *Tekstylia*.

Im Vergleich mit der Runde durch Oliwa, seinen großen Parkanlagen und etwas renovierungsbedürftigen Häusern im Grünen kamen uns unsere ausgedehnten Spaziergänge durch das strenge Gdynia, mit Blick auf das neue Fußballstadion aus goldenem Bernstein und im Menschen überfüllten Sopot trotz Meeresluft, Segelboote und vielfältigem Lodyangebot etwas sinnentleert vor.

Katowice & Gliwice

Nach Oberschlesien, und zwar ins Herz des ehemals preußischen Reviers, nach Katowice, verschlug mich 2009 eine europäische Konferenz, an der ich als Mitglied der deutschen Delegation

---

[17] *Lala, Jacek Dehnel, rororo, 2008*

teilnahm. Mit dem Auto von Berlin aus hingefahren, verfuhr ich mich, kaum in der Stadt angekommen. Auf einem der privaten überwachten Parkplätze fragte ich den Wächter nach dem Stadtzentrum. Wer hätte es gedacht? Diese Frage war nicht so leicht zu beantworten. „*Welches Zentrum?*“ Wollte er wissen.

Schlimmer wurde es nur, als ich mich wenig später, diesmal als Fußgänger, nach der Altstadt erkundigte. Alt sieht die Stadt schon aus. Sie ist jedoch gerade hundert Jahre jung. Richtig neu und wuchtig sind fast ausschließlich die riesigen Einkaufszentren, allen voran das Silesia-Center.

Die Konferenz wurde in einem sorgfältig und liebevoll restaurierten ehemaligen Lichtspieltheater abgehalten. Nur wenige der älteren Gebäude der Stadt haben diese Chance gehabt.

Bei einem abendlichen Spaziergang erwartete uns ein ungewöhnliches Bild in Schwarz-Weiß. Die Fußgängerzone, Kopfsteinpflaster und Bänke, und die zentrale Kirche waren fast fertig renoviert und der saubere Kalkstein war blank. Einige Privathäuser, Arztpraxen und Rechtsanwaltsbüros sahen genauso prächtig aus, wie bei ihrer Fertigstellung in der Gründerzeit. Aber, und das wirkte noch gespenstischer im Vergleich, die meisten Wohngebäude waren schwarz vor Ruß und hätten jederzeit eine Sandstrahlung oder bunte Farbe vertragen können.

In einer völlig verräucherten Kellerkneipe tranken wir ein Bier, das wir selbstverständlich vorher von der Theke abgeholt hatten, und genossen die 70er-Jahre Stimmung bei lauter Musik.

Auf der Rückfahrt nach Deutschland verfuhr ich mich erneut in der Dunkelheit und im Regen. Ich hatte mich gewundert, als die Autobahn plötzlich in einem Tunnel verschwand. In der anderen Richtung war doch kein Tunnel gewesen! Ohne Schild oder weitere sichtbare Vorwarnung fuhr die renovierte Autotrasse von Polen aus nicht mehr wie früher über Cottbus nach Berlin, sondern geradeaus nach … Sachsen. Wieso denn das? Die erste Stadt in Sachsen ist Görlitz. Wen wundert's noch, dass Görlitz als letzte Bastion zur kleinen Spitze Schlesiens gehört, die sich auf deutschem Boden befindet? Viva Silesia!

2010 habe ich einen schlesischen Professor kennengelernt. Der Biotechnologe ist ein glühender Verehrer der Forschung an sich. Und hat wie die meisten seiner Kollegen für administrative Querelen wenig übrig. Das Einmalige an einer Präsentation von Prof. M. ist jedoch der Schluss. In mehreren Variationen beendet er jeden Vortrag, lächelnd und mit Funken in den Augen, mit einer Lobeshymne auf die schönste Stadt der Welt: Gliwice.

Schade nur, dass Herr Bienek [18] das nicht erleben konnte. An der Stelle muss ich zugeben: Ich war noch nie in Gliwice / Gleiwitz, aber es steht ganz oben auf meiner Liste. Versprochen!

---

[18] *Birken und Hochöfen. Eine Kindheit in Oberschlesien, Horst Bienek, btb, 1990*

DEUTSCH-FRANZOSE

Das verlorene Paradies

Schlesien

Nach der ersten Durchfahrt mit meinen Eltern in den Achtzigern habe ich Schlesien einige Male einen Besuch abgestattet. Schlesien ist groß und wahrscheinlich gefährlich, sonst gäbe es für die Aufteilung durch die Warschauer Zentralmacht in drei unabhängigen Woiwodschaften zur Vorbereitung des EU-Beitritts keine vernünftige Erklärung. Wie komplex und lebendig das schwere historische Erbe heute noch ist, fiel mir erst recht spät auf. Man kann ja nicht alles wissen.

Bei den privaten und beruflichen Besuchen im Dombrowaer Kohlerevier, in Opole, Wrocław oder dazwischen hatte ich mehr Unterschiede als Gemeinsamkeiten wahrgenommen. Wie sollte es auch anders sein? Vor gar nicht so langer Zeit gehörten einige Gebiete der Region zu Russland, andere zu Österreich oder Preußen.

Bis auf das Dombrowaer Kohlerevier, die letzte Spitze im Nordosten, muss man sich in das vierzehnte Jahrhundert versetzen, um von einem polnischen Schlesien sprechen zu können.

Seit Ende des letzten Weltkrieges liegt nun die ehemalige preußische Provinz Schlesien fast vollständig auf polnischem Territorium mit zwei kleinen Ausnahmen: in der Tschechischen

Republik und in Deutschland. Das wurde mir erst beim besagten Besuch in Görlitz klar, der einzigen Stadt mit schlesischer Tradition, die sich noch diesseits der Grenze befindet. Offiziell liegt Görlitz im Freistaat Sachsen. Jedoch haben die Stadt, ihre Architektur, Sprache und Kultur bis hin zur Gastronomie nichts damit zu tun und lassen keinen Zweifel darüber aufkommen. Vielleicht erklärt dies den außergewöhnlichen Erfolg der grenzüberschreitenden Zusammenarbeit im deutsch-polnischen Rahmen.

Görlitz braucht Zgorzelec, die polnische Schwesterstadt, die auf dem anderen Ufer der Neiße auf den Ruinen der ehemaligen östlichen Stadtviertel von Görlitz entstanden ist. Görlitz ist ungewöhnlich reizend und verlassen. Die Bevölkerung schrumpft zusehends. Wunderschön renovierte Häuser aus vielen Jahrhunderten warten auf Mieter und Käufer. Zgorzelec hat kaum Denkmäler und alte Wohnhäuser, dafür viele junge Einwohner.

Zgorzelec, März 2008

Deutsche Touristen laufen über die Fußgängerbrücke, wenn es der Neiße genehm ist, und speisen in einem der Landgasthäuser auf der polnischen Seite. Es ist nicht nur preiswert, sondern auch sehr lecker. Umgekehrt trifft man viele polnische Familien beim Einkaufsbummel in Görlitz. Die deutsche Stadt bietet mehr Läden und Gaststätten, einige davon in malerischen mehrstufigen Kellern untergebracht, als ihre Nachbarin. Das allgemeine Preisniveau in Görlitz ist niedrig. Manche Waren sind sogar billiger als auf der anderen Flussseite. Es gibt Orientierungsschilder in den zwei Sprachen. Dergleichen gab es bei meinen letzten Besuchen weder in Frankfurt/Słubice, noch in Guben / Gubin.

Die Zweisprachigkeit ist kein Zufall, sie hat System. Im Schlesischen Museum begnügt man sich natürlich nicht mit Deutsch und Polnisch, immerhin sind alle Erklärungen zweisprachig, dort kann der Besucher auch Wasserpolnisch und weiteren schlesischen Dialekten lauschen. Das Museum hat ein ehrgeiziges Ziel. Es vertritt vehement ganz Schlesien, von den Anfängen bis in die Zukunft, in allen seinen Facetten, Fußball inklusiv, in den Verwirrungen der Geschichte, jedoch ohne Kompromiss und Vorurteile. Ein großartiges, vorbildliches Museum!

Auf dem östlichen Ufer der Neiße wächst und gedeiht auf dem Hügel eine typische polnische Neustadt. Sanierungsbedürftige Plattenbauten und schrill bemalte Altbauwohnungen kämpfen um die Herrschaft im chaotischen Stadtbild. Bunt sind auch die Schilder der Lombarden- und Wechselbuden, die Balkone, jeder auf seine Art und ohne Rücksicht auf Verluste. Die Gedanken sind frei.

Weiter läuft man über eine breite Straße und befindet sich im Park. Aus den Kellerfenstern eines großen Gebäudes strömen wilde Hardrocktöne. Beim näheren Hingucken entpuppt sich das monumentale Bauwerk als *Dom Kultury*, dem Gemeindekulturhaus. Dort sind in einer Ausstellung Fotos zu bewundern und das, was von früheren Zeiten übriggeblieben ist. Als das Kulturhaus noch Oberlausitzer Ruhmeshalle hieß.

Im Spendenaufruf des Görlitzer Anzeigers aus dem Jahr 1888 für den Bau dieses einmaligen Denkmals stand: *„Oberlausitzer Ruhmeshalle als Andenken an unsere in Gott ruhenden Kaiser Wilhelm I. und Friedrich III. Die Bewohner der Oberlausitz, werden recht herzlich und dringend gebeten, ihr patriotisches Interesse der Oberlausitzer Ruhmeshalle, welche die Wiedergeburt des Deutschen Reiches zu verherrlichen und der Liebe zu unseren Kaisern Wilhelm I. und Friedrich III. Ausdruck zu geben bestimmt ist, zuzuwenden. (…) Wahre Vaterlandsliebe und echte Kaisertreue werden Sie uns nicht verweigern.“*

Na denn.

An einem sonnigen Nachmittag erkundeten wir mit dem Auto das Land südlich von Zgorzelec Richtung Sudeten. Es ist wieder eine hügelige, grüne Landschaft mit Wiesen, Feldern und Wald, von mit Seidenweiden und Pappeln gesäumten schmalen Flüssen durchquert. Wäre nicht der desolate Zustand fast aller Häuser, Gehöfte und Kirchen, zu dieser Jahreszeit allesamt in dicken

Rauchschwaden aus den Steinkohleöfen eingehüllt, wäre das Wort idyllisch eine treffende Beschreibung dieses Stückchens Erde.

Zgorzelec, März 2008

So konnte gerade erahnt werden, wie das Land aussehen könnte, wenn einmal die letzten Spuren der Zerstörungen des zwanzigsten Jahrhunderts weggewischt wären.

In der Kleinstadt Lubań, die im Mittelalter zusammen mit Görlitz, Löbau, Bautzen, Zittau und Kamenz unter dem Namen Lauban Mitglied des Oberlausitzer Sechsstädtebundes war, herrschte eine

242

künstlich wirkende Ruhe. Der wieder aufgebaute Marktplatz konnte sich zwischen alt und modern nicht entscheiden. Vor dem Hintergrund farbiger Plattenbaufassaden sah die Nachbildung der kursächsischen Postdistanzsäule vom Görlitzer Tor authentisch und zugleich deplatziert aus.

Einige Jahre nach dem Beitritt Polens zum Schengen-Abkommen kippte leider die Stimmung in Guben. Als Folge der Grenzeröffnung nahm die Zahl der Einbrüche und Diebstähle zu. Auch der sonst so weltoffene Bürgermeister musste reagieren und unterstützte im Sommer 2011 die Idee einer Wiedereinführung von Stichkontrollen im Grenzgebiet, zum *„Schutz der europäischen Idee.“*

Nach „Ostpreußen"

Im Juli 2008 hatten wir plötzlich einen Rappel und rasten durch ganz Polen über Vilnius und Klaipėda zur Kurischen Nehrung und zurück. Die Strecke führte über Hügel, Felder und Wälder, hässliche, Gott verlassene Durchfahrtsdörfer wechselten einander mit hübschen Städtchen an Seen, wie etwa Wałcz, ab.

Mittags aßen wir in einer der drei Millionen Imbissbuden am Straßenrand. Es gab Schaschlik nach polnischer Art, das heißt, dass das rohe, marinierte Fleisch direkt auf den Rost gelegt wurde, als noch hohe Flammen brannten. Davon abgesehen, dass dieses Verfahren weder gesund noch umweltfreundlich sein dürfte, schmeckte das gut gewürzte Fleisch hervorragend.

Nach einer kurzen Pause in Toruń, bei der wir den sympathischen Hund kennenlernten, der von seinem mit Blumenkästen und Schmiedeeisengeländer geschmückten Balkon aus jeden Besucher des Copernicus-Museums im Gebäude nebenan herzlich willkommen heißt. Toruń, dass ich wegen des erbärmlichen Bauzustands in ganz schlechter Erinnerung hatte, entpuppte sich als freundliche, gepflegte Altstadt mit großem Angebot für hungrige Besucher. Passend zu den sommerlichen Temperaturen aßen wir die nord-polnisch-litauische kalte Gemüse- und Knoblauchsuppe *Chłodnik*, dem besten Gaspacho ebenbürtig, und dazu den Gurken- und Tomatensalat mit dem bescheidenen Namen *Miseria*.

Am Morgen darauf erreichten wir nach einigen Kilometern Masuren. Wie schön Masuren ist, weiß jeder Leser von Ralph Giordanos Buch *Ostpreußen ade* [19]. Herrn Giordano habe ich völlig unvorbereitet - Piotr sei Dank! - kennengelernt und ein wenig von Polen erzählt. Er fragte mich, ob ich sein Buch über Ostpreußen kenne. Zu diesem Zeitpunkt hatte ich vom engagierten Autor ausschließlich ungewöhnliche Tiergeschichten gelesen... Zum Lernen ist es ja nie zu spät. Wer dieses einmalige Werk nicht gelesen hat und auch keine der vielen Schriften (Siegfried Lenz!), die den unwiderstehlichen Charme der Region preisen, könnte auch rein theoretisch Doudou fragen.

---

[19] *Ostpreußen ade: Reise durch ein melancholisches Land, Ralph Giordano, KiWi, 1994*

Doudou, französischer Physiker und Feinschmecker, hat als Doktorand lange vor allen Wenden an einem Fachsymposium in Mągrowo, Abkürzung von *„Mitten im Nirgendwo"*, in Masuren teilgenommen. Er und insbesondere seine größte Drüse, genau genommen die Zentrale für den gesamten Stoffwechsel im Körper, werden diese kurze, lehrreiche Zeit vermutlich nie vergessen. Schließlich hatten die meisten Symposium-Teilnehmer von Zuhause in Russland, Belarus, natürlich Polen und sogar den USA je eine Flasche Wodka für eine gemeinsame Probe mitgebracht.

Toruń, Sommer 2008

Viele Jahre später hat die Durchfahrt durch Mągrowo bei uns keinen bleibenden Eindruck hinterlassen. Kurz danach verblüffte die malerisch zwischen zwei langen Seen gelegene Kleinstadt Mikołajki durch den regen Betrieb: Die Gehsteige waren mit Menschen in Badekleidung überfüllt. Einige Ferienanlagen schienen direkt aus dem TUI-Katalog für das Rote Meer entsprungen zu sein. Vielsternig, mehrstöckig und einfach gigantisch störten sie ein wenig in der sonst so lieblichen Landschaft. Viel Zeit zum Kritisieren hatten wir nicht, wir zogen weiter durch die Seenplatte, bis die Sonne an Kraft verlor und die Störche sich für die Nacht fertig machten.

Wir waren recht müde und wagten nicht, noch am gleichen Tag litauischen Boden zu betreten. Deshalb hielten wir einige Kilometer vor der Grenze im kleinen Ort Giby vor einem großen Haus einfach an, in der vagen Hoffnung, man könnte dort übernachten. Es war tatsächlich ein Gästehaus, auch wenn nichts dran stand, weder *Noclegi* noch *Pokoje gościnne*.

Das uns zugeteilte Zimmer war recht klein und mit herrlichen Polstermöbeln aus der sozialistischen Ära vollgestopft. Aber das Grundstück lag direkt am See und zu allem Überfluss hatte der Hausherr in einem winzigen Laden an einer Ecke zur Straße für das leibliche Wohl ausreichend Dinge im Angebot.

Nach einem gemeinsamen Sonnenbad und einem schnellen Eintunken ins kalte Wasser (nur Sabine) im goldenen Abendlicht machten wir uns ein rustikales Picknick auf der Terrasse. Die Nachtruhe wurde allein von einigen hartnäckigen Mücken gestört. Weder hörten wir unsere Nachbarn am Lagerfeuer grillen und singen, was sie garantiert taten, noch den Herr Sergiusz Piasecki [20], wie er unter besterntem Himmel seine üblen Verfolger im wilden Schusswechsel im nah gelegenen Mischwald loszuwerden versuchte.

In Litauen war Polen am Anfang sehr präsent: in Vilnius indirekt, da dort alles getan wurde, um von der polnischen (und nebenbei der jüdischen) Vergangenheit abzulenken, als ob die Stadt seit Jahrtausenden immer nur rein litauisch gewesen wäre, in Trakai unmittelbar, da die hübsche Wasserburg von einer großen polnischen Reisegruppe in Besitz genommen worden war, die sich wie zu Hause fühlte und sich entsprechend benahm.

Nach einer spannenden Tour durch Westlitauen, das Land mit den schönsten Wolken der Welt, kehrten wir reich an neuen Lebenserfahrungen nach Polen zurück. Als erstes aßen wir einen heißen Żurek im Landgasthaus an einem Fleck wo die Zahl der Störche bei Weitem die der Steuerzahler übertraf. Im Anschluss suchten wir uns einen gemütlichen Platz am Wasser aus, fest entschlossen, wie schon auf der Hinfahrt die Abendsonne zu genießen.

Zuerst musste mit dem Besitzerpaar der Ferien- und Campinganlage verhandelt werden. Wie der Zufall so spielt, war ich beim

---

20 *Der geniale Autor von Der Geliebte der Großen Bärin (1937), Sergiusz Piasecki, KiWi, 2018*

Gespräch mit den Eingeborenen mal dran: *„Dzień dobry. Sprechen Sie Deutsch?"*

„Nie, tylko polski!" (*„Nein, nur Polnisch!"*) kam prompt zurückgeschossen. Davor hatte mich ihr Mann gleich auf Deutsch angesprochen. *Pana* Chefin sah das ganz anders. Diese unerwartete Reaktion und das anschließende Gespräch führten mich zu folgenden hoch philosophischen Gedanken, die kurz darauf für die Nachwelt niedergeschrieben wurden: *Also, es gibt sie doch, die polnisch sprechenden Polen. Es freut mich sehr! Ich kann jetzt in der Sprache von Pan Tadeusz, von irgendeinem Herrn Tadeusz, wenn es Ihnen lieber ist, fragen, ob ein Zimmer frei ist, für zwei Personen, und eine Nacht. Und es klappt! Deshalb sitze ich im Augenblick gemütlich auf dem Holzsteg am See im fantastischen Abendlicht. Familie Haubentaucher ist soeben verschwunden. Vater, Mutter, sowie die drei süßen Kinder. Doch sind sie noch da! Die Brut hat sie vorher zum Schutz ins Schilf um die Ecke gebracht. Jetzt sonnen sie sich unverschämt und trinken dabei das aus Litauen mitgebrachte süßliche Bier aus. Oder war es jemand anders?*

Meine Träumerei wurde brutal unterbrochen. Zwei Gäste aus dem westlichen Nachbarland unterhielten sich recht laut (von wegen Niemiec? nichtsprechende Menschen, wie eine gängige Übersetzung des polnischen Wortes für „Deutsche" lautet) am Ufer. Vom tiefgreifenden Austausch kriegten wir nur vielsagende Satzfetzen mit, etwa: „ ... *mit Gewalt entromantisieren...* "

Dann verschwanden wir in den Speisesaal. Nach einem kalorienreichen Abendessen und einer ruhigen Nacht war mir nach körperlicher Betätigung. Am frühen Morgen joggte ich am Straßenrand, mit dem erklärten Ziel, bei der erstbesten Gelegenheit die Straße zu verlassen. Ich musste nicht lange warten, der nächste weiße Weg ins Nirgendwo kam nach hundert Metern. In jeder dritten Kurve war ein neuer See, zumindest ein neuer Teich zu bewundern. Teile des Ufers waren bebaut. Mit alten Gehöften und neuen Ferienwohnungen.

Am See, Masuren, Sommer 2008

Eine große Anlage ließ dem Betrachter keinen Zweifel an der Nationalität der Besitzer. Neben einer deutschen Flagge in zehn Metern Höhe gab es auch eine, wohl kleinere, EU-Flagge. Polen? Fehlanzeige.

In der nächsten Kehre erschreckte mich lauter Krach, bis ich den Übeltäter erspähte und darüber nur noch schmunzeln konnte. Ein männlicher Kranich zeigte seiner Lieblingshälfte, was alles in ihm steckte. Ganz schön lächerlich. Und dabei so menschlich. Neben Madame lag auch ein kleines Küken auf dem abgeernteten Weizenfeld, beide den tanzenden Helden und seine Kunstperformance völlig ignorierend.

Nach einer kleinen Strecke im Wald landete ich plötzlich auf einem Hof. Das Empfangskomitee in Form von drei lauten, frechen Feld-Promenadenmischungen war sehr hartnäckig. Ich musste ganz schön schnell davonrennen und mich dabei bücken, um Steine zu sammeln, damit ich im Notfall meinen Aggressoren nicht nur mit leeren Worten entgegentrete. Die offene Drohung wurde ernst genommen, ich durfte passieren.

Das Licht war zauberhaft. Ein einziger Blick hätte Herrn Stasiuk zu mindestens drei Meisterwerken inspiriert. Mit jedem Schritt entfernte ich mich ein kleines Stück weiter von der Zivilisation. Abgestellte verrostete Fahrgestelle waren weit und breit die einzigen Vertreter der Gattung Auto.

Die Bauernhöfe waren klein und verlottert. Als Zuchtanlagen für Störche, Füchse und Kleinfliegen hätten sie bestimmt großen Erfolg auf dem Weltmarkt errungen. Aber wer bitte schön kauft schon Störche?

Was die Fliegen angeht, waren sie unendlich nervig, füllten ohne jede Zurückhaltung meine Nasenlöcher, Ohren, Augen und

Mund, sodass ich entnervt kehrtmachte und nach dieser Schlappe im Kampf gegen die wilde Fauna mich auf die bevorstehende Wiederbegegnung mit dem dreiköpfigen Zerberus vor dem Bauernhof aufrichtig freute.

Auf dem Rückweg nach Berlin sahen wir im Vorbeifahren den Umriss der Stadt Grudziądz an der Weichsel und ihre berühmten Kornspeicher und kurz darauf die vielen Türme der Altstadt von Chełmno. Wir ließen die graue Industriestadt Bydgoszcz hinter uns, in der wir bei der Hinfahrt ewig lange im Stau gestanden hatten.

Von da an suchten wir vergeblich eine Unterkunft für die Nacht zum Sonntag. Einen letzten Versuch machten wir in Stargard Szczeciński, schauten uns die wiederaufgebauten Baudenkmäler der Backsteingotik an. In der Mitte der Altstadt klaffte ein großes Loch, das Reste der Keller der Vorkriegszeit zur makabren Schau stellte.

Alle Gaststätten waren durch laute Hochzeitsgesellschaften besetzt. Nach einem wenig aufregenden Abendessen beim Chinesen ging es unverzüglich nach Hause.

Ein paar Tage später passierte es. In der Berliner S-Bahn, die schon einiges erleben durfte. Auf dem Weg zur Arbeit schrieb ich einige Sätze nieder. In Polnisch. Es klingt wie ein Kindergedicht. Mehr war nicht drin. Und dennoch ist es der erste selbstgeschriebene Text in dieser Sprache, den ich definitiv weder ins Deutsche noch ins Französische richtig übertragen könnte. Das Original nur für Sie:

Latem (*„Im Sommer", vgl. Anhang*)

W lesie czytała Liza list:

„ ... w listowie leży lis

jak lwowski lew.

Wiewórka spaceruje,

widzi lisa i znika

z jagodami w mordzie.

Lis śpi i śni o Lizie..."

„O mnie?" zapytała Liza.

Liza spała. O lisie śniła.

Na plaży czytał lis list:

„ ... w piasku leży Liza

jak syrena bursztynowa.

Na urlopie spaceruje wiewórka,

widzi Lizę i znika.

W mordzie nie ma nic.

Teraz śpi Wiewórka.

O niczym nie śni."

Kostrzyn nad Odrą und die Vogelrepublik

Kostrzyn nad Odrą ist eine Reise wert. Beim ersten Besuch dieser Grenzstadt im Februar 2003 haben wir, meine Frau und ich, rein zufällig den Eingang zur Altstadt gefunden. Dieser lag hinter einem großen, nagelneuen Hotelgebäude und einer Tankstelle mit angeschlossenem Supermarkt versteckt. Beim Spaziergang durch die Ruinen hatte uns der morbide Charme des *Pompejis des Ostens*, wie die Reiseprofis den Ort inzwischen nennen, fasziniert. Das, was von der ehemaligen stolzen preußischen Festung Küstrin übriggeblieben ist, fungiert als Kurzfassung von mehr als fünfhundert Jahren Geschichte.

Die langjährige Garnisonsstadt wurde am Ende des Zweiten Weltkrieges wie so viele Orte zwischen Moskau und Berlin dem Erdboden gleichgemacht. Die Sieger ehrten ihre gefallenen Soldaten mit einem Denkmal auf der Bastion König, die direkt am Oderufer steht. Von Weitem mahnte, der von einem Geschütz flankierte, mit Sowjetstern gekrönte Obelisk den Besucher. Die kleine Grünfläche dahinter beherbergte die von Kriechkoniferen überwucherten, sehr schlichten Gräber sehr junger Soldaten.

Von der alten Stadt sind die Bürgersteige erhalten. Die Granitplatten aus Schlesien erinnerten Sabine an ihren Weg zur Schule in Berlin-Wedding. Damals versuchte sie von einer Platte zur nächsten zu springen, ohne das Gleichgewicht zu verlieren. Hier führen alle gepflasterten Straßen ins Nichts. Links und rechts ragen die ersten Stufen von Treppen, die Kellerzugänge und einige Mauern von höchstens fünfzig Zentimetern Höhe aus einem neuen Urwald. Das gusseiserne Gullygitter hat die Fa. Lagois & Seibert, Berlin-Charlottenburg, geliefert.

Kostrzyn nad Odrą, „Altstadt", Gräber sowjetischer Soldaten, Bastion König, 2006

Als wir im Juli 2010 wiederkamen, in Begleitung unseres Neffen Yacine, hatten wir nicht nur Kostrzyn nad Odrą im Blick, sondern wollten auch den Nationalpark an der Wartemündung mal sehen. Es regnete ununterbrochen. In der kleinen Gaststätte im runden Turm beim Supermarkt in der Neustadt fanden wir Unterschlupf.

254

So einfach das Lokal war, schmeckte das Essen uns allen vorzüglich, ja sogar Yacine, dem ewigen Was-wäre-wenn-Denker.

Nach der Mittagspause liefen wir in die Altstadt. Überall wurden Gebäudereste und Ruinen instandgesetzt. Oben auf der Bastion angekommen, stellten wir fest, dass Gräber, Obelisk und Kanone verschwunden waren.

Yacine war schweigsam. Als wir zurückkamen, suchte er dringend eine Toilette im Hotel neben dem Parkplatz. Er meinte, dass er an einem Ort wie diesem nicht einfach pullern konnte. So kann man auch seine Betroffenheit ausdrücken.

Kostrzyn nad Odrą, „Altstadt", Kietzer Tor, 2006

Kostrzyn nad Odrą, „Altstadt", Kietzer Tor, 2020

Der nächste Halt war der Nationalpark. In Słońsk angekommen folgten wir den Schildern Richtung Vogelrepublik, die unsere Neugier geweckt hatten. Es regnete nach wie vor heftig. Der Weg wurde schmaler und bestand schließlich nur noch aus Betonplatten, wie sie auch überall in den Neuen Bundesländern anzutreffen sind. Links vom Weg entdeckten wir einen, zwei, nein! fünfzig!!! pitschnasse Störche.

Wir fuhren bis zu einer Beobachtungsstelle aus Holz, die unter der letzten Flut stark gelitten hatte. In dem fast zerstörten Pavillon nisteten lauter laute Seeschwalben. Der Boden war von Vogeldreck übersät. Unsichtbare Pfeile zerkratzen ununterbrochen die Luft, um den kreischenden Nachwuchs unter der Decke zu füttern.

Słońsk, Oktober 2016

Der Regen wurde noch doller. Bald gaben wir auf und hielten nur noch ein letztes Mal auf halber Strecke nach Kostrzyn nad Odrą an. Direkt am Straßenrand waren Schwärme von Schwänen, Enten, Gänsen und ein einsamer Löffler zu bewundern. Als wir uns zu Fuß näherten, verschwanden sie alle in einer rauschenden Wolke. Währenddessen schlief Yacine im Auto fest.

Eine Woche später kamen wir wieder, diesmal zu zweit. Das Wetter war jetzt hochsommerlich. Und das war nicht die einzige Überraschung. Wir parkten gleich am Eingang der Stadt, um das Informationshaus im Berliner Tor, das die Woche davor geschlossen hatte, zu besuchen. Dort fragte ich die junge Frau hinter der Theke nach dem Schicksal des sowjetischen Ehrenmals. Sie teilte mir in sehr gutem Deutsch mit, dass die Gräber der Soldaten zur letzten Ruhe in den Stadtfriedhof umgebettet worden waren. Obelisk und Geschütz hatte man ohne Umstände verschrottet.

Das kleine Museum im Tor beherbergt eine sehenswerte, natürlich zweisprachige Ausstellung zur Geschichte der Altstadt. Zweisprachig sind auch die brandneuen Straßenschilder auf dem Gelände. Da war ein Perfektionist am Werk: Die deutschen Namen sind in gotischer Schrift verfasst. Mich, ebenfalls Liebhaber der Perfektion, störte nur ein wenig, dass die polnischen Namen, wortwörtliche Übersetzungen der deutschen, oben standen und in größeren Buchstaben. Muss die neue polnische Identität so plump angekündigt werden? Oder bin ich etwa nie zufrieden?

Wir liefen in den Ruinen herum, etwas überrascht, so vielen Gruppen von Jugendlichen in Badekleidung zu begegnen. Wieder im Auto nahmen wir den Kurs Richtung Stadtzentrum auf. Es war Mittag und ich verspürte genetisch bedingt, wie immer in solchen Fällen plötzlich Heißhunger. Am Eingang von Kostrzyn, gleich hinter der ehemaligen Grenzanlage, war auf einmal viel Polizei postiert, die Straßen mit Autos und Bussen verstopft. Die Bürgersteige mit Menschenmassen ebenfalls!

Unser Vorhaben, das Restaurant von letzter Woche bei schönem Wetter im *plener*, also draußen *(aus dem französischen plein air)*, zu testen, mussten wir leider gleich vergessen. Wir hatten Glück im Unglück und konnten nach kurzer Zeit umkehren und die Stadt hinter uns lassen. Jetzt erst nahmen wir kleine Schilder am Straßenrand wahr: *16. Haltestelle Woodstock*, Rockfestival umsonst und draußen... 50 Bands aus zig Ländern nach dem Motto *Love, Peace & Rock' n' Roll*. Sachen gibt's.

In der Vogelrepublik packten wir Fernglas, Kamera und Fahrräder aus und erkundeten den Betonweg bis zu dem Punkt, wo dieser plötzlich zur Antimaterie mutiert. Jedenfalls ist er irgendwann einfach weg. Neben seinem Rad hinter den Kühen laufend sprach uns ein alter Kuhhirt an: *„Das Wasser ist so hoch. Deshalb können wir die Vögel in solcher Menge und so nah beobachten.“* Und ganz allein dazu. Bis auf einige Angler ist der riesige Naturpark zugleich tierreich und menschenleer. An einem einzigen Nachmittag sahen wir unzählige Enten, Kraniche, Seiden- und Nachtreiher, Gänse, Kormorane, weiße Störche, Möwen, verschiedenste Seeschwalben, etliche Lappentaucher, Höckerschwäne, Krähen, Rallen, drei schwarze Störche, ein Reh *(sicher)*, noch ein Reh im Gebüsch *(vielleicht)*, einen Frischling, einen Seeadler, der alle aufscheuchte, sich ins Wasser stürzte und einen Fisch holte, über den ich mich in meiner kurzen Phase als Angler sehr gefreut hätte …

Auf dem Deich waren die von der letzten Flut übriggebliebenen Sandsäcke geplatzt. Dort war es recht schwer mit dem Rad voranzukommen. Auf den Feldern grasten lauter Kühe von der Sorte Straßen- und Feldmischung, Pferde und Ponys. In der Nähe von beinah jedem Haus hockten schneeweiße, junge Störche im Nest. Vier Jungtiere pro Nest waren keine Seltenheit. In Brandenburg sind mehr als zwei Küken die Ausnahme. Weitere Geschwister werden über Bord geworfen. Zum ersten Mal wurde mir klar, dass in Polen sogar die Störche streng katholisch sind. Wahrscheinlich ist drüben der Froschvorrat üppiger als hier. Laut der sogenannten Henry'schen Theorie könnte die größere Entfernung zu Frankreich dabei eine Rolle spielen.

Die Menschensiedlungen waren von sehr kleinen, schüchternen Hunden, Hündchen und Minihündchen vor Eindringlingen geschützt. Solange man sich über die Bonsaiwächter nicht offensichtlich lustig machte, blieb alles ruhig. Die Menschen selbst, soweit sie zu Fuß unterwegs waren, grüßten sehr freundlich.

Im Auto fuhren sie wie die Henker und/oder waren leider betrunken. So überholten uns Jugendliche aus Gdańsk auf der kleinen Straße am Fluss auf sehr abenteuerliche Art und Weise. Kurz darauf hielten sie gezwungenermaßen vor der Fähre an. Sie stiegen aus, wie sich reife Äpfel vom Baum trennen: allein durch die Schwerkraft. Ein schmaler Kerl in Radlerhose taumelte zur Seite. Er pinkelte ins Grüne und schwankte dabei gefährlich. Kaum hatte er die Brennnessel vor sich großzügig begossen fiel er schon der Länge nach hinein wie ein Kartoffelsack. Müde lachten seine Kumpel, sich am Auto festhaltend. Mit den ruckartigen Bewegungen eines Roboters stand der Gefallene wieder vom Feld auf und fand zum Wagen zurück. Dort trank er einen großzügigen Schluck aus einer Plastikwasserflasche. Und schon wurde übergesetzt.

Bei der Durchfahrt durch die Dörfer dachte ich wieder an Giordanos Buch. Es ist zehn Jahre alt und beschreibt das Gebiet des ehemaligen Ostpreußens. Das allgegenwärtige Naturidyll, die für wie lange noch unberührte Natur, die vielen verlassenen Gutshöfe. Das alles gibt es auch hier, heute und direkt hinter der Grenze, eine Auto- oder Bahnstunde von der deutschen Hauptstadt entfernt.

Vogelrepublik, Wartemündung, Juli 2010

Umso sonderbarer wirken die eleganten Straßen, Bürgersteige, Plätze und Bushaltestellen in dieser verlassenen Landschaft, die einige Dörfer mit umtriebigen Volksvertretern zieren, allesamt von der EU gesponsert. Desto deplatzierter die boomende Wirtschaft in den Gemeinden an der Grenze. Ob die Polen aus unseren Fehlern im Westen lernen? Dieser bedenkliche Satz ging mir bei dieser Tour nicht aus dem Kopf.

Noch mehr Lebuser Land

Die Vogelrepublik liegt im Lebuser Land. Diese historische Kulturlandschaft, auch Land Lebus genannt, gibt es historisch bedingt gleich zweimal. Westlich der Oder als kleines Amt in Brandenburg, östlich als neue Woiwodschaft. Bis kürzlich galt die Kreuzung der Europastraßen 30 *(Cork - Omsk)* und 65 *(Malmö - Chania)* im Ort Świebodzin als die größte Sehenswürdigkeit der Region. Seit November 2010 kann dort bequem vom Zug aus, auf der Strecke Berlin – Warschau, die höchste Christusstatue der Welt bewundert werden.

Die zwei Regionalhauptstädte Zielona Góra im Süden und Gorzów Wielkopolskie im Norden haben dem Besucher nicht mehr anzubieten als alte Marienkirchen aus rotem Backstein und türkische Restaurants. Eine größere Menschensiedlung findet sich weit und breit auch nicht. Aber gerade das ist schön!

Viele Dörfer liegen idyllisch zwischen uralten Wäldern voller Steinpilze und klaren Seen. Ob etwa Ośno Lubuskie oder Łagów, überall erwacht langsam Dornröschen aus ihrem langjährigen Schlaf. Historische Gebäude, Kirchen, Rathäuser und Stadtmauern werden aufwendig saniert, neue Gaststätten und Unterkünfte entstehen, manchmal an unerwarteten Plätzen wie das elegante

Restaurant am Łagówer See im ehemaligen Lichtspielhaus am Fuß der Johanniter-Ritterordensburg.

Im Sommer ist hier richtig was los, und zwar beim beliebten Gemeindeerntedankfest *(Dożynki Gminne)*. Vielleicht muss man auf dem Lande groß geworden sein, um diese zur Schau getragene bunte Mischung aus Religion und Volksglauben, Lokalpatriotismus, Handel, Sport und Familienspaß angemessen *(oder überhaupt?)* genießen zu können.

Auf der Festwiese ist jedes Dörfchen der Gemeinde mit einem prachtvoll dekorierten Stand vertreten: das beste Obst und Gemüse, selbst gemachte kulinarische Spezialitäten und natürlich mit Kornblumen und Mohn geschmückte Ähren soweit das Auge reicht. Neben urigem Krustenbrot, erstklassigem Schmalz mit Grieben und eingelegten Gurken gibt es überall Blechkuchen und Honig in großen Gläsern. An den Ständen wird reichlich gespeist und getrunken. Natürlich erst nachdem die Veranstaltung vom Priester geweiht und dann vom Bürgermeister offiziell eröffnet wurde.

Ein Wettbewerb jagt den anderen: Standaufmachung, Marsch des Blasorchesters mit Majoretten in babyrosa Kleidchen, Fußballspiele, Übungen der freiwilligen Feuerwehr, Chorgesang von Jung und Alt, Ausstellung von Landmaschinen, Zuchtkaninchen und Brieftauben, erbitterter Kampf um den Titel *Stärkster Mann der Welt*, hektischer Bau einer Menschenpyramide...

Das alles ist aber gar nichts im Vergleich zum eigentlichen Höhepunkt des Tages. Gemeint ist die Prozession der aus Getreide geflochtenen Erntekronen aus jedem Kaff des Einzugsgebiets. Am Ende werden alle diese Kunstkreationen am Fuß der Freiluftbühne in einer Reihe äußert vorsichtig aufgestellt und anschließend die schönste unter lautem Beifall ausgewählt.

Der versammelten Menge fällt die Wahl gewiss nicht leicht. Für die Kronenkünstler war kein Aufwand zu groß. Einige Kronen sind wahre, tragbare Marienkapellen mit allen Attributen. Andere sind nur bunt. Diese erinnern mich plötzlich an ein ähnliches Fest, das ich vor vielen Jahren ganz weit weg von hier erlebte. In Ubud auf Bali, da war Erntedankfest für den Reis. Überhaupt gab es große Ähnlichkeiten zwischen beiden Feiern auch wenn Kost und Getränke ganz andere waren.

Eine ähnliche Tradition kenne ich aus Frankreich nicht. Höchstwahrscheinlich gab es so etwas früher, vor meiner Zeit, als der Bauernstand noch in der Überzahl war. In Deutschland, ebenfalls ein Land, in dem die in der Landwirtschaft arbeitenden Bevölkerung praktisch verschwunden ist, existiert eine vage Erinnerung dieses Usus in Form von kitschigen Sonderdekorationen in den Eingangshallen der großen Einkaufszentren im Herbst.

Beim Erntefest sind sich die Nachbarn nicht einig. Die Polen feiern im Sommer, die Deutschen im Herbst. Mir kommt es logischer vor, die Getreideernte noch im Sommer zu würdigen, allein wegen der schöneren Witterung. Eine Garantie für Sonnenschein gibt es allerdings nicht, deshalb stehen wir jetzt wie Dosensardinen zusammengepfercht unter einem Zelt neben der schlagartig verlassenen Bühne. Die uralte Buche, unter der wir vorher eine Weile voller Optimismus gestanden haben, hat die aus dem Himmel herabstürzenden Wassermassen nicht mehr aufhalten können.

Garten z kobietami – Ogród mit Damen (Gärten ohne Grenzen)[21]

Und was ist mit dem Honig? Honig kaufen wir hier nicht. Gut ist er bestimmt, aber jedes Kind weiß, dass der allerbeste Honig des Universums von ganz in der Nähe, aus dem von Buchenwäldern umgebenen Städtchen Sulęcin kommt. Und den wollen wir:

---

[21] *Durch die Bilder Czerwona parasolka (Roter Schirm), Józef Mehoffer, Muzeum Narodowe Kraków (links) und Trollhois Garten, Emil Nolde, Nolde-Stiftung-Seebüll (rechts), inspiriert (2019)*

Heidehonig,

Löwenzahnhonig,

Blütenhonig,

Wildwiesenhonig,

Rapshonig,

Buchweizenhonig,

Kornblumenhonig,

Akazienhonig,

Lindenhonig,

Tannenhonig,

so zärtlich ist Sulęcin.

Weiße Weihnachten an der Swinemündung

Kurz vor Weihnachten erlebt man in Polen einige Vorbereitungen für das bevorstehende Fest hautnah. So gibt es keinen Supermarktparkplatz ohne Karpfenzelt. Neuerdings werden zu diesem Zweck Pavillons aus Kunststoff, die ursprünglich für Sommerfeste im Garten konzipiert wurden, verwendet. Wer sich hinein traut, entdeckt mehrere Wasserbecken, in denen sich unzählige mittelgroße Karpfen tummeln.

Diese werden die letzte Woche vor Christi Geburt - und ihres Lebens - im Schoß der Familie verbringen. Man behandelt sie wie ein besonders liebes Familienmitglied. Oft dürfen sie die Nutzung der Badewanne ganz allein und ohne weitere Erklärungen für sich in Anspruch nehmen. Wenn es so weit ist, möchte jedoch niemand mit dem temporären Lieblingshaustier tauschen. Da geht es ihm noch am 24. Dezember ganz schön an den Kragen.

Als Trostpflaster für den Karpfen gibt es zwei nicht so recht überzeugende Details: als Ritualmörder tritt traditionsgemäß das älteste Familienmitglied, meist ist das die sonst so liebe Oma auf, und wie schön!, die Schuppen des Opfers werden unter allen Anwesenden peinlichst genau verteilt und mit großer Liebe bis zum nächsten Jahr im eigenen Geldbeutel als Glücksbringer fein säuberlich aufbewahrt.

Trotz Unwetterwarnung haben wir am Heiligabend 2010 das Auto vollgepackt und sind furchtlos wie die Polen über die

Autobahn Richtung Norden losgefahren. Ein wenig Angst hatten wir schon, spätestens als wirklich echte Polen und eine Handvoll Bayern mit deutlich überhöhter Geschwindigkeit im Schneesturm an uns vorbeiflogen. Oder waren es Holländer?

Ab Pasewalk preschten wir auf den schlecht geräumten Landstraßen über Anklam und Usedom von seitlichen Windböen gepeitscht durch die weiße Pracht voran. Am Straßenrand lagen etliche, teils große Pinienäste, die unter dem Gewicht des Schnees abgebrochen waren. Bei Garz erschien in einer Biegung das Schild Polnische Republik, gleich gefolgt von *„billige Zigaretten“*.

Ab da war die Fahrbahn nicht nur kaum, sondern absolut nicht mehr geräumt. So gezähmt hatten wir polnische Autofahrer noch nie erlebt. Alles hat etwas Gutes an sich.

Wir fanden schnell die gemietete Wohnung im neuen Kurviertel von Świnoujście, holten den Schlüssel bei der Security ab, einer sehr aufstrebenden Wirtschaftsbranche in der Stadt und gingen voll vermummt spazieren. Unseren Ohren konnten wir kaum glauben: Die Bäume spielten Musik! Kristallklare Töne, ein wenig wie aus einer Glasorgel. Es hatte kurz davor auf den völlig vereisten Wald stark geregnet. Auch der kleinste Baum war in einer dünnen, durchsichtigen Schicht aus Eiskristallen verpackt. Im pinguinkalten Wind mischten sich Millionen von Eisglöckchentönen zu einer einmaligen, frostigen Harmonie.

Świnoujście, Januar 2020

Das der Wald dann zum leitungslosen Orchester mutiert, habe ich irgendwo, ich glaube in einer Erzählung aus dem alten Russland, mal gelesen. Jetzt weiß ich, wie es sich im Märchenwald anfühlt.

Am Strand war der Sand bei unserer Ankunft schon längst unter einer dicken Schneedecke verschwunden. Von Tag zu Tag verzog sich zusehends auch das Meer. Da, wo sonst im Sommer die Touristen liegen, stapelten sich Eisschollen und eingefrorene Wellen meterhoch. Hinaus zum grauen Horizont fror die Oberfläche immer weiter. Den Übergang zum offenen Wasser markierten Vogelkolonien.

Als wir wieder wegfuhren, bildete das Eismeer eine durchgehende Schicht bis zur Windmühle an der Mole zum Handelshafen. Der als Mühle verkleidete Leuchtturm war mit mehreren Zentimetern Eis bedeckt. Unter dem wasserklaren Zuckerguss waren die vielen farbigen Graffiti gut lesbar und vor der Verwitterung bestens geschützt.

Im Vogelreservat auf der Insel Karsibór erspähten wir einen aufgeplusterten Fuchs beim Versuch, sich den Hühnerställen im Dorf zu nähern. Auf dem Beobachtungsturm aus Holz und Metall pfiff der Wind so stark, dass Sabine auf der Mitte der Leiter auf die Eroberung der oberen Plattform spontan verzichtete. Von da oben war eine unendliche, weiß-graue undefinierbare Masse zu sehen, in der Haff, Schilf und Felder stufenlos ineinander verschwanden.

So eisig war es auch im Winter 1944-1945, als der Krieg kurz vor seinem Ende Tod und Verwüstung in die bisher eher verschonte Küstenregion brachte.

Am Ende der Anfang: Großpolen

Wer zum ersten Besuch nach Polen aufbricht, dem wird oft empfohlen, Poznań, Gniezno oder gleich beide Städte zu besichtigen. Dort, auch wenn nicht immer klar ist, was wann in welcher der beiden ersten Hauptstädte Polens stattgefunden hat, fing vor über einem Jahrtausend alles Polnische an: der Staat und die katholische Kirche. Die Messe- und Finanzhauptstadt Polens hatte ich bei Kurzaufenthalten beruflicher Natur zwischen Tür und Angel gestresst erblickt. Gniezno lag bisher nie auf meiner Route.

Da Ostern 2011 wieder mal mit meinem Geburtstag zusammenfiel, wünschte ich mir eine Reise nach Großpolen als Geschenk. Und so fuhren meine Frau und ich am Karfreitag zu den Schwesterstädten im Osten. Um nicht unnötig aufzufallen, hatte ich meine Tarnkleidung mitgebracht: die dunkelblaue Nivea-Tasche aus dem ersten Europaforum vor fast zehn Jahren. Die Niveacreme wurde in der Stadt Posen erfunden. Und meine Tasche wie über hundert andere auch von *Nivea Beiersdorf Polska* zum Forum gesponsert.

Das Wetter war so prächtig, dass es recht beunruhigend war. An sich hatte das hellgrüne der Birken und Lerchen etwas vollkommen Unnatürliches. Oder war es das, was man sonst Frühling nennt? An Waldrändern und an unmöglichen Stellen auf den Feldern blühten in weißem Filigran kleine und auch meterhohe Hagebuttenbüsche, als ob diese vorgehabt hätten, alle Kirschbäume

Japans lächerlich wirken zu lassen.

Bei dieser kurzen Reise durften wir die derzeitige Entwicklung der polnischen Gesellschaft hautnah erleben. Schon auf dem Hinweg sind wir den verrücktesten Rasern in dicken SUV oder wie diese monströse Autogattung heißen mag, begegnet. Wünschen sich diese motorisierten Menschen wirklich so sehr, ihren Schöpfer augenblicklich persönlich kennenzulernen? Ich eher nicht.

So viel tollkühne Fantasie beim Schlechtfahren ist auch im internationalen Vergleich praktisch einmalig. Der polnische Autofahrer, männlich oder weiblich, beherrscht zweifelsfrei die Kunst der Kür: Mut, Eleganz, Ausdauer und Akrobatik, von allem ist etwas dabei. In der Stadt angekommen zeigten uns gleich Taxi-, Bus- und Straßenbahnfahrer freiwillig das, was auch sie darauf hatten. Was sind schon hundert Kilometer pro Stunde, wenn die Zeit drängt? In Polen/Poznań ist nun mal *(fast)* alles viel schneller als im Alten Europa. *Eastern energy, Western style* so lautet zu Recht das Motto des Posener Touristenbüros.

Auch die freie Marktwirtschaft hat sich spürbar weiterentwickelt, zum Beispiel der Dienstleistungssektor in ländlichen Gebieten. Darüber, ob der Anblick von auf trostlosen Parkplätzen oder am Waldrand mitten im Nichts auf ihre Kunden wartenden halb nackten jungen Frauen eher sexy oder traurig ist, lässt sich gewiss streiten. Wer diese Unglückswesen nicht erblicken möchte, sollte an Tagen ohne Lkw-Verkehr reisen.

Bei so viel Globalisierung haben sich auch Traditionen bewahrt:

Volltrunkene Menschen in jeder Altersklasse, teils mit Kleinkindern an der Hand, gibt es sicherlich auch anderswo. So viel wie an diesem Wochenende hatte ich schon lange nicht mehr gesehen. Hitze macht durstig. Nicht zu verwechseln mit lustig.

Was geht bloß im Kopf des Kindes vor? Es ist frisch geduscht, hübsch angezogen, trägt voller Hoffnung eine Osterglocke in der Hand und muss dabei ständig zusehen, wie die streng riechende Mutter mit den tiefen Augenringen alle auf dem Bürgersteig anbrüllt.

Nun endlich zur Schokoladen-Seite Polens zu Ostern! Tage- und sogar nächtelang bestimmt die Farbe Gelb die Stadtlandschaft der Hauptstadt Großpolens und höchstwahrscheinlich der ganzen Republik. Kirchen, ausgesuchte Blumenläden und Marktstände haben rund um die Uhr offen. Berge von Osterglocken und Buchsbaumzweigen wechseln eifrig den Besitzer.

In den zahlreichen Kirchen steht man ewig Schlange, um schließlich den auf dem Boden liegenden Christus küssen zu dürfen und die mitgebrachten Ostersüßigkeiten segnen zu lassen. Auf dem Weg ins Gotteshaus sind alle fein gekleidet und fröhlich ernst gestimmt. So wie das kleine Mädchen mit Mama an der Seite. Beide tragen würdevoll je einen kleinen Korb mit verborgenen Schätzen unter einer am Rande befestigten Stoffdecke.

Da guckt ein in Aluminiumfolie verpacktes halbes Ohr hervor: Es sieht sehr nach einem Schokoladenhasen aus! Das Osterlamm steht unter enormen Druck. Auf den Marktständen und in den

Läden gibt es noch welche in allen Variationen aus Kräuterbutter, Brot, Kuchen, Zucker, Schokolade... Und doch ist die vielfarbige Konkurrenz von den Hasen und Eiern aus Deutschland und vor allem China nicht zu übersehen.

Poznań, April 2011

Alle Besucher erfreuen sich am Anblick des bunten Renaissance-Rathauses auf dem Rynek. Dieses wurde, wie große Teile der Altstadt, im Zweiten Weltkrieg bis auf die Grundmauern zerstört und seitdem mit großer Liebe zum Detail wiederaufgebaut. Über den kleinen Schandfleck aus Beton am anderen Ende der Gebäudegruppe im Zentrum des Marktes ärgern sich nicht wenige, die sich dessen sofortigen Abriss wünschen. Nun, was ist wichtiger, der Wiederaufbau der Altstadt oder die paar Schönheitsfehler?

Vor der *Katedra* auf der Dominsel sagt uns die sehr menschliche Statue von JP II. auch eins: Die Zeit der Unterdrückung ist endgültig vorbei. Vor der Stahlbrücke ins alte Stadtviertel Ostrówek fährt ein junges Hochzeitspaar hin und zurück auf einem Scooter. Das lange Brautkleid flattert elegant im Wind und wischt die Straße, sobald der Fahrer bremst. Der bestellte Fotograf rennt dem Paar hinterher und schießt ein Meisterwerk nach dem anderen. Im Hintergrund rasen mehrere Generationen von Straßenbahnen über den Fluss.

In Poznań lässt sich fürstlich frühstücken, so zum Beispiel in der Jüdenstraße im sonnigen Hinterhof eines gemütlichen Cafés beim Cappuccino den Morgenübungen eines Amateurpianisten lauschend. Der cremige Sahnequark mit Tomaten, Gurken und Kräutern wird garantiert nicht fehlen. Dass die benachbarte frühere große Synagoge zur schauderhaften Schwimmhalle degradiert wurde, ist *(deutsche)* Geschichte. Die junge Stadt besticht durch neue architektonische Leistungen, etwa bei Einkaufszentren, wie der zu Recht preisgekrönten *Stary Browar*, die „Alte Brauerei".

Ostrówek, Poznań, April 2011

Zwischen Poznań und Gniezno liegt im Dorf Łubowo die dreihundert Jahre alte Holzkirche Sankt Nikolaus. Bei deren rührendem Anblick fühlen sich westliche Besucher tausend Kilometer weiter östlich versetzt. Heute bringt mich die bedingungslose Inbrunst der Gläubigen zurück nach Bayern oder Malta. Im nächsten Leben möchte ich mindestens für kurze Zeit so besessen sein.

Gniezno. Es ist Ostersamstag und Namenstag der Gemeinde zugleich. Besser hätten wir es nicht planen können, hätten wir es geplant. Die Stadt platzt aus allen Nähten. Der Dom auf dem Hügel *Lech*, nach dem polnischen unter den drei slawischen Brüdern aus der Legende genannt, auch.

Stary Browar, die Alte Brauerei, Detail, Poznań, April 2011

Kurz stehen wir in der stillen Schlange, die sich im ganzen Gebäude um die Säulen schlingt und geben dann auf. Die berühmte Bronzetür werden wir heute nicht zu Gesicht bekommen. Dafür ist die Flut der festlich gekleideten Familien, die ins Gebäude strömen, um am Abendmahl teilzunehmen, einfach zu groß. Kaum schaffen wir es, im Gegenstrom dort rauszugehen, wo eigentlich nur der Eingang vorgesehen ist. Diese eigenwillige Flucht von Ungläubigen wird von den erleuchteten Massen großzügig stillschweigend ignoriert.

Wir laufen durch die Stadt, essen ein Eis, *minilody* genannt, durchqueren das Volksfest zu Ehren des Heiligen Adalbert aus Prag. Wenn der wüsste! An den Ständen gibt es für die Osterkinder unzählige Kriegsspielzeuge. Dieses Teufelszeug verkauft sich wie warme Semmeln. Zur Abwechslung sind mit Helium gefüllte

Traktorluftballons sowie lauter Kitschartikel im Angebot. Plötzlich kommt es direkt vor uns zu einer Keilerei. Es wird richtig zugelangt. Wir sind ja nicht im Kino. Eine mutige Frau trennt die Kontrahenten.

Deplatziert fühlen wir uns überall in dieser Stadt. Wir kehren zurück zum obligatorischen bewachten Parkplatz, halten auf dem Rückweg bei alten Holzwindmühlen in großartiger Landschaft, denken kurz an *Don Quijote de la Mancha*, schießen ein paar Fotos, die niemand anschauen wird und speisen vorzüglich in einem italienischen Lokal nahe dem rosafarbenen ehemaligen Jesuitenkolleg, in der beinah ausgestorbenen Altstadt.

Am Ostersonntag, einige Minuten vor zwölf Uhr mittags, starren wir zusammen mit einigen hundert Neugierigen vor dem Rathausturm erwartungsvoll auf die kleine Doppeltüre aus Metall über dem Zifferblatt. Gleich sollten zwei weiße Ziegenböcke mit langen Hörnern erscheinen und einander im Takt des Stundenschlags stoßen. Nichts passiert. Ob das nun die erste Panne seit 1555 ist? Hauptsache, wir sind dabei gewesen.

Poznań, April 2011

EPILOG

Der (breite) Weg ist das Ziel

In Polnisch wünscht man dem Reisenden keine *„Gute Reise!"*, sondern wortwörtlich *„Breite Wege!"*. Wie Sie an mehreren Stellen dieses Buches schon erfahren haben, macht das heute noch durchaus Sinn, vor allem auf stark befahrenen Landstraßen.

Jetzt wo fast alle Leserinnen und Leser spontan entschieden haben, bald den großen Schritt gen Osten zu wagen, darf ich es allen verraten: In Polen erwarten Sie sehr freundliche Menschen und ein paar Überraschungen. Auch nach sorgfältiger Reisevorbereitung dürfte es einiges geben, das Besuchern aus Deutschland beim östlichen Nachbarn fremd vorkommt. Und das ist gut so, es sei denn, die Reisenden gehören zu der Spezies Weltbummler, die auf dem ganzen Planeten ein Stück *Heimat in der Sonne* sucht: deutsche Kost, deutschsprachige Unterhaltung und den deutschen Wettbewerb beim Markieren der Sonnenliegen mit Handtüchern vorm Frühstück...

In diesem Fall ist Polen wahrscheinlich nicht die erste Wahl. Obwohl sich sicher an der Ostsee und einigen Kurorten im Süden etwas machen ließe. Liebhaber kultureller Vielfalt kommen garantiert auf ihre Kosten. Das Land hat viele Gesichter. In den Städten und auf dem Land schreitet der Umbruch unterschiedlich schnell voran. Mal scheint in Polonia die Zeit stehengeblieben zu sein. Damit sind nicht die in deutschen Medien *allgegenwärtigen*

Pferdewagen gemeint. Diese nostalgischen Gefährten sind im echten Polen sehr rar geworden.

Ab und zu erlebt man jedoch eine Rückblende. So mit diesen total herausgeputzten jungen Paaren beim stolzen Sonntagsspaziergang auf der Mole des sehr bescheidenen Hafens von Frombork... So schick hat man sich in Deutschland zum letzten Mal in den 50er-Jahren gekleidet. Deshalb scheinen die jungen Leute irreal, wie aus einer Werbung, einem Unterhaltungsfilm aus der Zeit des Wirtschaftswunders entsprungen. Die Männer mit Jackett, die Frauen im langen Sommerkleid.

Tangostunde, Bulwar Piastowski, Szczecin, Mai 2017

Insgesamt ist die gängige polnische Männer-Frauen-Definition nicht gerade innovativ. Männer sind Männer, Frauen eben Frauen. Homosexualität bleibt ein Tabuthema, das für

Schlagzeilen und starke Auflagen sorgt.

Frauen besetzen eine besondere Nische. Die einmalige Schönheit der *Weichsel-Aphrodite* haben der junge Heinrich Heine und unzählige Nachahmer leidenschaftlich besungen.

Polnische Frauen sind in allen Bereichen der Gesellschaft vertreten und üben häufig verantwortungsvolle Tätigkeiten aus. Dabei achten sie sehr stark auf ihr Äußeres. Mit anderen Worten sind viele Polinnen mit dem Spagat beschäftigt: dem Mann gefallen, das eigene Leben in die Hand nehmen.

Vielleicht ist das die Erklärung dafür, warum Frauen oft zu zweit oder zu dritt in den Cafés und Kneipen anzutreffen sind, ganz ohne Männer, von denen sie sich bestimmt auszuruhen versuchen. Auffällig ist weiterhin bei diesen weiblichen Zusammenkünften die Vorliebe für Cappuccino *(neu)* oder für Bier, halb literweise wie in Bayern, meist mit Himbeersirup versüßt *(lecker! Meint Sabine, die es mit mir aushalten muss)*.

Manchmal ist die Moderne auch da, wo sie nicht erwartet wird, ja gar nicht wünschenswert erscheint. Mitten im verlassenen Dorf leuchtet Tag und Nacht eine große digitale Anzeige und wirbt für sonst etwas in demselben rasenden Tempo wie die vorbeiflitzenden Fahrzeuge. Auch die Gdańsker Philharmonie ist sich für diese furchterregende Technik, die die ganze Umgebung in penetrantes, flackerndes rotes Licht tränkt, nicht zu schade.

In vielen Kneipen und Gaststätten, egal ob diese sich mit urigen

Holzbalken oder mit internationalen gastronomischen Ansprüchen schmücken, ertönt unermüdlich und in ohrenbetäubender Lautstärke Musik, primitive Werbung oder eine brasilianische Telenovela aus riesigen Flachbildschirmen.

Von einer alten polnischen Tugend, der sogenannten *polnischen Freiheit (die am 28. Januar 1573 von der Konföderation von Warschau gewährte Religionsfreiheit für Angehörige aller Glaubensbekenntnisse)* werden Sie wahrscheinlich recht wenig zu spüren bekommen. Diese für die damalige Zeit selbst im multikulturellen Großstaat Polen-Litauen mutige Entscheidung, die nicht nur in Deutschland die Herrscher langfristig erschreckte, würde Polen wie auch anderen mitteleuropäischen Ländern heute guttun. Obschon die Zeiten der Verfolgung vorbei sind, ist die Toleranz gegenüber Minderheiten im Allgemeinen zwanzig Jahre nach der großen Wende in vielen Köpfen nicht sonderlich ausgeprägt.

Der Weg nach Polen ist nicht nur breit, er kann durchaus über Umwege führen. In der Charente, meiner Geburtsregion, hat das zweihundertjährige Jubiläum der Geburt Chopins 2010 wahre Wunder vollbracht.

Vor dem Eingang eines unserer Lieblingsrestaurants, direkt am Charenteufer bei Ruffec in einer alten Wassermühle untergebracht, hatten wir im vorigen Herbst einen großen Wagen mit polnischem Kennzeichen bemerkt. Beim Frühjahrsbesuch im *Moulin de Condac*, hörte ich von Weitem wie die neue Chefin sich mit einer älteren Frau, vermutlich ihrer Mutter, in einer

Fremdsprache unterhielt, ohne jedoch die Sprache identifizieren zu können. Wie immer genossen wir unsere Holzofenpizza in diesem urigen Lokal, das meine Eltern schon kurz nach Kriegsende gerne besuchten und fuhren anschließend nach Berlin im Auto zurück.

Beim nächsten Besuch im September 2010 überraschte uns das Plakat an der Tür: *Soirée polonaise*, polnischer Abend mit Bigos, Musik und Wodka, gleich vor Ort und in mehreren Dörfern der Umgebung. Schließlich hatten viele Franzosen das fremde Land Polen dank Chopin wiederentdeckt und, wie es sich für Freunde gehört, zu Tisch gebeten. Es gab im Jubiläumsjahr viele solcher polnischer Abende in kleinen und größeren Ortschaften. Hoffentlich haben sich meine romanischen Landsleute auf ihre Geschichte besonnen. Und ihre vergessene Jugendliebe wiederentdeckt.

Am Tag vor unserer Abreise gingen wir ins Konzert in Jarnac, einer der Hauptstädte des *Pays du Cognac*. Es sollte ein italienischer Pianist im Rahmen der Konzertreihe *Piano en Valois* Liszt und Clementi zum Besten geben. Leider erkrankte der Künstler. Stattdessen durften wir ein sehr dynamisches Programm genießen. Ausschließlich Chopin, von einem jungen chinesischen Musiker temperamentvoll und völlig vorurteilsfrei interpretiert.

2011 war auch ein Jubiläumsjahr, und zwar gleich ein deutschpolnisches! Freunde der Politik und der Kultur wurden mit allerlei Veranstaltungen verwöhnt. In Berlin war Polen so präsent wie noch nie. Ende 2011 eröffnete im Martin-Gropius-Bau die vielfältige, dennoch etwas enttäuschende, da sehr elitäre Ausstellung *„Polen – Deutschland. 1000 Jahre Kunst und Geschichte"*[22].

Ungefähr zur gleichen Zeit machten sich Horden von Menschen aus aller Welt auf den Weg in ein anderes Berliner Museum, um alte Porträts zu bewundern. Auf den meisten Plakaten erregte eine junge Dame - mit dem Hermelin - Aufsehen. Maler und Modell waren in Italien der Renaissance zu Hause. Im Jahr 1800 erwarb der polnische Fürst Adam Jerzy Czartoryski das Meisterwerk von Leonardo da Vinci und schenkte es seiner Mutter Izabela Czartoryska.

Seit 1880 gehört es zur Sammlung des ältesten polnischen Kunstmuseums, des Czartoryski Museums in Krakau. Das Bild ist nicht nur wunderschön, sondern symbolisiert durch sein eigenes bewegtes Schicksal die Geschichte Polens in den letzten zweihundert Jahren. Leider hing es nur für kurze Zeit in der Ausstellung, deren Besuch für die lokale werktätige Bevölkerung sowieso kaum möglich war. Und so haben viele von uns wieder einen prächtigen Anlass für eine Reise in die kleinpolnische Hauptstadt!

Wer sich bisher weder von Kunst, Geschichte noch Natur oder Küche zu einer Reise verführen lassen hatte, bekam 2012 die

---

[22] *Katalog: TÜR AN TÜR – Polen – Deutschland, 1000 Jahre Kunst und Geschichte, Dumont, 2011*

einmalige Chance, Polen und gleich noch die Ukraine obendrein bei der Endrunde der 14. Fußball-Europameisterschaft kennenzulernen. Ich war nicht dabei. Fußball ist nicht mein Bier. Meine einzige Begegnung mit aufgebrachten polnischen Fußballfans in einer Vorstadtbahn von Gdańsk hatte meinen Entschluss, Polen in der EM-Zeit ausnahmsweise zu meiden, noch gefestigt.

Deutsche Medien haben sich im Vorfeld der EM große Mühe gegeben, diese unbekannten Länder den Deutschen Lesern, Zuschauern und Zuhörern facettenreich zu präsentieren. Und wenn die sportlichen Leistungen der Gastgeberländer nicht sehr überzeugend waren, soll ausgerechnet Polen bei den meisten Besuchern einen unerwartet guten Eindruck hinterlassen haben.

Mit Ausnahme der Ausschreitungen zwischen polnischen und russischen *Fans* lief alles *ordentlich*. Es wurde großzügig und ausgiebig gefeiert und mit der Welt samt deutschen Nachbarn Freundschaft geschlossen.

Und die Autobahn nach Warschau, die genau einen Tag vor EM-Eröffnung für den Verkehr freigegeben wurde (!), ist nun für alle da.

Jenseits von Bigos, Musik und... Sport hat sich das Polnische Fremdenverkehrsamt eine viel originellere Idee zur weltweiten Verbreitung polnischen Kulturgutes einfallen lassen. Ich bin ihm nicht gleich auf die Schliche gekommen.

Erst nach Jahren und amtlich dokumentierten Beobachtungen auf mehreren Kontinenten, ergänzt durch das profunde Studieren der Gesamtwerke von Ryszard Kapuściński und Józef Teodor Nałęcz Konrad Korzeniowski (besser bekannt als Joseph Conrad) trat die erstaunliche Wahrheit zutage.

Es ist eben kein Zufall, wenn so viele kleine und große, kurze und lange, bekannte und auch völlig verlassene Wanderwege in aller Welt mit weiß-rot gestreiften Schildern gekennzeichnet sind. Die kaum verschlüsselte Message lautet:

„Alle Wege führen nach Polen!“

Wrocław, Sommer 1984

ANHÄNGE

Im Tal der Liebe, Dolina Miłości, Internationaler Park Unteres Odertal, Mai 2016

Szczecin, Januar 2020

Im Sommer

Im Wald las Lisa einen Brief:

„ ... im Laub lag ein Fuchs

wie der Lemberger Löwe.

Ein Eichhörnchen spaziert vorbei,

sieht den Fuchs und verschwindet.

Das Maul voller Blaubeeren.

Der Fuchs schläft ein und träumt von Lisa...

"Von mir?" fragte Lisa.

Lisa schlief ein und träumte vom Fuchs...

Am Strand las der Fuchs einen Brief:

„ ... im Sand liegt Lisa

wie eine Meerjungfrau aus Bernstein.

Ein Eichhörnchen im Urlaub spaziert vorbei,

sieht Lisa und verschwindet.

Im Maul nichts.

Dann schlief das Eichhörnchen ein

Und träumte von nichts. "

(Wortwörtlich übersetzt und daher leider witzlos.)

Waren Sie schon in Polen?

In der deutschen Hauptstadtregion dürfte diese Frage schon längst aus der Mode gekommen sein. Zu Tausenden wimmeln reiselustige Deutsche bis in den letzten Winkel dieser Welt. Dabei liegt Polen förmlich vor der Tür. Folglich besuchen sie auch Polen? Die Antwort auf diese und vorige Frage fällt auch nach der EM 2012 meist negativ aus. Warum bloß? Naive Optimisten wie ich werden immer wieder von der Wirklichkeit eingeholt.

So kürzlich als unsere Freundin B., ein prächtiges Exemplar der Spezies Westberlinerin, spontan offenbarte, nachdem meine Frau und ich unsere Sommerausflüge jenseits der Grenze begeistert geschildert hatten: *„Polen? Was soll ich denn da? Ist doch ostig, kalt, dort gibt es nichts zu sehen, nichts zu essen, bald ist das eigene Auto fort… Warum nur einen einzigen Tag meines so wertvollen Urlaubs dafür verschwenden, wenn ich sonst diese Zeit in Frankreich, Italien oder Spanien verbringen kann?"*

Danke liebe B. für diese großartige Zusammenfassung! Ich weiß, dass du nichts gegen Polen an sich hast. Aber sag mal, übertreibst du da nicht ein wenig? Gleich die ganze Palette alter Vorurteile. Es fehlt nur noch die *polnische* Wirtschaft… Vermutlich, weil Polen im Krisenjahr 2009 und danach als einziges Mitglied der Europäischen Union eine positive Entwicklung des Bruttosozialprodukts erlebt hat? Bei deinen vielen Reisen in den Süden hast du bestimmt schon gemerkt, dass auch dort nicht alles wirklich perfekt ist. So ist es ebenfalls im Osten. Nicht ganz perfekt. Aber so wie du es dir vorstellst, ist es glücklicherweise auch nicht. Ich bin ein böser Mensch und wünsche uns, dass sich eines schönen Tages eins deiner lieben Kinder mal bis über beide Ohren in einen Polen, ich meine in einen *ostigen* Menschen, verliebt!

Fakt ist allerdings, dass B. bei Weitem keine Ausnahme darstellt. Der dramatische Appell von *Kazimierz Brandys* aus dem Schicksalsjahr 1981 ist zum großen Teil noch aktuell: *„Schauen Sie doch in unsere Richtung, wir sind neu und unbekannt. Wir sind ganz in Ihrer Nähe, zum Greifen nah. Wenden Sie sich von den europäischen Ländern nicht ab, die für Ihr Wohlergehen, Ihre Ruhe und Ihre stetig wachsenden Lebensmittelüberschüsse verkauft wurden. Hören Sie uns zu, Sie werden interessante Dinge lernen."* [23]

Nur, dass Polen nicht mehr zu den Ländern gehört, die fürs Wohl der Westeuropäer *verkauft* wurden.

Etwas nüchterner klang die Feststellung von Adam Krzeminski anlässlich des zwanzigsten Geburtstages des deutsch-polnischen Nachbarschaftsvertrags 2011: *„Die Mehrheit der Deutschen kennt Polen zu wenig".* [24]

---

[23] *Warschauer Tagebuch 1978-1981, eigene Übersetzung aus der französischen Auflage.*
[24] *Großer Bruder, kleiner Bruder – Ein ungleiches Verhältnis: Der deutsch-polnische Nachbarschaftsvertrag wird 20 Jahre alt, Der Tagesspiegel, Berlin, 12.-13. Juni 2011, Nr. 21 003*

Es gibt auch ruhigere Beobachter der Lage. Auf die Frage: *„Wie sind die deutsch-polnischen Beziehungen heute?"* antwortete der auf dem Gebiet als Experte geltende Historiker Prof. Włodzimierz Borodziej mit Gelassenheit und einem Schuss Wiener Ironie: *„Sie sind ganz normal. Wir lieben uns nicht, aber das ist nichts Besonderes. "* [25]

Können die Beziehungen zwischen Polen und Deutschen *ganz normal* sein? Bei Jugendlichen und allen Menschen guten Willens zum Glück ja! Bei vielen älteren Semestern und bei Polemikern jeden Alters sind die Erinnerungen an den Zweiten Weltkrieg immer präsent, wenn auch in unterschiedlicher Intensität und Ausprägung. Bei einem Polenbesuch ist es jedoch schlicht unmöglich dieses Thema gänzlich zu ignorieren.

Die Katastrophe hat auf polnischem Boden angefangen. Und es gehört dazu heillose Fantasie, um in Polen den Angreifer zu sehen. Hitler hatte die Tat schon längst der Welt schriftlich angekündigt und ging nun planmäßig zur Verwirklichung seiner kranken Pläne über. Bei dieser wiederholten Besetzung des Landes sollte die lokale Bevölkerung endgültig „entfernt" werden. Hiermit sollte eine neue Besiedlung durch Slawen unmöglich gemacht werden. Auf die Zwangsgermanisierung folgte die Entpolonisierung. Wie Schade nur, dass wenn ein Politiker genau das tat, was er vorher verkündet hatte, bis heute im Allgemeinen ein wahres Wunder, es ausgerechnet diesen Wahnsinnigen betraf!

---

25 *Vortrag in Berlin-Steglitz im Rahmen der Deutsch-Polnischen Kulturtage in Steglitz-Zehlendorf SPOTKANIE 2010, Schwartzsche Villa, 5. November 2010*

Im Zweiten Weltkrieg war Polen mit Aufständischen, Widerstandskämpfern, mit Soldaten, teilweise mit ganzen Einheiten an beinahe allen Fronten auf der Seite der Hitler-Gegner von der ersten Minute an dabei. Das Land hatte am Ende unter den angegriffenen Ländern in Europa die höchsten Menschenverluste und die größten Zerstörungen zu beklagen. Und wurde dennoch nicht als Sieger wie etwa Frankreich, nicht mal als Opfer betrachtet, sondern wurde in den Händen des anderen Verrückten, Stalin, der von vorne rein ebenfalls als Aggressor aufgetreten war und der jetzt als siegreicher Machthaber dastand, zum Spielzeug degradiert.

Der erst 1918, nach hundertzwanzig Jahren Teilung und Unterdrückung durch Preußen bzw. das Deutsche Reich, Russland und K. u. K., wieder auferstandene polnische Staat wurde ohne Rücksicht auf seine geschundenen Einwohner und auf die beachtliche erbrachte Kampfleistung noch mal neu definiert, selbstverständlich auf Kosten des großen Verlierers. Dass die Vertreibung der Deutschen aus Polen und die Vertreibung der Polen aus ihren ehemaligen östlichen Gebieten durch die Sowjets direkte Folgen des Krieges war, wird gern weiter ignoriert oder zumindest klein geredet.

Auf polnischer Seite sah man bis zur Befreiung aus der sowjetischen Bevormundung 1989, als erstes Land und ganz ohne Gewalt, wiederum wenige Gründe an der offiziellen Theorie der *eigenen hundertprozentigen Unschuld* zu rütteln. Seitdem ist vieles bekannt und heiß diskutiert worden, selbstverständlich die oft gewalttätige, flächendeckende Vertreibung der Deutschen, aber auch in einigen Fällen die aktive Beteiligung an der Vertreibung und Ermordung der jüdischen, ukrainischen und anderen Minderheiten *vor*, während oder gar *nach* dem Krieg.

Deutschland als ewiger Angreifer, Polen als gnadenloser Revanchist, das sind starke negative Bilder, die nicht so leicht verblassen. Auf dem ganzen Gebiet Polens mahnen unzählige Denkmäler die Nazi-Barbarei. Es gibt inzwischen auch Orte der Erinnerung an das Verbrechen an der deutschen Bevölkerung, wie der rührende Film *Leise gegen den Strom* [26] nebenbei dokumentiert.

Wünschenswert wäre, dass endlich alle Opfer gleichwertig bedacht werden. Wie wäre es zum Beispiel mit einem Denkmal in Gdynia für die zahlreichen, überwiegend zivilen Opfer der Versenkung des Wilhelm Gustloff durch die sowjetische Marine kurz vor Kriegsende? Nach der Veröffentlichung des Buches *Krebsgang* [27], in dem Günter Grass diese von allen Seiten vergessene, tragische Episode in Erinnerung ruft, gab es viele Stimmen in Polen, die für einen neuen Umgang mit der Geschichte plädierten.

Die sachliche, offene Aufarbeitung dieser Traumata ist der obligatorische Weg in die, von der großen Mehrheit der Deutschen

---

[26] *http://www.preuss-berlin.de/leise-gegen-den-strom/*

[27] *Im Krebsgang, Günter Grass, dtv, 2002*

und Polen gewünschten, Normalität.

Leider lässt die Berichterstattung anlässlich der historischen Vorkommnisse der letzten hundert Jahre hierzulande oft zu wünschen übrig. In gleicher Weise wirken etliche Journalisten, die neuerdings über Polen berichten, kontraproduktiv, auch wenn sie es meist ohne jede böse Absicht tun. So rühmen sie im Reiseteil großer Tageszeitungen den unvergleichlichen Reiz ehemaliger ostdeutscher Reichsprovinzen und merken nicht mal, wie sie dabei Halbwahrheiten und handfeste Vorurteile propagieren: *„Die Namen der Dörfer und Städte der Region XY wurden nach 1945 umgehend polonisiert."*

Das ist zweifellos richtig. Nur sollte vielleicht, der Vollständigkeit halber, erwähnt werden, dass diese Namen in vielen Fällen zur Nazizeit und/oder unter der preußischen Herrschaft zwangsgermanisiert wurden? Neben Zeitungsartikeln und Reisebüchern sind vor allem populärwissenschaftliche Internetinhalte oft mit großer Vorsicht zu genießen. So empfiehlt es sich z. B. bei den meisten Wikipedia-Einträgen über polnische Orte den Text in mehreren Sprachen, mindestens in Deutsch und in Englisch, am besten auch in Polnisch, anzuschauen.

Nicht selten finden sich widersprüchliche, einseitige oder falsche Angaben. Weit verbreitet sind Sätze wie *„Nach der 3. Teilung kam die Region zu Preußen".* Es klingt, als ob dieses Ereignis neben Jahreszeit- und Wetterwechsel zum Naturzyklus gezählt werden sollte.

Aussagen über die *„nach dem Ersten Weltkrieg kurzfristig durch Polen eroberten Ostgebiete",* bringen schnell den nicht sachkundigen Leser auf die Idee, dass der durch Stalin vorgenommene Ost-West-Landaustausch aus deutscher Sicht noch ungerechter ist, als es ohnehin empfunden wurde. So führt die allgemeine Ignoranz zum Thema *Teilungen* und *insbesondere* zur Rolle Deutschlands bzw. Preußens [28] bei diesem traumatisierenden Ereignis auch bei kurzen, gut gemeinten Artikeln schnell zu unnötigen Verwirrungen.

Dorfcafé und Touristeninformation, Zatoń Dolna, Internationaler Park Unteres Odertal, Mai 2016

Mit dem Thema der alltäglichen Verständigung zwischen den Völkern beiderseits der Oder-Neiße-Linie haben sich viele kluge

---

28 Friedrich II. zwischen Deutschland und Polen, Hans-Jürgen Bömelburg, Alfred-Kröner Verlag, 2011

Menschen gerade in den letzten Jahren intensiv beschäftigt [29]. Zu diesen Fachleuten gehöre ich nicht. In meiner Funktion als fleischgewordenes Weimarer Dreieck, wenn auch mit Schieflage, habe ich jedoch einiges erlebt. Immer wieder wurde ich ernsthaft zu dieser Problematik angesprochen, natürlich von polnischer Seite: (wer interessiert sich schon dafür in Deutschland?) *„Du als in Deutschland lebender Franzose, was meinst du, stimmt es, dass die deutsche Regierung Ostpreußen zurückerobern will?"*

„Blurps!" So ungefähr muss sich meine Reaktion angehört haben, als mir diese Frage zum ersten Mal gestellt wurde. Die fragende Person war überdurchschnittlich intelligent und kultiviert, weltgewandt und… total verängstigt. Am besten hätte ich darüber laut gelacht. Das ging aber nicht.

Schließlich ist es furchtbar, wenn Frau S. mit großzügiger Unterstützung der polnischen Boulevardzeitungen, allesamt in deutschen Händen, sei nebenbei gemerkt, es geschafft hat, auch diese aufgeklärte Oberschicht derart zu verunsichern. Was sollen denn hoffnungs- und arbeitslose Kleinbauern zur Sache meinen?

Der Höhepunkt dieser tiefen Krise lag in der Mitte der 2000er, zeitgleich mit dem EU-Beitritt. Selbstverständlich hatten nicht

---

[29] *Siehe z. B. : Polen und Deutschland - Ein kurzer Leitfaden zur Geschichte ihrer Nachbarschaft, Włodzimierz Borodziej, Hans-Henning Hahn, Igor Kąkolewski, Föderation Polnischer Begegnungsstätten, Warschau, 1999; Meine lieben Deutschen, Krzysztof Wojciechowski, Westkreuz Verlag, 2002, Hans Stettiner und Jan Szczeciński, Das alltägliche Leben im Stettin des 20 Jahrhunderts, Muzeum Narodowe w Szczecinie, Szczecin, 2009*

gerade kompromissbereite polnische Kreise die Lage prima ausgenutzt und reichlich Öl aufs Feuer gegossen. In diesem schwierigen Kontext wirkte die Veröffentlichung von Herrn Möllers Buch *Viva Polonia!* im Jahr 2008 umso erfrischender [30].

An der Oder, 2006

<u>*Herrn Möllers Empfehlungen - Teil 1*</u>

Da ist ein Deutscher, freiwillig nach Polen emigriert und auch noch froh darüber! Vor gar nicht so langer Zeit hätte der Autor damit seinen Ruf aufs Spiel gesetzt. Sein beachtlicher Erfolg hat ihm jedoch recht gegeben. Die Zeiten ändern sich. Es wäre ja auch ein Ding: Globalisierung, klimatischer und demografischer Wandel, Dioxin in Lebensmitteln, Freiheitsbestrebungen in der

---

[30] *Viva Polonia - Als deutscher Gastarbeiter in Polen, Steffen Möller, Scherz, Fischer Verlag, Frankfurt am Main, 2008*

arabischen Welt... warum sollte ausgerechnet und einzig die deutsch-polnische Grenze in den Köpfen, die andere gibt's nicht mehr, für immer so bleiben wie sie mal war, unüberwindbar?

Herr Möller ist in Polen berühmt, beherrscht sehr gut die Landessprache und ist noch jung. Da kann ich bei keinem Punkt mithalten. Laut Adam Soboczynski ist Stefan Müller alias Steffen Möller in Polen deshalb so beliebt, weil er in der Fernsehserie „L. wie Liebe" den deutschen Versager so perfekt verkörpert. Wenn es so ist - und so wird es auch sein! - ist Neid fehl am Platz.

Das Werk des deutschen Stars im frei gewählten Exil habe ich auf jeden Fall mit großer Aufmerksamkeit studiert. Den für diese Übung von ihm ausdrücklich gewünschten Wodka habe ich schon längst kaltgestellt. Ein zimmertemperierter echter Cognac könnte es nach Wunsch auch werden.

Erstaunlicherweise habe ich viele Fehler in dieser Ode an Polen entdeckt. Liegt es an meinem angeborenen Oberlehrertum? Oder an meiner neuen, womöglich damit verbundenen, deutschen Staatsangehörigkeit? Vielleicht sind das auch keine wirklichen Fehler, sondern eher eine Frage des Betrachtungswinkels. Jedenfalls beschreibt unser Polenfreund lauter typische Unterschiede zwischen beiden Völkern anhand oft lustiger Anekdoten. Und siehe da, mir ist als Franzose in Deutschland in mehreren Fällen genau das gleiche wie ihm als Deutscher in Polen passiert... Wahrscheinlich spricht dies nur für gewisse Ähnlichkeiten zwischen Polen und Franzosen. Wenn das stimmt, sollte man sich über vergleichbare Missverständnisse gar nicht wundern.

Und so ist es auch wirklich! Zum Beispiel trennen Polen und Franzosen nicht gerne zwischen Privatem und Beruflichem. Den Deutschen kommt das meist noch *„spanisch vor"*. Auf Dauer stehen die Chancen gut, sie doch noch dafür zu gewinnen. Schwieriger ist es bei grundlegenden Fragen. So denken Franzosen und Polen furchtbar gerne an die Zeit, als ihr jeweiliges Land ganz groß war.

Für viele Franzosen wird diese Goldene Zeit mit der zweihundert Jahren währenden Bourbon-Dynastie (1589-1789) gleichgesetzt. Frankreich war eine streitbare Großmacht und Französisch die Sprache der kultivierten Europäer. Noch lebt die Grande Nation wie die Deutschen spöttisch, aber falsch [31] dazu sagen von dem Ruhm aus dieser Zeit. Sie glauben es nicht? Haben Sie etwa von der leckeren Bourbon-Vanille aus La Réunion, vom gleichnamigen amerikanischen Whisky aus Tennessee oder von Louisiana nie gehört? Andere Franzosen bevorzugen die Zeit der Renaissance unter François I., das Epos von Napoléon Bonaparte oder das *glorreiche Weltimperium*. Es gibt sogar eine Handvoll Gallier, vom Stamm der *Enarques* angeführt, die bis heute und für immer davon überzeugt sind, dass Frankreich das größte auf der Welt ist. Franzosen wären nicht echt, würden sie sich in so einer wichtigen Frage einig sein.

---

[31] *„Grande Nation" wird im frankophonen Raum ausschließlich für die napoleonische Ära gebraucht.*

In Polen gibt es nicht so viel Auswahl. Bei seiner Gründung im 10. Jahrhundert erstreckte sich Polen ungefähr in den heutigen Grenzen und wuchs dann unaufhörlich. Richtig mächtig war das Land als polnisch-litauischer Staat, vor allem unter den Jagiellonen vom 14. bis 16. Jahrhundert, dann eher weniger als Adelsrepublik bis 1772, Datum der ersten Teilung nach einer Idee von Friedrich II. Nach Beendigung der Adelsrepublik fingen das Martyrium und die Zeit der blutig niedergeschlagenen Aufstände, die bis 1945 bzw. kurz vor 1989 anhielt, an.

Wie immer es auch sei, bis heute sind die meisten Polen verrückt nach dem Mittelalter, wobei sie es nicht auf die Folklore, der in Deutschland so beliebten mittelalterlichen Märkte reduzieren. Vielmehr verbinden sie diese Epoche mit dem Rittertum, seinem edlen Ideal und den selbstverständlich heldenhaften Kämpfen mit beinah allen damaligen Nachbarn, vor allen mit dem Deutschen Orden. Weltweit gibt es am Anfang des dritten Jahrtausends nach Christi Geburt nirgendwo mehr authentische, da mit selbst produzierter Kampfkleidung inkl. Unterwäsche ausgerüstete, aktive Ritter als dort.

Auch in Frankreich ist das Mittelalter sehr beliebt. Schließlich hatten wir damals einen großen Kaiser: Charlemagne, der fälschlicherweise manchmal Karl der Große genannt wird.

In Deutschland ist die Geschichte zu oft das Revier der Historiker und der Revisionisten. Das normale Volk will in der Regel davon nichts wissen und wird diesem Anspruch mit Leichtigkeit gerecht.

Über die Zeit vor der Gründung des Deutschen Reiches im Jahr 1871 können auch wirklich nur Spezialisten den Überblick behalten. Ab 1871 machte sich Deutschland sowohl im Osten wie im Westen zunehmend unbeliebt und entwickelte sich zum Feind Nr. 1 bei beiden Nachbarn bis zur Apokalypse des Zweiten Weltkrieges.

Wahrscheinlich hat die kurze und schwer belastete Geschichte des deutschen Staates zum geringen Interesse der Bevölkerung beigetragen. Bei den Deutschen, die den Verlust ehemaliger Provinzen zugunsten Polens nicht oder schwer akzeptieren können, denke ich an die Franzosen, die es ebenfalls nicht fassen mögen, dass so viele Teile dieser Welt, die manchmal mehrere Jahrhunderte hintereinander Teil Frankreichs - heißt in der Regel nichts anderes als *von Frankreich militärisch besetzt* – waren, definitiv nicht mehr dazu gehören.

So war Algerien fast genauso lange französisch wie beispielsweise Großpolen, die Region um Poznań preußisch oder deutsch war: circa hundertdreißig Jahre. Für die Kolonisten war das natürlich Zeit genug, um tiefe Wurzeln zu schlagen. Und doch enden viele Besatzungen im Laufe der Zeit. Sicher hinkt der Vergleich, war die Realität wesentlich komplexer [32], noch wichtiger ist jedoch, dass dies alles der Vergangenheit angehört! Dabei sollte

---

[32] *Vgl. z. B.: Ostpreussen, Geschichte und Mythos, Andreas Kossert, Pantheon, München, 2005; Preußen. Aufstieg und Niedergang. 1600–1947, Christopher M. Clark, Deutsche Verlags-Anstalt, 2007*

keinesfalls das unendliche Leid der aus dieser Situation resultie-
renden Vertreibungen ignoriert werden. Immer zahlt der *kleine
Mann*, ja noch eher die *kleine Frau* den höchsten Preis für die Ver-
fehlungen der Politik [33].

Herrn Möllers Empfehlungen – Teil 2

In seinem Buch macht Herr Möller eine große Entdeckung: Polen
und Deutsche sind sich doch näher als Deutsche und Franzosen.
Als Beweis dafür listet er eine Reihe aufregender Beispiele, wie z.
B. die gleiche Zahl der Bundesländer und Woiwodschaften, oder
die der Fernsehanstalten (womöglich zwei voneinander nicht
ganz unabhängige Parameter) auf.

Reicht es nicht daran zu erinnern, dass etliche Polen einen deutschen Namen tragen und umgekehrt? Neben viel Ärger in den
letzten tausend Jahren gab es erfreulicherweise auch reichlich
Kulturtransfer u. a. in der Sprache und der Küche. Zur Sprache
gibt uns der Autor einige sehr plastische Beispiele für Wortüber-
nahmen in beiden Richtungen, wobei er die Rolle der jiddischen
Sprache in diesem Kontext völlig ignoriert. Was soll das *Majster?*

Das mindestens für mich so wichtige Thema Küche wird auch
recht oberflächlich behandelt nach dem Motto: gleiche Küche wie
in Deutschland plus irgendetwas typisch Polnisches. Bis auf Eisbein und Kohlroulade habe ich in Polen selten etwas gegessen,

---

[33] *Vgl. z. B. für Polen: Kalte Heimat, Andreas Kossert, Siedler Verlag, 2008;
Kleine Himmel, Brygida Helbig, Klak Verlag, 2019*

das als *typisch deutsch* gilt. Das hiesige weit verbreitete Desinteresse für die polnische Küche ist jederzeit leicht erlebbar: Versuchen Sie mal zwischen den Bergen von Kochbüchern aus aller Welt ein deutschsprachiges polnisches Kochbuch in einer Buchhandlung Ihrer Wahl zu erwerben! Erfolgversprechender ist die Suche im Internet oder in anderen Sprachen auf Reisen. Dafür ist die Überraschung viel größer, wenn Sie Ihre Gäste, statt mit nordtibetischer, mit polnischer Küche zu Hause verwöhnen. Bis jetzt war es bei uns ein voller Erfolg.

Vielleicht hat sich keiner unserer Gäste getraut etwas zu sagen in der Hoffnung, dass es beim nächsten Mal wieder etwas französisch-marokkanisches gibt?

Alles in allem empfiehlt sich die Lektüre von *Viva Polonia!* trotz Schwächen sehr, weil Polen dort so unkritisch positiv dargestellt wird. Kritisieren tun andere genug. Die Polen selbst stehen ihren ausländischen Kritikern in nichts nach. So schreit das sogenannte *kleine Metall-Mädchen* aus dem Theaterstück *Wir kommen gut klar mit uns* [34], von der jungen Autorin Dorota Masłowska, nachdem es alles Negative an Polen bitter beklagt hat:

„Polnisch habe ich von CDs und Kassetten gelernt, die mir meine polnische Putzfrau hinterlassen hat. Wir sind überhaupt keine Polen, sondern Europäer, normale Menschen!"

---

[34] *Wir kommen gut klar mit uns, Dorota Masłowska, Übersetzung: rororo, Uraufführung: 25.03.2009 als Koproduktion des TR Warszawa und der Schaubühne am Lehniner Platz, Berlin (Regie: Grzegorz Jarzyna)*

Als ob das nicht bedrückend genug wäre, endet das Stück oder es erstarrt vielmehr komplett, als die Zerstörung Warschaus durch die Nazis ad Absurdum vorgeführt wird.

Das Land, in dem der erfolgreiche Roman *Lethargie* [35] des oberschlesischen Autors Wojciech Kuczok spielt, erinnert auch ganz ohne jede Anspielung an die Nazis nur selten an das Paradies auf Erden. Geradeso ist es ein Stück Normalität und zugleich die Fortsetzung einer alten Tradition. Heute braucht man nicht mehr im Exil zu leben, um die polnische Gesellschaft als Schriftsteller kritisch unter die Lupe zu nehmen.

Herrn Möllers Empfehlungen – Teil 3 (2021)

Ich habe durch die Tätigkeit im Berliner SprachCafé Polnisch e.V. Steffen Möller persönlich kennen- und schätzen gelernt. Ob er auf Deutsch oder auf Polnisch auftritt, ist und bleibt er ein unwiderstehlicher Charmeur. Inzwischen ist er nicht nur in Polen, sondern auch in Deutschland dank zahlreichen Büchern und Auftritten als Vermittler und Entertainer zu Recht bekannt.

Heute wäre ich etwas nachsichtiger bei meiner Kritik seiner Bücher. Aber Sie wissen ja, was *(nicht nur)* die polnische Volksweise sagt: „*Je lieber das Kind, desto schärfer die Rute!*".

---

[35] *Lethargie, Wojciech Kuczok, Suhrkamp, 2010*

Die Geschichte meiner Familie reicht in die Urzeiten zurück. Wenn ich meiner Großmutter mütterlicherseits glauben soll, sind die ersten unserer Vorfahren, an die man sich erinnert, nicht weit von hier zur Welt gekommen. Damals war es sehr heiß, richtig tropisch. Nicht wie heute: Unser schöner kontinentaler Sommer ist ins Wasser gefallen, als wäre er britisch. Die Forscher behaupten ja, das sei die Folge des Klimawandels, der angeblichen Erwärmung des Planeten. Man blickt da schwer durch, aber die ersten Kapriolen des Klimas sind es bestimmt nicht gewesen.

Damals also war die Hitze unerträglich. Unsere Familie wohnte am Meer. Im klaren Wasser wimmelte es in den Korallenriffen von Leben wie in einem überfluteten, farbigen Dschungel. Schon unsere Ururgroßeltern waren in der Baubranche tätig. Das würde man jedenfalls heutzutage dazu sagen. Ihr Leben war hart und eintönig, doch waren sie glücklich. Bescheiden vermissten sie nichts. Vor allem wussten sie, dass nach ihrem Tod die Arbeit ihres ganzen Lebens der Entwicklung der Gemeinschaft dienen würde. Jeder trug zum Erfolg mit seinem Steinchen bei.

Das Leben verging so, ruhig und einförmig, während unzähliger Generationen. Es gab nur eine Jahreszeit und wenig Unterhaltungsmöglichkeiten. Von Zeit zu Zeit brachte ein Sturm oder ein Meeresbeben Panik und Unordnung. Bald darauf war wieder alles vergessen. Die Spuren der Zerstörung verschwanden allmählich, die Routine nahm aufs Neue Oberhand.

Jedoch zog sich das Meer unaufhörlich zurück. Fragen Sie mich nicht, ob das Wasser wegen der Hitze verdunstete oder ob der Meeresboden sich unter dem Einfluss mysteriöser Kräfte wölbte. Fakt ist, schließlich verschwand das Meer. Unsere Familie hat die Erinnerungen an die Zeit danach nicht aufbewahrt. Oder besser gesagt, jeder hat seine eigene Version der Geschichte. Es ist schwierig, das Puzzle zu vervollständigen, wenn die Teile den Eindruck erwecken, sie würden zu verschiedenen Bildern gehören.

Man braucht nicht lange studiert zu haben, um zu verstehen, dass das Klima sich ernsthaft verändert hatte. Vom tropischen Meer so gut wie keine Spuren. Wälder bedeckten nun das Land, mit Wisenten, Wölfen und Bären bevölkert. Eine Zeit lang hatte sogar eine Eisschicht alles verschluckt, bevor diese Richtung Norden verschwand.

Auch die Einwohner hatten sich verändert. Die Menschen hatten schon längst das Weichseltal und die Hügel bis zu den Beskiden besiedelt. Sie erschienen aus allen Himmelsrichtungen. Die, die aus der Richtung der aufgehenden Sonne kamen, waren meist zu Pferd. Am Anfang terrorisierten sie die anderen, dann allmählich wurden sie Bauern. Beim nächsten Mal würden sie selbst Opfer der anrückenden Barbarenhorden.

Viele Besucher stammten aus dem Westen und dem Norden. Es waren Kaufleute, Handwerker sowie Mönche und Soldaten. Jedes neue Siedlervolk baute Dörfer, Schlösser und Gotteshäuser. Die Angreifer zerstörten alles, was sich auf ihrem Weg befand. Danach baute man wieder auf. Das alles erklärt, warum viele meiner Cousinen und Cousins während der letzten fünfhundert Jahre ein bewegteres Schicksal erlebten als in den Millionen Jahren zuvor.

Vom Genie und Wahnsinn der Menschen angetrieben, waren sie Träger einer Brücke, Schlussstein am Gewölbe einer Kapelle, die später verlassen wurde, oder Wassertrog im Schweinestall gewesen. Aber wie alle lebenden Wesen sind wir selten mit unserem Schicksal zufrieden, sogar wenn die Menschen uns in Ruhe lassen. Die meisten von uns ruhen unter der Erde oder dem Ozean und warten geduldig auf das Ende der Ewigkeit. Andere können es nicht lassen, die ganze Aufmerksamkeit auf sich zu ziehen. Sie suchen sich lustige, beeindruckende oder gar freche Stellen aus, meist in den Wänden der Berge oder der ins Meer fallenden Felsen.

So etwas war in meiner näheren Familie unbekannt. Wir haben sehr lange ein extrem zurückgezogenes Leben geführt bis zu dem Tag, als ein gewisser Moyses, gerade aus Schwaben angekommen, sich in den Kopf gesetzt hatte, Grabsteine für den neu angelegten Friedhof von Kazimierz Dolny zu hauen, vor etwa einem halben Jahrtausend.

Er ist uns eines Tages von mit Spaten und Spitzhacken ausgerüsteten jungen Männern umgeben, erschienen. Zusammen hatten sie gerade die Erdschicht entfernt, die uns vor dem Winter schützte. Sie waren verschwitzt und sahen erschöpft aus. Aber sie freuten sich sehr, als sie uns sahen. Mit Inbrunst beteten sie und gingen ins Dorf zurück.

Am Tag darauf und an den folgenden Tagen kam Moyses wieder - allein oder mit seinen Gehilfen. Mit viel Geduld und unendlich viel Respekt für unsere Familie schnitt er rechteckige Blöcke, lang wie ein Storch und breit wie ein Ochsenkopf. Er streichelte liebevoll jeden frisch entstandenen Block mit seinen kräftigen Händen und sprach zu ihm mit seiner sanften, singenden Stimme. Fleißig hielt er regelmäßig inne, um seinen Gott zu danken, der ihn zu uns geführt hatte.

So fanden wir uns - Vati, Mama, all meine Brüder, Schwestern und ich - einer nach dem anderen am Dorfausgang vertikal in die Erde gesteckt, wieder. Auf der Seite, die in der Sonne stand, hatte Moyses Zeichen eingraviert, die wir nicht verstanden. Soweit wir darüber urteilen konnten, war es ziemlich hübsch und für die Einwohner dieses neuen Dorfviertels sehr wichtig. Für uns war es eher schmeichelhaft. Und um ehrlich zu sein, unter dem Humus, fing ich langsam an, mich zu langweilen.

Hier passierte immer etwas, es gab Musik, spielende Kinder, alte Leute miteinander plaudernd oder das Leben der anderen Dorfbewohner beiläufig inspizierend, Besucher, die zu uns kamen, allein oder in Gruppen an den Feiertagen. Die Besucher hatten einen erstaunlichen Brauch. Bevor sie uns verließen, deponierten sie Kiesel auf unseren Häuptern. Nach einigen Jahren hatten wir alle eine komische Frisur. Mit den meisten Kieseln konnten wir uns nicht verständigen. Dank enormer Bemühungen erfuhren wir endlich, dass sie mit dem Fluss aus den Bergen gekommen waren.

Während Generationen wuchs das Dorf, Handel und Landwirtschaft florierten. Dieses Idyll zwischen uns und diesen Menschen, die so bescheiden und fleißig waren, wie unsere eigene Familie schon immer gewesen war, hätte ewig andauern können. Ohne Warnung, ein wenig wie früher für uns Stürme und Bodenbewegungen, fielen gierige und neidische Nachbarn über die Gemeinde her, um sie zu verwüsten. Mehrmals wurde die Stadt bis auf die Grundmauern zerstört. Wie der Phönix aus der Legende wurde sie aus ihren Aschen stärker und schöner wiedergeboren.

Eines Tages, vor knapp zwei Menschengenerationen, kamen Angreifer einer neuen Art. Sie nutzten ihre ganze Wissenschaft im Dienste der abscheulichsten Barbarei und massakrierten alle Einwohner. Den neuen Barbaren genügte dieses Verbrechen nicht. Sie wollten auch noch die Vergangenheit auslöschen, das Gedächtnis, das Erbe und sogar die Totenruhe des Dorfes tilgen.

Sie durchbrachen die Friedhofsmauer mit einem Panzer und schmissen uns ohne Rücksicht in Lastwagen. Einige Tage später hatten die neuen Weltherrscher den Hof ihres Hauptstabes mit uns gepflastert. Sie hatten keine Gelegenheit ausgelassen, uns mit ihren schweren Lastern voller Munitionen platt zu fahren.

Zum Glück hat die menschliche Spezies auch Weise hervorgebracht. Einige Bergtäler von hier entfernt, wusste Buddha schon lange, dass sich alles verändert und dass es sogar das Einzige ist, was bleibt. Irgendwann mussten die Wilden vor anderen flüchten, die aus dem Osten herfielen, das Epos der berittenen Horden für einen Moment wiederbelebend.

Die Mauer, die du heute an der Stelle, wo der ehemalige jüdische Friedhof stand, siehst, wurde vor knapp einer Generation von der neuen Stadtgemeinde gebaut. Sie besteht aus Bruchteilen und aus zerbrochenen Grabsteinen. Die Schriften sind fast alle unlesbar. Die massive Wand scheint wie von einem gewaltigen Blitz getroffen zu sein. Hier und in der Umgebung sind Kiesel verschwunden. Es spielt aber keine Rolle, Besucher sind selten, vor allem solche, die nach ihrem Besuch Kiesel hinterlassen. Mit etwas Glück findet man ganz passable kleine Steine am Straßenrand.

Weine nicht, wir leben noch, wir und die Erinnerung an Moyses und an seine Nachkommen.

No man's land (Erzählung) [36]

„Strengen Sie sich an Junger Mann! Wir sprechen mit Ihnen seit zwei Stunden und Sie sagen… nichts!"

„Lass ihn in Ruhe, du siehst doch, er ist stumm wie ein Fisch, dumm wie Stroh, oder gleich beides!"

„Denkst du er hat getrunken?"

„Nein, er erinnert mich eher an einen Schlafwandler."

„Er ist vielleicht aus der Klapsmühle entflohen."

„Gute Idee. Ich rufe da an."

„Nun, fassen wir zusammen… Eine Streife hat Sie gestern Abend in der Nähe vom Dorf H. gefunden. Sie liefen auf der Straße, mitten auf der Straße! Dass Sie noch am Leben sind, ist wohl ein Wunder! Sie tragen Jeans und ein kurzärmeliges T-Shirt. Wir sind zwar im August, aber abends ist es so frisch wie im April. Verstehen Sie, was ich Ihnen sage?"

Roman gießt Früchtetee ein und reicht ein Tablett mit Kanapki herum.

---

[36] Diese Geschichte wurde erstmalig in Henry Spietweh's Buch „Störung im Betriebsablauf – Geschichten vom Reisen, Unterwegssein und Ankommen, BoD, 2016, veröffentlicht.

„Sie hatten nichts in den Taschen bis auf ein Busticket Lublin – Zamość. Den Bus haben Sie genommen, sind jedoch unterwegs ausgestiegen und zu Fuß weitergegangen. Warum?"

„Weiß du was Marcin? Meiner Meinung nach kapiert er kein einziges Wort Polnisch!"

„Gut möglich."

„Soll ich es in Ukrainisch probieren?"

„Mach Mal! Und ich hole Rafał, er kann am besten Russisch von uns."

„Kein Wunder!"

„Bitte vergiss die alten Geschichten!"

„Man kann sie nicht ignorieren, die alten Geschichten. Entweder verschwinden sie von allein, oder sie sind da, im Hintergrund, und kommen wieder ans Licht ohne Vorwarnung, wenn man sie gar nicht erwartet …"

„Ich wusste nicht, dass du ein Philosoph bist!"

„Geh doch Rafał holen, es wird ihm gut tun zu arbeiten, statt so zu tun, als ob er die Zeitung liest…"

Eine Stunde später

„Und warum nicht auf Englisch probieren?"

„Wenn es so viel bringt wie dein Ukrainisch oder Rafałs Russisch…"

„Wer spricht ihn an? Wie du weißt, war ich krank, als der Pflichtkurs war."

„Hast du ihn nicht nachgeholt?“

„Nein, noch nicht. Und du?“

„Ich war dabei. Es können ja nicht alle gleichzeitig blaumachen. Aber ich hab’ alles vergessen. Schade, wir haben uns eine ganze Woche gut amüsiert. Die Lehrerin war eine junge Australierin, die zum Anknabbern aussah,…“

„Ein alter Knacker oder eine Hexe wären wohl besser gewesen!“

„Na gut, wer labbert ihn nun im Inseldialekt an?“

„Ich könnte Ania fragen, ob sie Zeit hat.“

„Hat deine Tochter nichts Besseres zu tun?“

„Sicher ja, aber sie kann mir doch ab und zu mal helfen. Sie spricht sehr gut Englisch, Französisch und sogar Deutsch.“

„Wir sind gerettet!“

„Wollen wir hoffen. Vielleicht kommt dieser Typ ja auch vom Mars!“

„Du guckst zu viel fern!“

„Hast du seinen Blick gesehen? Glaub mir, der hängt an der Nadel!“

„Good afternoon. Who are you? What is your name? My name is Anna.“

Der Unbekannte sah mit einem halben Blick in Annas Richtung. Eine blasse Blondine mit Augen aus Aquamarin.

« Bonjour monsieur. Quel est votre nom ? Je m'appelle Anna. »

Anna drehte sich zu ihrem Vater:

„Der versteht nix euer Typ!"

„Er versteht nichts, Mensch, das Mädel spricht zig Fremdsprachen, und kann nicht mal richtig Polnisch!" kommentiert Marcin, der all diese jungen Polyglotten nicht leiden kann.

„Danke für deine Hilfe Ania. Du kannst nach Hause gehen. Wir werden schon eine Lösung finden."

„Und auf Deutsch?"

„Warum auf Deutsch?"

„Mach doch, was haben wir schon zu verlieren!"

„Guten Tag! Wer sind Sie? Wie heißen Sie? Mein Name ist An …"

Der Unbekannte war plötzlich wach geworden, sein Gesicht, rot wie Glut, versteckte er in seinen Händen. Er fing an laut zu weinen und brach auf dem Tisch vor ihm zusammen.

„Zumindest hat er reagiert!"

„Aber wie!"

Später

„Ich habe die Konsulate aus Deutschland, Österreich und der Schweiz informiert. Es wird niemand gesucht. Aber sie werden uns auf dem Laufenden halten, wenn es etwas Neues gibt.“

„Gut.“

„Am besten lassen wir ihn in Frieden. Er braucht bestimmt Ruhe.“

„Gibt es Nachrichten vom gestohlenen Minibus?“

„Nein, aber in der Zwischenzeit ist er weit weg, kannst du mir glauben!“

„Soll ich das Dossier zu den Akten legen?“

„Nein, das dürfen wir doch nicht. An der Stelle dieser Touristen würde ich aber gleich ein Auto mieten.“

„Du bist ein wahrer Optimist!“

„Das steht doch gar nicht zur Debatte. Ich glaube nur seit einigen Jahren eben nicht mehr an den Weihnachtsmann!“

„Sag das nicht so laut. Ich bin mir nicht sicher, dass das da oben gut ankommt.“

„Ich glaube, dass du auch Ruhe brauchst.“

„Wie gut du bist. Mach dir keine Sorgen, noch eine Stunde und ich fahre nach Hause.“

„Ich sehe dich schon, wie du vorm Fernseher dein Perła mocna schlürfst und dabei versuchst, den Mörder vor deiner Frau zu entdecken.“

„Hab' ich schon geschafft.“

„Ein echter Sherlock Holmes!“

„Mach dich lustig. Ich kann nichts dafür, dass du den ganzen Abend Dienst hast!“

Das Telefon klingelt.

„Guten Tag! Hier spricht Guido Schmidt, Deutsches Konsulat. Ich glaube, wir haben Ihr Rätsel gelöst. Spreche ich mit dem Polizeimeister Kieslowski?“

„Ja, Kie-ś-lowski am Apparat. Was haben Sie denn?“

„Man hat uns gerade Dokumente gebracht, Pass, Ausweis, Führerschein, Krankenversicherungskarte usw. Alle gehören einem Hans Müller, Student, wohnhaft in Berlin, 27 Jahre alt, 1,82 m groß und braune Augen.“

„Wo waren sie?“

„In einem Mülleimer in der Nähe des Busbahnhofs in Lublin.“

„Gestohlen?“

„Nein.“

„Wie können Sie so sicher sein?“

„Ganz einfach, es war auch eine Brieftasche mit Kreditkarten und Bargeld dabei, Euros und Zlotys…“

„Und die hat man Ihnen zurückgebracht?“

„Das sagte ich doch.“

„Neue Zeiten…“

„Ich bin kein Historiker, allerdings, apropos Geschichte, es war auch eine Eintrittskarte für die Besichtigung des ehemaligen Konzentrationslagers von Majdanek drin…"

„Wissen Sie für welchen Tag?"

„Ja, gestern früh."

„Gestern früh?"

„10 Uhr."

„Könnten Sie mir jemand mit den Papieren schicken?"

„Sicher. Morgen tagsüber."

„Vielen Dank und bis zum nächsten Mal!"

„Einen schönen Tag noch!"

Majdanek, Lublin, Sommer 2007

Kazimierz Dolny, Sommer 2007

318

Inhaltsverzeichnis

Lublin, Sommer 2007

JP Bouzac wurde 1960 in der Stadt Cognac, Südwest-Frankreich, geboren und lebt seit 1986, nach Absolvieren des Wehrdienstes im Alliierten Stab Berlin, in der Hauptstadtregion.

Als Geologe und Geograf hat er sich auf die Förderung nachhaltiger Innovationen spezialisiert.

Er veröffentlichte mehrere Bücher in französischer und deutscher Sprache, Kurzgeschichten und weitgehend autobiografische Berichte wie *Böhmische Silberhochzeit*. 2020 hat er das Buch von Dang Lanh Hoang *Mauerfälle - Geschichten eines vietnamesischen Berliner* illustriert und ins Französische übersetzt.

Als visueller Künstler verwendet er verschiedene selbst erlernte Techniken, u.a. Fotografie, Zeichnung und Acrylmalerei.

VERÖFFENTLICHUNGEN VON JP BOUZAC

- ***Mein Kalter Krieg***, Erfahrungen als Soldat im Alliierten Stab Berlin 1986-1987, beim Mauerfall und als Veteran, BoD, 2021

- ***Die wahren Geschichten aus dem Leben des Herrn Brenny Fajer***, eine Schrift zum 60. Geburtstag von D. S., Privatveröffentlichung, BoD, 2019

- ***Böhmische Silberhochzeit***, Willkommen im Land von Vaclav Havel und der Liwanzen!, BoD, 2018

- ***Les trente petits – Die dreißig Kleinen***, Bilder von kleinen afrikanischen Tieren mit kurzen Texten in Deutsch und Französisch, BoD, 2018

- ***20 Jahre in Preußen***, Kurzgeschichten aus aller Welt, deutsch, französisch, polnisch, Rhombos Verlag, 2007

Beiträge zu Büchern von Henry Spietweh:

- *Zu* **Die Wechselstellung unter Kollegen: Neue Geschichten vom Reisen, Unterwegssein und Ankommen** (BoD, 2018), *Eine gastronomische Geschichte:* **Doccia globale**

- *Zu* **Störung im Betriebsablauf – Geschichten vom Reisen, Unterwegssein und Ankommen** (BoD, 2016), *Drei interkulturelle Geschichten:* **Twin beds**, **Der Unfall, No man's land**

In Französisch liegt vor:

- ***Ma guerre froide***, Originalfassung von *Mein Kalter Krieg*, BoD, 2019

- ***Noces de velours***, Übersetzung von *Böhmische Silberhochzeit*, BoD, 2018

- ***MI-TEMPS, 40 ans de bavasseries (76-16)***, Prosa und Gedichte aus vierzig Jahren, BoD, 2017

Platz für Gedanken des Tages, Einkaufsliste oder Skizzen